明楚昭王墓研究报告

明楚王墓文物管理所
武汉市文物考古研究所 编著
(武汉市文化遗产保护研究中心)

科学出版社
北京

内 容 简 介

明楚王墓是明代"同藩历代亲王同兆域而葬"的典型案例，作为明楚王墓的第一座茔园，楚昭王墓对其余八座楚王墓影响深远。本书系统梳理了近四十年来明楚昭王墓的考古成果、学术研究成果及保护利用工作进展，不仅细致著录了楚昭王墓的茔园、墓冢、出土器物、祔葬情况，还对藩王制度、昭王生平、昭王碑文、昭园建筑材料产地、昭园营建圈地情况等进行了拓展性研究，还涵盖昭园既往保护利用情况及远景规划，是一部关于明楚昭王墓资料信息和研究成果的汇集。

本书适合从事考古学、博物馆学、文化遗产保护等方面的专家、学者及高等院校相关专业师生参考、阅读。

图书在版编目（CIP）数据

明楚昭王墓研究报告 / 明楚王墓文物管理所，武汉市文物考古研究所（武汉市文化遗产保护研究中心）编著. -- 北京：科学出版社，2025.4. -- ISBN 978-7-03-081921-5

Ⅰ．K878.84

中国国家版本馆CIP数据核字第2025AP5000号

责任编辑：王光明　蔡鸿博 / 责任校对：邹慧卿
责任印制：肖　兴 / 封面设计：文物出版社印刷厂

科学出版社 出版
北京东黄城根北街16号
邮政编码：100717
http://www.sciencep.com

北京汇瑞嘉合文化发展有限公司印刷
科学出版社发行　各地新华书店经销

*

2025年4月第 一 版　开本：787×1092　1/16
2025年4月第一次印刷　印张：16 3/4
字数：402 000

定价：198.00元
（如有印装质量问题，我社负责调换）

《明楚昭王墓研究报告》
编辑委员会

策　划：熊浩宇　吴宏堂　许志斌

编　委：熊浩宇　吴宏堂　陈　宏　严　峻
　　　　许志斌　蒋卫锋　吴　涛　胡　琳
　　　　张金海　王开祥　李晓薇

主　编：曹继文　张　剑

副主编：李绿雨　李　贝　宋　贝

编　辑：王　晋　徐欣然　庄　羽　杨　娟
　　　　胡　欢　张晶晶　左易正　刘　畅
　　　　马牧宇　罗　莎

序

明初恢复实行分封制，命成年皇子出京驻扎于沿边重镇或内地要冲，以屏藩朝廷、强化统治。洪武三年（1370年）四月，明太祖首封当时已经出生的前十个儿子各为亲王。后来，除夭折的赵王朱杞外，其余九人在他们长到十余岁时先后就藩。其中充妃胡氏所生太祖第六子朱桢受封楚王，洪武十四年（1381年）四月就藩于武昌府（今湖北省武汉市），这是明王朝在今湖北地区封王之始，朱桢则是第一位驻藩于湖北的明代亲王。他在王位五十四年、守藩四十三年，生子十人、女九人，见孙十五人。永乐二十二年（1424年）二月二十二日卒于藩府，享年六十有一，谥曰昭。

洪熙元年（1425年）三月，楚昭王被葬于武昌府江夏县的龙泉山（明代本名"灵泉山"，其地今属武汉市江夏区龙泉山风景区管理处），其子庄王孟烷嗣立。明代亲王子孙世袭，除世子（通常是嫡长子）继承王位外，其余众子皆封郡王。楚昭王世子以外其余众子依例封郡王，其爵位也一样是由嫡长子继承，其余众子降封为镇国将军，其子孙后裔依例世袭或降封，郡王六世众孙及其以下诸世皆封奉国中尉，不再递降。楚藩宗室历代繁衍生息于武昌府，人口众多，是湖广地区势力最大的宗藩，他们死后多聚葬于江夏县界内的龙泉山、流芳岭等地。其中历代楚王的园寝集中卜建于龙泉山，是典型的"同藩历代亲王同兆域而葬"，明清之际以来的地方志中称为"楚藩九寝"。2001年由国务院公布为第五批全国重点文物保护单位，2021年由湖北省政府公布为第一批湖北省文化遗址公园；2022年12月，"明楚王墓考古遗址公园"被国家文物局列入国家考古遗址公园立项名单。

龙泉山是一道大体呈东北—西南走向的丘陵式山脉，昭王寝园建于其主峰——天马峰之下，自然地理环境（风水形局）最好。龙泉山对面有一道同样是自东北而西南、而后复折向西的小山脉，分别名玉屏峰、笔架峰、龙帐峰等，与昭王园寝遥遥相对，被附会为"五龙捧圣"。南北两列山峰之间为谷地，有古河道一条，向东北通向梁子湖。楚昭王园寝不仅形胜绝佳，陵园规模在历代楚王园寝中也是最大的，内外两重石基砖砌城垣，其中外宫墙南北长355、东西宽335米，平面近正方形。1990年12月至次年1月，湖北省文物考古研究所、武汉市博物馆、武昌县博物馆等单位对楚昭王的墓室（玄宫）进行了考古发掘，该墓发掘时保存基本完好，但仅出土310余件器物，而且大部分是明器，玄宫结构也只是单室。其等制明显低于同在永乐二十二年和洪熙元年两年之间薨逝的辽简王（位于湖北江陵，三主两配标准五室玄宫）和周定王（位于河南禹州，两主八配十室玄宫）两墓。三位墓主都是明太祖之子、本藩始封王，但玄宫平面布局却各不相同，玄宫面积也相差悬殊，周定王玄宫约700平方米，辽简王玄宫约120平方米，而楚昭王玄宫却只有85平方米，仅相当于周定王玄宫面积的1/8略多。其原因，除地域性影响外，或许确如园寝前碑文对楚昭王的称颂："留心典籍，靡他嗜好。书十事座侧，旦夕自警，恭慎俭约，恒存省己。"[①]楚昭王墓的考古发掘，揭示了明代楚藩亲王玄宫的实例，也引起了人们对毗邻的其他历代楚王园寝的关注，推动了整个楚藩亲王陵墓区的保护工作。遗憾的是，除了十余年后发表的考古发掘简报[②]外，此后三十余年来，没有再系统公布过关于楚昭王园寝的详细资料。

由明楚王墓文物管理所、武汉市文物考古研究所（武汉市文化遗产保护研究中心）编著的《明楚昭王墓研究报告》弥补了这一缺憾，其出版是一件值得祝贺和宣传推荐的事。

《明楚昭王墓研究报告》分为概述、历年考古工作、昭王茔园、昭王墓冢、出土器物、昭王祔葬、昭王相关问题的整理与研究、远景规划，共八章，全面记述了楚昭王墓的考古调查、发掘和相关研究成果。第一章概述，从地理环境、历史沿革、社会人文风貌等方面勾勒出明楚昭王墓所在地的前世今生。第二章历年考古工作，记述了从1986年开始、直到当下的考古调查勘探和局部发掘工作成果，还包括利用新科技手段对整个明楚王陵墓群进行的高精数字化工作成果，如基于DOM绘制的昭、庄、愍三王园寝地物、地貌边界，建立建筑基址保存较好的庄、靖、愍三王园寝的三维模型，采用数字近景摄影测量技术，对昭、庄、端三座园寝前神道碑贴近拍摄，取得了三座石碑和龟趺座的正射影像等。第三章昭王茔园，依次记录了楚昭王园寝城外建筑、外城建筑、内城及以内建筑物的遗存情况，在多个方面印证并丰富了以往的判断和认识。第四章昭王墓冢，记录了楚昭王墓封土、墓道、排水沟、墓室结构等部分的详细信息。第五章出土器物，在原发掘简报的基础上，按照功能属性分册宝匣盒、丧仪祭礼、衣物配饰、模型明器四类，详细著录了楚昭王墓的出土遗物，还特别重新拍摄了部分器物，提高了图版的清晰度。第六章昭王祔葬，以《明实录》《明史》等核心史料为依据，结合其他资料勾勒出楚昭王妃、夫人的基本生平信息，记述了昭王妃王氏

---

① 转引自明楚王墓国家考古遗址公园申报创建领导小组：《龙泉瑰宝——明楚王墓国家考古遗址公园图录》，线装书局，2023年。

② 湖北省文物考古研究所、武汉市文物考古研究所、武汉市江夏区博物馆：《武昌龙泉山明代楚昭王墓发掘简报》，《文物》2003年第2期。

及五位夫人墓葬的概况。第七章昭王相关问题的整理与研究，介绍了明代分封制、湖北地区各府藩王、楚昭王生平，对昭王碑文进行了讨论、分析了楚藩各王园寝营造圈占征地情况等。第八章远景规划，归纳了楚昭王园寝的文物价值、回顾了以往保护利用工作的成果、规划了考古工作未来的内容和发展方向。另有三个附录，即：《武昌龙泉山明代楚昭王墓发掘简报》《楚藩宗室墓考古发现》《武汉市江夏区龙泉山明楚昭王茔园建筑材料的成分分析》。

简单归纳，《明楚昭王墓研究报告》具有如下特点：

第一，全面细致地著录了楚昭王园寝历年来的考古调查和发掘资料。如前所述，关于楚昭王墓，目前最权威的考古资料是2003年刊出的《武昌龙泉山明代楚昭王墓发掘简报》，作为"简报"，它只公布了此次发掘所获核心资料的信息，很多细节、特别是陵园地面建筑的信息叙述明显粗线条化。经过明末以来的多次集中破坏和不同规模的盗掘，能够基本完整保存建筑物或其基址的明代藩王墓甚少，制度确立时期的明早期王陵样本尤为珍贵。楚昭王陵园的规模比其兄弟晋恭王（卒于洪武三十一年，葬于山西省太原市东山，墓园占地约800亩）、鲁荒王（卒于洪武二十二年，葬于山东省邹县九龙山，墓园占地约1000亩）两座陵园小了很多，但其陵园外宫墙保存基本完好，在明代早期王陵中是仅见之例，精准展现了当时陵园平面结构的特点。需要说明的是，本报告还收录了最新的调查收获，2022~2024年两次考古调查、勘探工作，全面揭示了昭王陵园外宫墙以南区域条石神道的遗存分布和走向，探明了明塘基址的平面形状和基本建筑结构、由昭王陵园内部引出的排水系统走向等，揭示以往了解不多的外宫墙以外建筑布局体系。总之，这是一部内容详赡的关于明早期亲王陵园考古报告，学术价值很高。

第二，基础资料经过沉淀，有些做了深化处理。从楚昭王墓的最初调查至今已近四十年、其墓室部分的发掘距今也已经三十余年，发掘者和保管收藏者对于当时已知的很多遗迹现象、遗物特征有了更深刻的认识，资料的介绍和解读得以更加精准；同在这段时期内，对于楚昭王墓的考古资料出现了不少相关研究，这些成果也为丰富本报告做了贡献。得益于科技手段的进步，部分考古材料能够得到更深层次的阐释和利用，本报告因而汇集了大量的数字化成果，通过对龙泉山明楚王墓群核心区域进行高精数字化工作，点云数据生成的浮雕影像、三维模型等，更详细直观地揭示了地表的遗存状况，对于被植被掩盖遗迹的探查也取得了相应进展。这些内容对原始考古资料的价值做了有效提升，对于古代陵墓制度研究、明楚王陵墓区的整体保护利用同样大有裨益。

第三，增加了拓展性研究。除集中墓葬区外，武汉市文物考古研究所等单位还进行了延伸调查，在江夏区流芳街泉岗村寺王湾、纸坊街庙山村西潭湾、金口街青埠湾、乌龙泉街土地堂金海村等地先后发现了明代砖瓦窑场的遗存。根据窑场出土砖瓦的形制和铭文，结合地方志中有关记载，发掘者认为上述砖瓦窑场均为明代官营手工业，是武昌府城、龙泉山楚王陵墓群，甚至远至南京城用砖的生产地。通过对石质文物的分析，判定了这类建筑材料的来源，昭王园寝明塘石边框主要为石英砂岩、砾岩，应是产于龙泉山或附近的古采石场；而赑屃、园内神桥的石材并非当地出产，应该是通过古河道由其他地方运来。

综上所述，《明楚昭王墓研究报告》全面归纳记录了近四十年来关于明楚昭王墓的多项考古工作收获，旁及其他园寝，同时也吸收了相关研究成果，在此基础上积极利用现代科技手段，进一步挖掘、深化这些资料的价值，对随葬品功能、营造工艺、原材料产地等相关问题进行了深入探讨，是一部关于明楚昭王园寝的综合性资料信息和研究成果的汇集。

作为"同藩历代亲王同兆域而葬"的典型案例，其余八座楚王园寝相对于昭王园寝的从属关系明显，龙泉山明楚王墓葬群应该看成一个整体。值得庆幸的是，昭王之外历代楚王园寝的遗迹现象也都有不同程度的保存，有些还已经做了不少考古工作（最突出的是憨王园寝），配合国家考古遗址公园建设，明楚王墓葬区的整体环境也得到了大规模整治。期待在不久的将来，也能将所有这些资料整理公布，使明代楚王陵墓群的价值得到更深刻的认识，促使其保护、宣传和展示利用等工作再上一个新台阶。

2024年9月19日于天津

前　言

　　明楚王墓为全国重点文物保护单位，2021年入选湖北省首批文化遗址公园，2022年入选第四批国家考古遗址公园立项名单。昭王伊始，九位楚王长眠于龙泉山下。诸王与明王朝相始相终，他们举楚藩之力，历经二百多年的苦心营建，在山灵水秀之地创造了这片规模宏伟、规划严整、错落有致的墓群。明亡，楚王墓群难逃历史沧桑，虽遭战乱洗礼，但仍为我们留下了无数弥足珍贵的历史遗存。

　　昭王朱桢为明太祖朱元璋第六子，受封于洪武三年，就藩于洪武十四年，薨于永乐二十二年。昭王既能征善战，又德隆望重，在洪武、永乐两朝均深受恩宠。古人重视丧葬，迷信风水，方士名家几经波折，终于为昭王选定了龙泉山作为吉壤。山内虽早有众多豪门望族聚居于此，繁华市井绵延千年，却在昭王茔园营建之后，逐渐成为重兵把守的王家禁苑。

　　昭王茔园立于天马峰南麓，坐北朝南，背山面水。作为楚藩诸园之首，昭王茔园地势最优，占地最广，规模最大。尤为珍贵之处在于，昭王地宫至今保存完好，古人认为这是得益于昭王品行高洁所带来的福祉，使之免遭盗贼觊觎。然而，昔日辉煌壮丽的地面建筑群，终究未能抵挡明末张献忠部的焚烧与三百年岁月风霜的侵蚀，逐渐被茂密丛林与荒石废墟所掩盖。

　　1986年起，湖北省文物考古研究所、武汉市博物馆（现武汉市文物考古研究所）、武昌县博物馆（现江夏区博物馆）等多家单位联合对昭王茔园进行了大规模的考古工作。工作内容包括地面建筑群的调查、勘探、测绘及地宫的全面发掘，成果斐然。茔园基本格局清晰暴露，地面建筑基础逐一测绘，地宫结构明了，出土各类精美器物318件。

　　明楚王墓现归属于武汉东湖新技术开发区管辖，设有明楚王墓文物管理所、龙泉山风景区管理处进行管理。昭王茔园经长期的保护、整修、复建等工作，已开放接待游客参观游览，并逐渐成为武汉市的热门文化景观。

　　新世纪以来，明楚王墓进入了考古遗址公园建设发展的快车道，昭王茔园内外均有大量的保护与展示利用工作还在进行中。文物保护，考古先行，武汉市文物考古研究所长期以来依托考古工作站，对昭王茔园及其他楚王茔园进行了大量的调查、勘探及发掘工作，不断有新的发现。与此同时，来自社会各界的专家学者对明楚王墓展开了全方位、多层次的研究，对昭王茔园及整个墓群的认知不断提高。

为了系统梳理以往考古成果，提升学术研究水平，更好地服务于遗址公园的规划与建设，武汉市文物考古研究所应明楚王墓文物管理所之邀，承担起编撰《明楚昭王墓研究报告》一书的任务。

本书旨在全面展现昭王茔园风貌，不局限于考古发现的全面展示，更力求全方位呈现几十年来关于昭王、昭王茔园及其相关历史文化的考古发掘成果、学术研究成果以及保护利用工作进展。内容涵盖了从龙泉山的自然环境与江夏地方史迹，到明朝藩王制度与楚昭王生平事迹。既探究地宫珍宝之秘，又揭示地面建筑之宏丽壮观；既运用现代科技手段对建筑材料进行科学鉴定，又采用激光雷达测绘技术确保测绘数据精确可靠。

2003年发表的《武昌龙泉山明代楚昭王墓发掘简报》对昭王茔园地面建筑的基本格局进行了概述。本书在此基础上，对各单体建筑的形制、构造进行了细致描绘，并对其命名、功能进行了初步探讨。相较于发掘简报仅挑选部分代表性出土器物进行介绍，本书则对所有出土器物进行了全面叙述，并开展了深入的研究拓展。昭王墓葬的礼仪、习俗及其蕴含的宗教文化内涵也在此过程中初露端倪。

时光荏苒，自昭王墓考古发掘工作启动至今已历时三十载，当初主持与参与考古工作的先辈们大多已退休或离职。受限于当时的技术条件与管理水平，部分资料记录可能存在缺失，档案保管亦有散失现象，加之出土文物分散于各收藏机构，种种因素为本书的编纂带来了诸多挑战。幸得各方鼎力支持，报告编撰团队不遗余力地搜寻原始档案，整理过往工作记录，紧跟最新的学术动态，旨在全方位、立体化地呈现昭王茔园的全貌与细节。

昭王茔园园内中轴线上，铺设有一条由大型规整石板构成的神道。石板多有破损，色泽暗淡灰沉，表面质感粗糙，布满疏松孔隙与线型痕迹，初看似乎仅为普通山石，平淡无奇。经专业鉴定，确认其材质为大理岩。遥想当年，这条神道必然是白光熠熠、庄重肃穆的主干道。考古工作正如拂去历史尘封，重现昔日生动景象的文化事业。本书即以此为宗旨，竭力还原昭王茔园原始风貌，为学术研究提供扎实依据，向广大读者讲述一段尘封的历史传奇。

鉴于编者学识与能力之局限，书中难免存在疏漏与不足之处，诚挚期待各位专家与读者不吝赐教，予以批评指正。

明楚王墓文物管理所
武汉市文物考古研究所
（武汉市文化遗产保护研究中心）

目　　录

序 ·· （i）

前言 ··· （v）

第一章　概述 ·· （1）

　　第一节　自然环境 ·· （1）

　　　　一、地理位置 ·· （1）

　　　　二、地形地貌 ·· （2）

　　　　三、气候与水文 ··· （3）

　　第二节　社会环境 ·· （7）

　　　　一、东湖新技术开发区概况 ·· （7）

　　　　二、明楚王墓周边区域概况 ·· （7）

　　第三节　历史沿革 ·· （7）

　　　　一、江夏简史 ·· （7）

　　　　二、龙泉山历史沿革 ··· （8）

第二章　历年考古工作 ··· （11）

　　第一节　考古调查及勘探 ··· （11）

　　第二节　考古发掘 ·· （14）

　　第三节　明楚王墓全区高精考古数字化工作 ·· （15）

第三章　昭王茔园 ·· （22）

　　第一节　城外建筑 ·· （22）

　　　　一、明塘 ·· （22）

　　　　二、碑亭 ·· （25）

　　　　三、外神道 ··· （31）

　　第二节　外罗城 ··· （33）

　　　　一、外城垣 ··· （34）

二、外门 …………………………………………………………（35）
　　三、内神道 ………………………………………………………（41）
　　四、金水池与金水桥 ……………………………………………（43）
第三节　子城 ………………………………………………………（51）
　　一、内城垣 ………………………………………………………（52）
　　二、中门 …………………………………………………………（53）
　　三、神帛炉 ………………………………………………………（56）
　　四、配殿 …………………………………………………………（59）
　　五、月台 …………………………………………………………（66）
　　六、享殿 …………………………………………………………（71）
　　七、内红门 ………………………………………………………（75）
　　八、拜台 …………………………………………………………（79）

第四章　昭王墓冢 ……………………………………………………（83）
　第一节　封土、墓道与排水沟 ……………………………………（83）
　第二节　玄宫 ………………………………………………………（84）

第五章　出土器物 ……………………………………………………（88）
　第一节　册宝匣盒类 ………………………………………………（89）
　　一、封册、谥册 …………………………………………………（90）
　　二、谥宝 …………………………………………………………（92）
　　三、匣、册盒 ……………………………………………………（93）
　第二节　丧仪祭礼类 ………………………………………………（94）
　　一、圹志 …………………………………………………………（94）
　　二、五供 …………………………………………………………（95）
　　三、漆器 …………………………………………………………（100）
　　四、玉器 …………………………………………………………（101）
　　五、瓷器及贡品 …………………………………………………（103）
　　六、铭旌顶 ………………………………………………………（103）
　　七、残镜 …………………………………………………………（105）
　　八、符牌 …………………………………………………………（106）
　第三节　衣物配饰类 ………………………………………………（108）
　　一、佩饰 …………………………………………………………（108）
　　二、丝绸、金丝线 ………………………………………………（110）

第四节　模型明器类 （110）
　　　一、铅锡器 （110）
　　　二、铜器 （121）
　　　三、铁器 （126）

第六章　昭王祔葬 （127）
　　第一节　昭王王妃及夫人 （127）
　　第二节　祔葬墓 （130）
　　　一、元妃墓 （130）
　　　二、夫人墓 （131）

第七章　昭王相关问题的整理与研究 （139）
　　第一节　藩王制度 （139）
　　　一、藩王分封 （139）
　　　二、明代宗藩 （143）
　　　三、武汉楚藩 （151）
　　第二节　昭王生平 （154）
　　　一、昭王生卒 （154）
　　　二、昭王功业 （155）
　　　三、昭王足迹 （157）
　　第三节　昭王墓相关问题讨论 （162）
　　　一、明楚昭王碑文发微 （162）
　　　二、民间文献《灵泉志》中明楚昭王墓的营建 （175）

第八章　远景规划 （187）
　　第一节　作为典型大遗址的昭园 （187）
　　　一、昭园的大遗址价值 （187）
　　　二、昭园面临的困难 （190）
　　　三、昭园保护与利用基本理念 （193）
　　　四、昭园保护规划的基本思路 （195）
　　第二节　昭园既往文物保护与展示利用工作 （200）
　　　一、机构建设 （200）
　　　二、规划原则 （201）
　　　三、既往文物保护利用工作 （202）

四、展示开放配套设施建设与相关规划编制……………………………………（202）
第三节　昭园保护与展示利用规划远景………………………………………………（203）
　　一、考古与研究工作计划………………………………………………………（203）
　　二、文物保护与展示利用规划…………………………………………………（208）

附录一　武昌龙泉山明代楚昭王墓发掘简报……………………………………………（215）
附录二　楚藩宗室墓考古发现……………………………………………………………（231）
附录三　武汉市江夏区龙泉山明楚昭王茔园建筑材料的成分分析……………………（242）
后记…………………………………………………………………………………………（254）

第一章 概　　述

第一节　自然环境

一、地理位置

楚昭王墓为明楚藩诸王墓之首，位于湖北省武汉市东湖新技术开发区，坐落于长江南岸龙泉山麓，东临梁子湖、豹澥湖，西近汤逊湖。西北距明楚王府故址（今武汉市武昌区阅马场一带）约24.6千米（图1-1）。中心地理坐标为东经114°30′28″，北纬30°24′46″，墓群所在地海拔高度范围为36~237米。

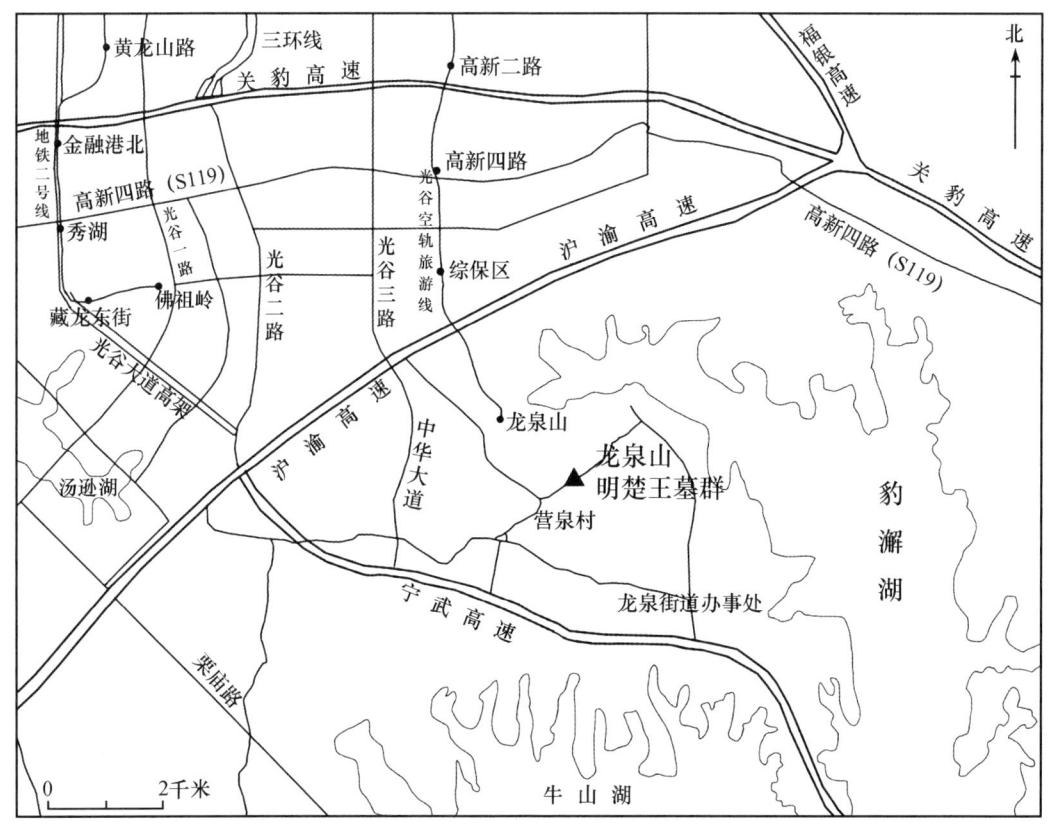

图1-1　明楚王墓地位置示意图

二、地形地貌

龙泉山由南北两列东西向延伸的山岗所围合。南部山岗自流芳街道何桥村西部起始，向东直线延伸约5.5千米至龙泉街福利村，自此转向东北方向延伸约2.5千米。这一线由西至东，山体依次穿越二龙村、凉马坊水库、江王村、龙泉街道等地，其规模渐次扩大，海拔随之持续升高，从而塑造出马鞍峰、龙帐峰、笔架峰、玉屏峰等一系列山峰。

北部山岗则自流芳街道蔡王村凤凰山西部为起点，向东直线延展约7.1千米。该线自东向西途经张潭湾、小付湾、胡鸭子、小盛湾等地段，山体规模逐渐扩大，海拔亦同步抬升，直至东部尽头形成天马峰。

龙泉山内部可划分为东、西两个地理区块。西部区块内，南北两列山岗近乎平行排列，两者间距约1.2千米，如同两堵南北相对的天然屏障，共同营造出一条宽约1千米的开阔通道。这条通道向西通向武昌城区，向东则深入至明楚王墓的核心区域。

东部区块则由天马峰、玉屏峰、笔架峰、龙帐峰所包围形成的不规则小型盆地构成，其面积约6平方千米。该盆地中部有一条东北—西南走向的河流贯穿，且通过东北部山坳与外界水系相连通。东部区块作为明楚王墓的核心所在，诸王茔园围绕盆地有序分布。其中，昭王茔园位于天马峰南坡，处于小盆地入口处，背倚青山，面临绿水，统揽全局（图1-2）。

图1-2　昭园与龙泉山东北小山口远眺图

明楚王墓地总体布局为昭、宪二茔园在天马峰南麓，庄、靖、端、康、愍、恭、定七王茔园建于玉屏峰北麓，康园位于龙帐峰东麓。昭王茔园依山面水，朝向东南，中轴线指向笔架峰。笔架峰东为玉屏峰，西为龙帐峰，两山山体高大北凸，笔架峰山地低矮而南凹，形成内陷之势（图1-3）。

三、气候与水文

（一）气候

龙泉山地处长江中游南岸，属北亚热带季风性湿润气候，四季鲜明、热量丰富、降水充沛、光照充足，雨热同季，亚热带大陆季风气候特征十分明显。随不同年型，光、热、水年季分布振幅较大，时空分布不均，常常形成旱涝灾害。

该地年平均气温介于15.9℃至17.9℃之间，历年平均值为16.7℃，夏季极端最高温可达40.4℃，冬季极端最低气温−15.3℃，日照时数为1450～2050小时，多年平均降雨量为1329.1毫米，平均风速2.4米/秒。本地区现代植被包括常绿阔叶乔木、落叶阔叶乔木、次生灌木丛。

（二）水文与水运体系

湖北素有"千湖之省"的美誉，武汉则被誉为"百湖之城"。长江犹如一条巨龙穿城而过，而龙泉山则位于江南，被绵延千里的长江水系半环绕其中。周围星罗棋布的大小河流、湖泊彼此相连，直通长江，构建起四通八达的水陆交通网络。明楚王墓的修建过程中，充分利用了这一优越的水运条件，大量砖瓦石料得以迅速送达此处（图1-4）。

龙泉山之南，乃是著名的梁子湖，其东侧，则为豹澥湖（又称梁子后湖）。梁子湖水路直通江夏区及鄂州地区，进而通过两地内河系统与长江相连。豹澥湖同样连接鄂州地区，且能经由红莲湖、五四湖等水系与长江相接。

梁子湖位于长江中游南岸，地处湖北省东南部，东与黄石市接壤，南与咸宁市毗邻，西与武汉市相连，正好处于武汉、黄石、鄂州、咸宁四市交汇之处。以梁子山为界，梁子湖分为东西两部分，东梁子湖包含蔡家澥、涂镇湖、前澥、后澥、东湖、西湖等多个子湖，行政上归属鄂州市；西梁子湖则涵盖牛山湖、宁港、前江大湖、张桥湖、仙人湖、山坡湖、土地堂湖等子湖，属于江夏区管辖。梁子湖作为湖北省内较大的湖泊之一，其水域面积位居全省第二，仅次于洪湖，总流域面积达3265平方千米。

豹澥湖位于武汉市与鄂州市交界处，水域面积为28平方千米，湖名有三：鄂州

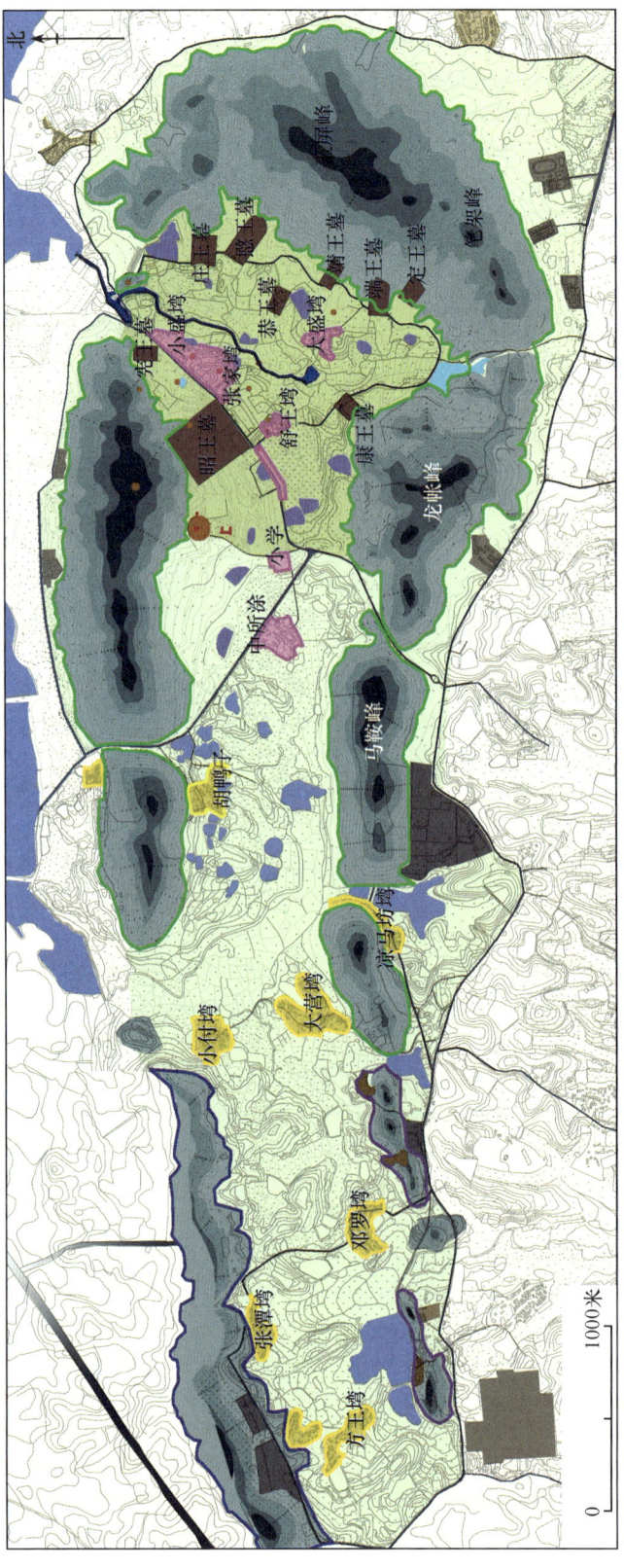

图1-3 龙泉山明楚王墓地地理与行政区划图

图1-4 龙泉山明楚王墓地区域水系

庙岭镇、东沟镇一侧称为梧桐湖,东湖新技术开发区龙泉街一侧湖面被称为"梁子后湖",而豹澥街道办事处所在的区域则直接称作豹澥湖。豹澥湖为跨市共管湖泊,集雨面积达135平方千米,由三汊港、豹澥湖、吴塘、石咀湖、梧桐湖等七个子湖共同构成,属于典型的沉溺型洼地积水湖泊(图1-5)。

图1-5 昭园向豹澥湖远眺图

明楚王墓核心区域内，一条古河道自东北部切入，向西南方向横贯东西（图1-6）。河道全长约1.7千米，宽度约在3至5米之间，覆盖面积约0.33平方千米，其外端与豹澥湖相通。在过去的勘查工作中，古河道上曾多次发现石桥遗迹（图1-7），但其具体年代及性质尚未得到确切考证。此外，在古河道入山口之外，还发现了一座散落的石质碑座（图1-8），推测应为某位楚藩王的神功圣德碑赑屃（碑座）。

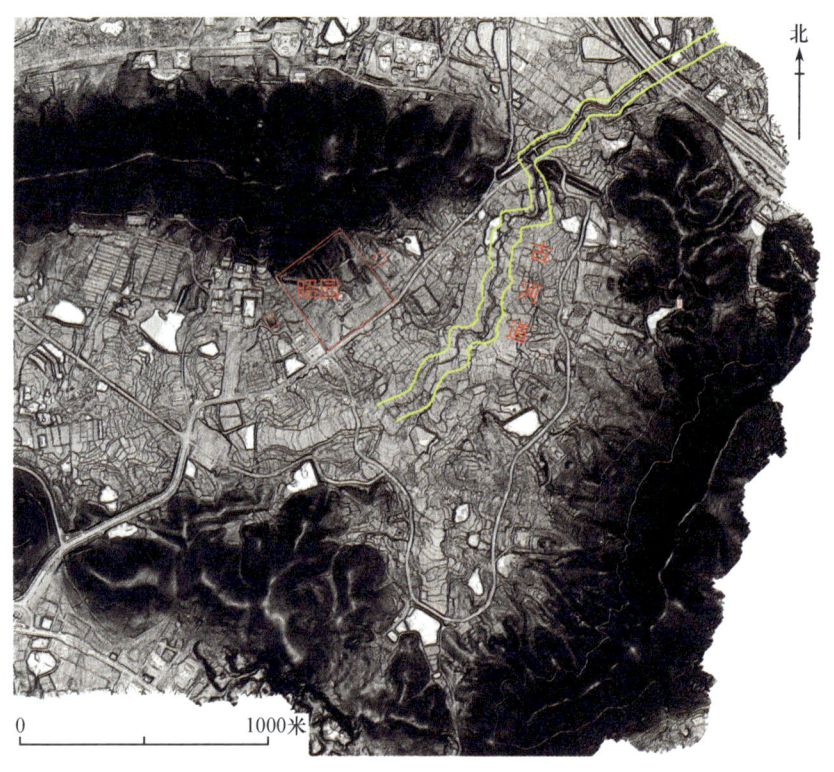

图1-6 昭园与古河道

图1-7 古河道上的石桥

图1-8 古河道边遗落碑座

第二节 社会环境

一、东湖新技术开发区概况

龙泉山明楚王墓现属于武汉市东湖新技术开发区管理。武汉市东湖技术开发区简称东湖高新区，又称"中国光谷"。东湖高新区位于武汉市的东南部，东临鄂州，南接黄石，西连武汉中心城区，北接黄冈。地理位置优越，交通便利，是武汉乃至湖北省的经济增长极和科技创新核心区。东湖高新区1988年成立，是中国首批国家级高新技术开发区、第二个国家自主创新示范区、中国（湖北）自由贸易试验区武汉片区。下辖8个街道（关东街道、佛祖岭街道、豹澥街道、九峰街道、花山街道、左岭街道、龙泉街道、滨湖街道），并建有8个专业园区（光谷生物城、武汉未来科技城、武汉东湖综合保税区、光谷光电子信息产业园、光谷现代服务业园、光谷智能制造产业园、光谷中华科技园、光谷中心城）。

二、明楚王墓周边区域概况

在遗址公园保护范围内有营泉、二龙、何桥3个行政村，14个自然湾，共有居民550户，2219人。其中建设控制地带以内涉及的自然湾有5个，居民184户，740人。

现有村民主要从事第一产业，包括农业种植、水产养殖、花卉树木种植等；第二产业较少；另有少数村民从事第三产业，包括建筑业、餐饮业等。村民就业人数集中在营泉村，共128人，主要从事饮食、建筑业和养殖业等。

规划范围内除明楚王墓群及新建灵泉寺用地外，均为山地、林地、园地、耕地、水域和少量村民住宅用地。依托山体和谷地的林地、园地、耕地以及水域等用地，占了整个用地的90%以上，自然环境条件较好。

根据明楚王墓国家考古遗址公园的建设规划，营泉村村民开始搬迁至山外。

第三节 历史沿革

一、江夏简史

龙泉山地区现为东湖高新区管辖，历史上长期归属于江夏区。

江夏历史悠久，素有"楚天首县"之称。周代时区境属荆州域的郧国，后郧国为楚国所灭。周夷王时，楚子熊渠兴兵至鄂，立中子红为鄂王，区境为鄂王国境。春秋战国，本区域属楚国，称"鄂渚"。后名"夏"，为封君夏侯领地。

秦初，废分封制，先属南郡的州陵县，后属九江郡。

汉高祖六年（前201年），置江夏郡，郡内设沙羡县，县治涂口（今武汉市江夏区金口街道）。

西晋太康元年（280年），析分沙羡县南境之西设沙阳县（今湖北省嘉鱼县）。东晋太元三年（378年），改称汝南县。

南北朝宋孝建元年（454年），分荆州置郢州。梁，为郢州江夏郡。陈及北周袭旧制。南汝南县治涂口，隶于郢州刺史江夏郡。

隋开皇九年（589年），更名为江夏县，迁治鄂州城（今武汉市武昌区）。

北宋初，县南境设咸宁县。开宝八年（975年），江夏县改隶荆湖北路的鄂州，鄂州治郢城（鄂州城）。

元至元十四年（1277年），江夏县改隶湖北宣慰司的鄂州路。大德五年（1301年），鄂州路改称武昌路，治夏口（原鄂州城，今武昌城），江夏县隶之。

明太祖甲辰年（元至正二十四年，1364年），置湖广行中书省，改武昌路为武昌府。洪武九年（1376年），改湖广行中书省为湖广承宣布政使司，驻武昌（原夏口）。江夏县是武昌府的附郭县。

清顺治初年（1644年），江夏县仍属湖广省。

1912年，为纪念辛亥革命，江夏县改称武昌县，寓意"因武而昌"，初隶江汉道。1926年12月，在武昌县城乡4个区范围成立武昌市。1927年4月，将其划归武昌县辖。民国十九年（1930年），隶属湖北省第一专署。民国三十八年（1949年）6月10日，武昌县人民民主政府在武昌成立，隶属于大冶专署。

1952年1月，大冶专区撤销，武昌县改属孝感专署。

1960年1月，撤销孝感专署，划归武汉市辖，县治自武昌傅家坡移至纸坊镇。1961年4月，复归孝感专署。1965年7月，武昌县改属咸宁专区。1975年11月，划归武汉市辖。1995年3月，撤销武昌县，设立武汉市江夏区（图1-9）。

二、龙泉山历史沿革

武汉龙泉山的历史沿革可以追溯到西汉时期。据《（同治）江夏县志》载："灵泉古市始于汉，迄唐宋而兴盛。"昭园内有樊哙墓遗址，史料记载为樊哙之孙樊建受封于此后所建衣冠冢，龙泉山由此而兴。

第一章 概 述

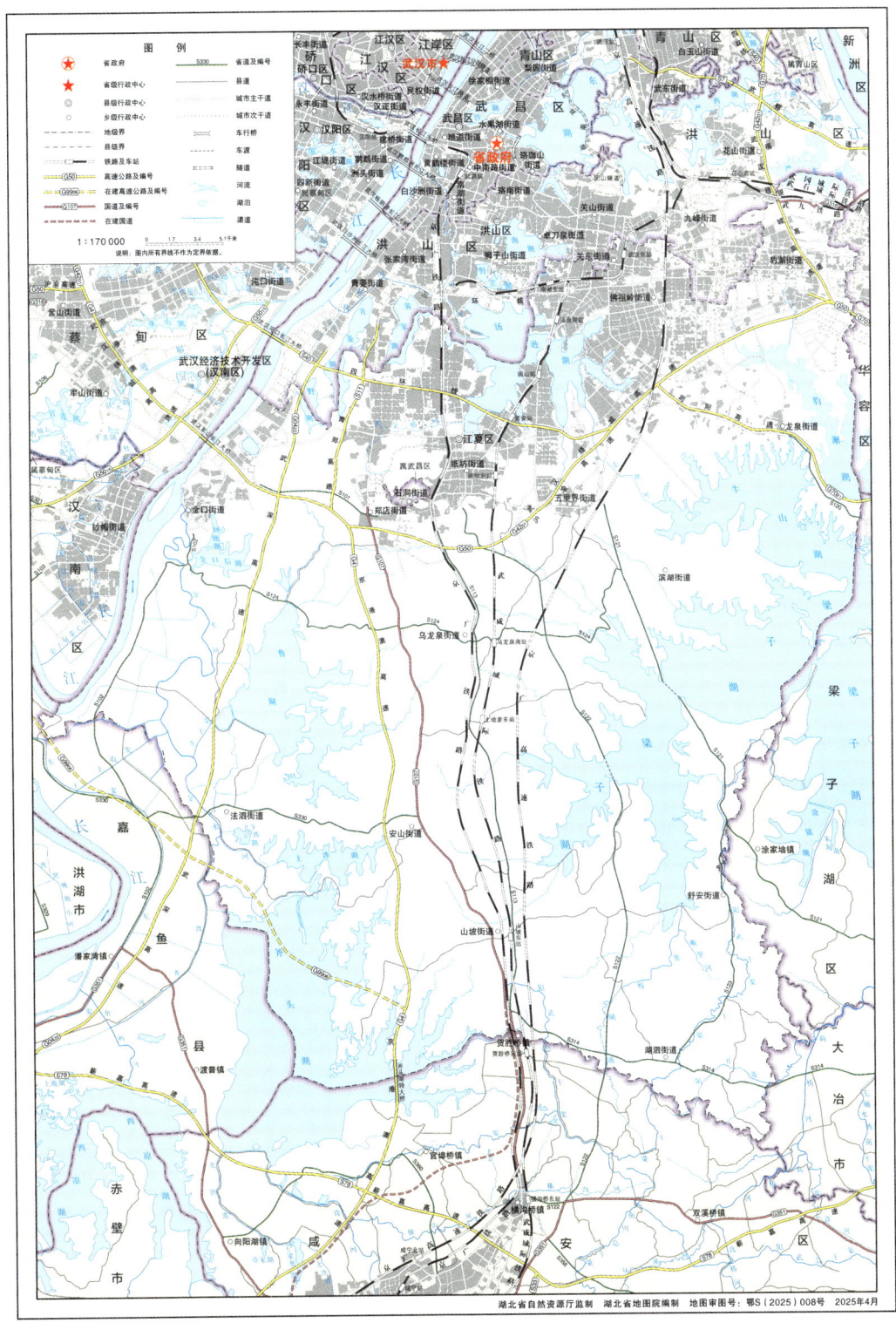

图1-9 武汉市江夏区行政区划图
（图片来源：标准地图服务系统，审图号：鄂S（2025）008号）

唐初，该地改称夹山，取两山夹道而行之之义。唐天宝末年，宰相李蹊在此开基造屋，凿地得泉，形成东西两井，东井冒气则晴，西井无气则雨，又称灵泉山。

此地既有水陆交通之便利，又有物产之丰饶。特别是唐代以来，名门望族集聚于此，繁华一时。留下灵泉寺、听松阁、远眺亭、大观桥、春露亭、秋爽亭、晴雨井、百卉园、龙龟戏鱼池、蓼莪堂、含山楼、万卷书楼、拜寿台等蔚然十二大景观的传说。

明初，朱元璋第六子朱桢为楚昭王时，常游灵泉山，见此地山环水绕，风光幽美，尝尝感叹道，"惜乃阳宅，若为阴宅更佳"，便定此地为楚王茔。楚藩逐步迁走山内各家，大兴土木兴修茔园，历经八代九王。灵泉山从此又易名龙泉山。

明末，武昌为张献忠部攻破，"执楚王华奎笼而沉诸江，尽杀楚宗室"，龙泉山也遭盗抢破坏。按《灵泉志》所载，各王茔园中仅昭园因昭王"德行高尚"而积福幸免于难。

清初诗人、书画家叶封《慕庐集》记："龙泉寺内有宋淳熙、元至正两钟。"看到楚王茔园仅剩残垣断壁，不禁感叹："一代兴亡地，荒榛灭寝宫。岫烟萦野兽，泉音激悲风。"康熙年翰林院学士陈大章有《灵泉茔》诗："石马秋摧金碗出，野狐朝上碧甍啼。"乾隆年江夏举人曹文藻，看到9座茔园仅有昭园保存完好，却仍然"故物龟砆生石发，于今樵牧到荒亭"，感慨楚藩当年骄横一时，最后终归尘土，"只有高峰终不改，飞泉犹似旧时灵"。江夏贡士潘国祚《登龙泉山》云："林尽陟危巅，旷然见天宇。山根片云生，村西一日雨。"一改前人悲悒沉郁的笔调，抒发登高望远、旷达舒展的心情。清代中期江夏秀才汤铭新，少时陪同老表刘冀桂（后中乾隆丙午举人）来此游览，见楚昭王茔园中的建筑物"榱桷崇隆"，灵泉寺"法相庄严，别有洞天"[①]。

1949年后，龙泉山内逐渐形成若干自然村散落于山谷，各园聚集的小盆地里，以古河道为界，北部有小盛湾紧邻宪王茔园之南，张家湾、舒王湾紧邻昭王茔园之南。南部有大盛湾。

1981年，武昌县（今江夏区）龙泉山风景区管理处成立。2006年，龙泉山风景区管理处由江夏区旅游局管理改为流芳街道办事处管理，成立龙泉山旅游经济发展管理委员会。2007年，明楚王墓文物管理所成立，实行"三个牌子，一个机构"。2010年，龙泉山风景区管理处（明楚王墓文物管理所）托管至东湖新技术开发区龙泉街道。

---

① 涂明星：《江夏龙泉山名人印记》，《武汉文史资料》2021年第3期。

第二章　历年考古工作

第一节　考古调查及勘探

　　明楚昭王墓的正式考古工作自20世纪始，分为考古调查、勘探和发掘三个阶段。正式有组织地对明楚昭王茔园开展考古活动是在20世纪80年代。1986年，湖北省文物考古研究所、武汉市博物馆、武昌县博物馆三家单位联合组队对明楚昭王茔园进行了全面清理及勘测，这次考古工作揭开了掩盖在地表下的园内建筑基础，包含主要建筑享殿、配殿及中门等，工作成果表明昭王茔园内建筑基础保存完好，享殿台基四周排水螭首尚存（图2-1）。为进一步巩固和转化考古成果，1987年秋，由武汉市人民政府拨款给武昌县修复了昭王茔园内包含享殿及配殿在内的部分地面建筑，为之后的旅游资源开发和利用打下基础。

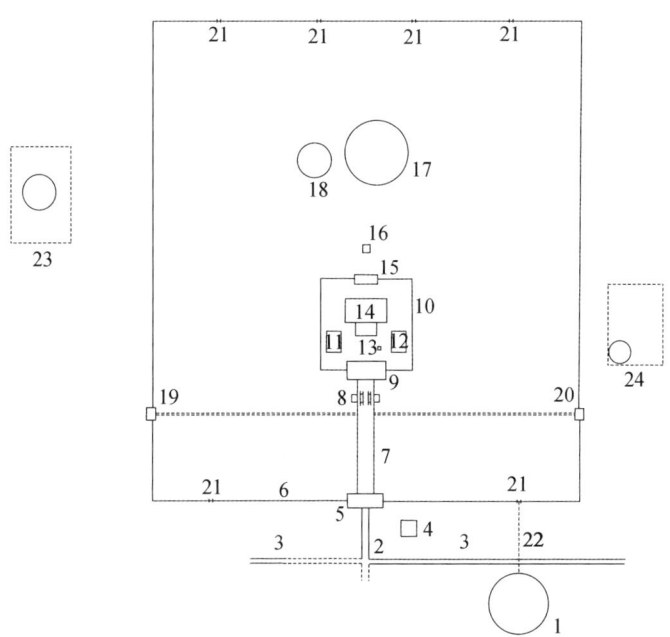

图2-1　楚昭王墓总平面图
1.明塘　2.外神道　3.东、西神道　4.碑亭　5.外门　6.外城墙　7.内神道　8.金水（池）桥　9.中门　10.内城墙　11.西配殿　12.东配殿　13.神帛炉　14.享殿　15.内红门　16.拜台　17.昭王冢　18.元妃冢　19.西侧门　20.东侧门　21.排水口　22.排水暗渠　23.西侧夫人墓　24.东侧夫人墓

1988年，为配合龙泉山旅游资源开发利用，武汉市博物馆组织对楚昭王墓进行了考古勘探工作，确定了昭王朱桢的地宫位置所在，昭王地宫上部修建有墓冢，墓冢位于茔园南北中轴线上，这次工作还在昭王墓冢西南40余米处发现另一墓冢，两处墓冢位置呈并列之势。1990年7月下旬至8月中旬，湖北省文物考古研究所再次对其进行复探，进一步丰富了勘探成果，茔园内排水设施走向及金水池位置也得到了确认。这两次勘探工作为之后的昭王地宫考古发掘提供了指导意义。

2018年，为配合明楚王墓园区道路维修整理工程文物影响评估工作，武汉市文物考古研究所对道路涉及的各楚王茔园进行了实地踏查工作。通过以往的考古资料以及相关技术手段，推测、确定了各楚王茔园的外城垣基本轮廓，确保了道路改造工程不影响各茔园的整体布局和后期展示利用工作。

2022年5月，为配合明楚昭王茔园外神道、明塘区域的环境整治与展示工程，武汉市文物考古研究所受明楚王墓文物管理所委托，对明楚昭王茔园外神道周围约90000平方米区域进行考古调查和局部勘探工作（图2-2）。本次工作了解了外神道的保存情况，并确认了茔园外明塘位置所在，在明塘壁还发现有排水口，结合明楚愍王茔园的考古发掘成果，可以确定昭王茔园有暗渠连接明塘与外城垣。

图2-2　昭王茔园现状正射影像（2022年摄）

2024年1~2月，为深入2022年度昭园外神道区域调查成果，全面揭示昭王茔园外门以南区域外神道的走向与分布，探清明塘基址的平面形状与基本结构，了解由昭园引出的排水系统的基本结构及走向，揭示茔园外建筑布局体系，以便完整地保护展示昭王茔园，明楚王墓文物管理所委托武汉市文物考古研究所对外神道、明塘约16000平方米区域进行考古调查和全面勘探工作，在考古工作的基础上对此区域进行环境整治与展示工程。

历年昭王茔园考古和展示工作均以茔园外城垣以内的区域为主，外城垣以外的外神道和明塘区域还没有得到系统地考古和展示、利用与开发。2022年和2024年两次考古调查、勘探工作全面揭示了昭王茔园外门以南区域外神道的走向与分布，探清了明塘基址的平面形状与基本结构，了解了由昭园引出的排水系统的基本形态，揭示了茔园外建筑布局体系（图2-3），有利于完整地保护展示昭王茔园，也为此区域环境整治与展示设计方案和具体实施提供考古依据，保证方案设计和实施有据可循，文物安全得到有效保护。

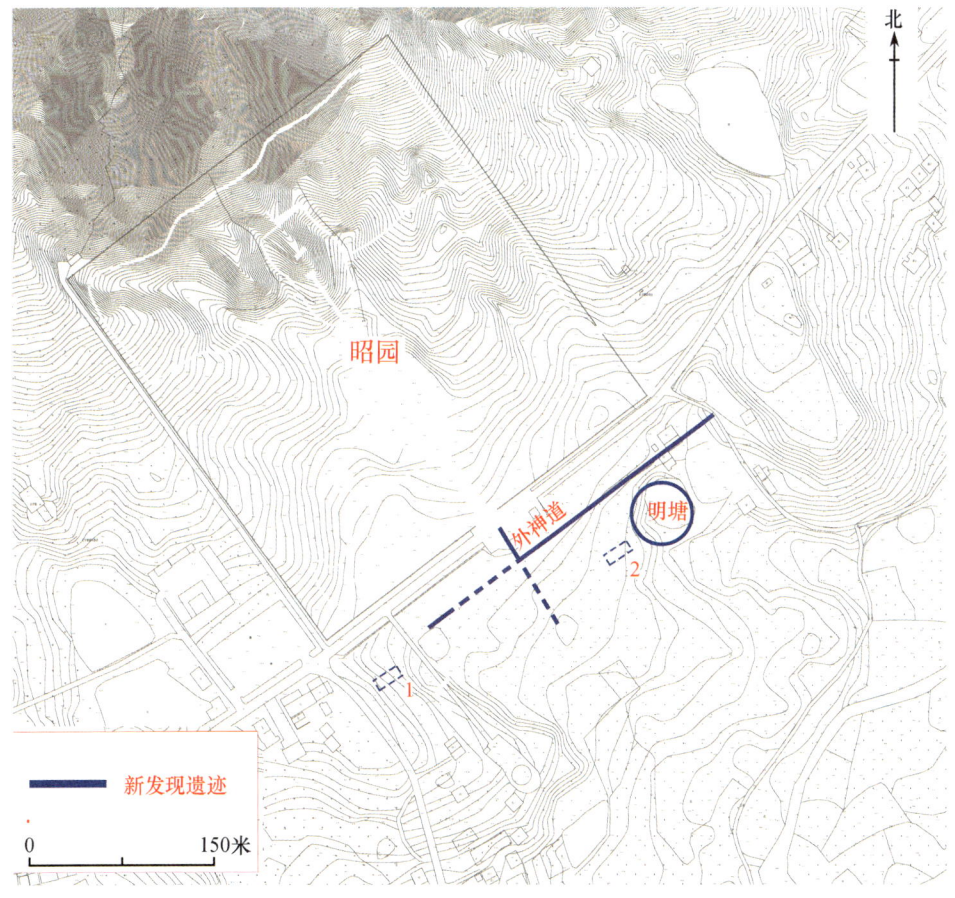

图2-3　昭园外新发现遗迹示意图

值得注意的是，2024年度勘探工作在昭王茔园外共发现了两处建筑基址（图2-4、图2-5）。一处位于昭园外门西南，已经完全破坏，仅地表残存青石，根据附近村民描述及2006年《新编灵泉志》中的江夏区龙泉山文物游览区示意图，推测其为秋风亭。秋风亭位于龙泉山天马峰，含山楼右侧，为元朝宰相沈如筠耆老还乡隐居时所建，左有古松，前有莲池，复合环亭，下层有亭廊，上层为六角攒尖式顶，木结构黛瓦[①]。另一处在昭园外东南，为一处长约20、宽约10米的区域，探到多处青石、白石建筑遗存，在过往的资料中并未有记录该区域，具体性质和用途有待进一步发掘研究。

图2-4　昭园外建筑倒塌遗存

图2-5　昭园外建筑倒塌遗存

第二节　考古发掘

《明藩楚昭王——朱桢墓发掘记》一文介绍[②]，经过前期考古勘探工作后，1987年2月和1989年4月，时武昌县人民政府主持召开了两次专家论证会，为推进昭王茔园地

---

① 张高荣：《新编灵泉志》，武汉出版社，2006年，第20页。
② 杨锦新：《明藩楚昭王——朱桢墓发掘记》，《武汉文史资料》1994年第4期。

宫的考古发掘工作打下重要基础。1990年12月5日～1991年1月10日，湖北省文物考古研究所主持，武汉市博物馆和武昌县博物馆的考古人员参加，共同对楚昭王墓进行了发掘。发掘工作表明，昭王茔园虽屡遭破坏，昭王墓却未曾被盗，保存完整。

经国家文物局批准，发掘工作由湖北省文物考古研究所陈振裕同志为领队。在田野考古发掘工作阶段分两步进行：第一步，清理发掘墓葬封土与墓道；第二步，清理发掘墓室内文物。发掘工作为保存原墓室结构，采用不揭顶式（挖开墓道口由墓门进入墓室内）的发掘方法，发掘方案制定之初，工作人员已考虑到后续文物资源展示利用工作。墓道发掘过程中，拜台至地宫段为斜坡，采取探方发掘法逐层揭露至墓道底部，当发掘到墓道底层时，在墓道中段发现一条东西向的红烧土文化层横沟，在红烧土层中夹有明代以前的陶瓷碎片，可见在这段土层中明代以前就动过土，墓门东南有一条排水沟。当暴露墓室南墙石门后，发掘人员从石门上部打开数块壁砖，可见墓室内有白雾，待墓室内外空气流通后，发掘人员才进入墓内进行文物清理工作。

此次昭王地宫发掘共出土随葬品318件，有册宝匣盒、石碑、玉器、漆器、瓷器、符牌、丝绸、衣物配饰、模型明器等，既有"事死如事生"的生活用具，还有带有祭祀、宗教性质的器物。另外，昭园外的东西两侧共有5座明墓（东3、西2）。西侧2座已发掘，其中一座可能是楚昭王第五位夫人程氏墓[①]。

第三节　明楚王墓全区高精考古数字化工作

2021年10月～2022年6月，为配合明楚王墓国家考古遗址公园的建设，同时为田野考古工作及研究提供详尽科学的测绘数据，完成对明楚王墓及周边地形、地貌、地物的航测等工作，武汉市文物考古研究所通过无人机机载LIDAR测绘了正射影像、1∶500地形图、机载激光扫描滤波和数字高程模型等基础成果，为后续的考古调查、勘探、发掘及研究工作提供数据支撑。

测绘范围北起后山胡、郭家畈与营口，南至福利村与凉马坊水库之间，测绘范围周长12.23千米，面积9.69平方千米，覆盖整个龙泉山盆地地形区域（图2-6）。通过于测区内进行1∶500比例尺的机载激光雷达航测，获取该区域三维激光点云数据，通过天基激光扫描仪对地面进行密集扫描的测绘技术，获取亚分米级的密集地表点云，利用激光的穿透能力和滤波等算法分层处理滤除地表高大植被，获取测区真实完整的数

[①] 湖北省文物考古研究所、武汉市文物考古研究所、武汉市江夏区博物馆：《武昌龙泉山明代楚昭王墓发掘简报》，《文物》2003年第2期。

图2-6 测绘范围示意图

字地面模型（DSM），并通过滤波后的点云数据制作该区域数字高程模型（DEM）、数字线划地图（DLG）等成果。

本次测绘工作于测区内共布设13个永久控制点（图2-7），并联测湖北省CORS，做静态数据解算，获取国家2000坐标系统坐标、1954年北京坐标和1985国家高程坐标。

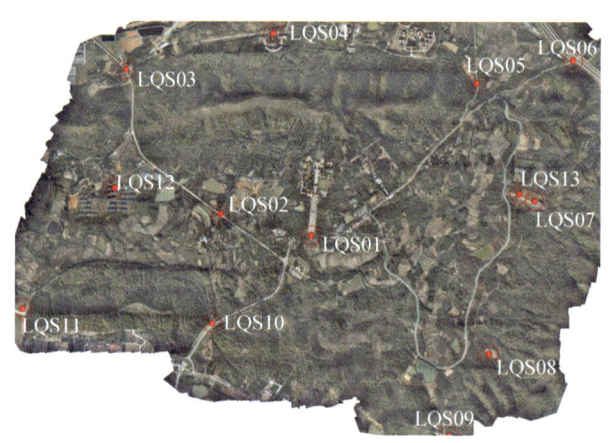

图2-7 控制点分布图

测绘工作对庄王、愍王、靖王三座茔园实施低空数字近景摄影测量，获取了高精度三维模型；对昭王、庄王、端王茔园三处石刻龟碑实施数字近景摄影测量，建立三维模型及正射影像。测绘成果采用CGCS2000国家坐标系统及1985国家高程基准，包含控制点坐标成果表、机载激光点云、数字高程模型（图2-8）、数字正射影像（图

2-9）、数字线划图（图2-10、图2-11），部分茔园及碑刻的三维模型及正射影像等（图2-12~图2-14）。

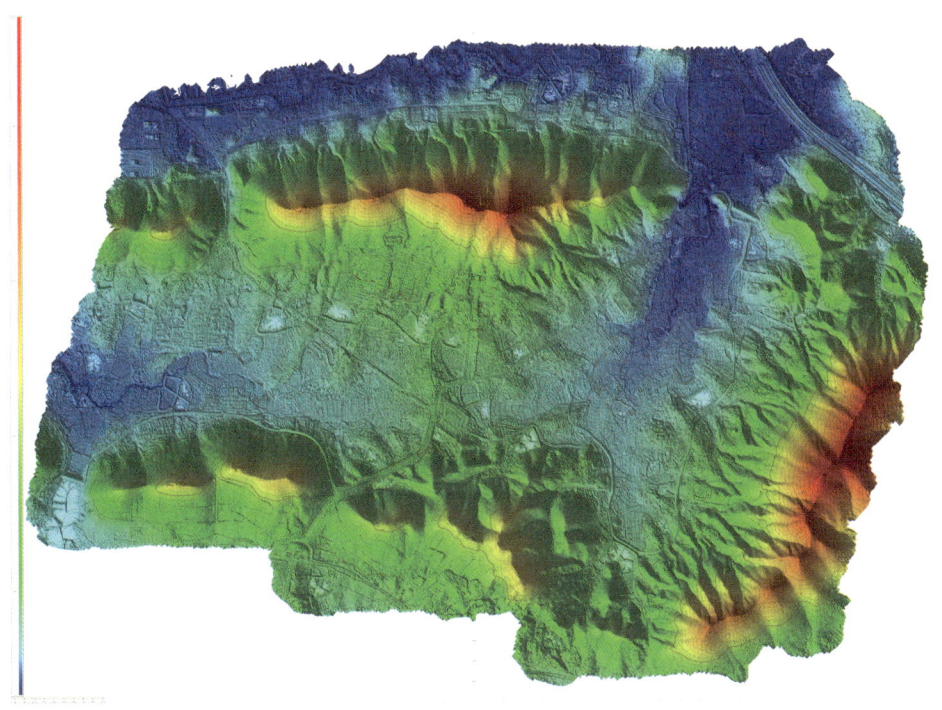

图2-8　明楚王墓群数字高程模型DEM成果

图2-9　明楚王墓群数字正射影像DOM成果

图2-10　明楚王墓群数字线划图DLG成果

图2-11　基于DOM提取地物、地貌边界（昭王茔园区域）

本次考古数字化工作范围覆盖了整个明楚王墓所处的龙泉山盆地区域，获取了数字正射影像、数字高程模型及三维模型等数据，不仅保存了明楚王墓文物本体的数字化成果，还为研究文物与周围环境的关系、明楚王墓各王茔园的分布等课题提供了重要资料。尤其本次考古数字化工作采用了机载激光雷达，对以往传统调查手段难以覆

图2-12 楚昭王碑模型与正射影像　　　　图2-13 楚端王碑模型与正射影像

图2-14 楚庄王碑模型与正射影像

盖的区域获取了原始地表数据，经地表数据识别比对分析，不仅丰富了既往文物调查成果，还新发现了一些重要文物遗迹的线索。

通过比对分析，在昭王茔园外东南70米处，可识别一处台基遗迹（图2-15）。平面呈长方形，进深99、阔64米，朝向143°，与昭园朝向基本一致。台基北部可辨认一处建筑基址，面阔约33、进深约13米。经深入现场踏查，确认该处确为遗迹，且四周残留有墙基（图2-16），东南墙外有台阶状缓坡，应是整座遗迹的外门，此外还在台

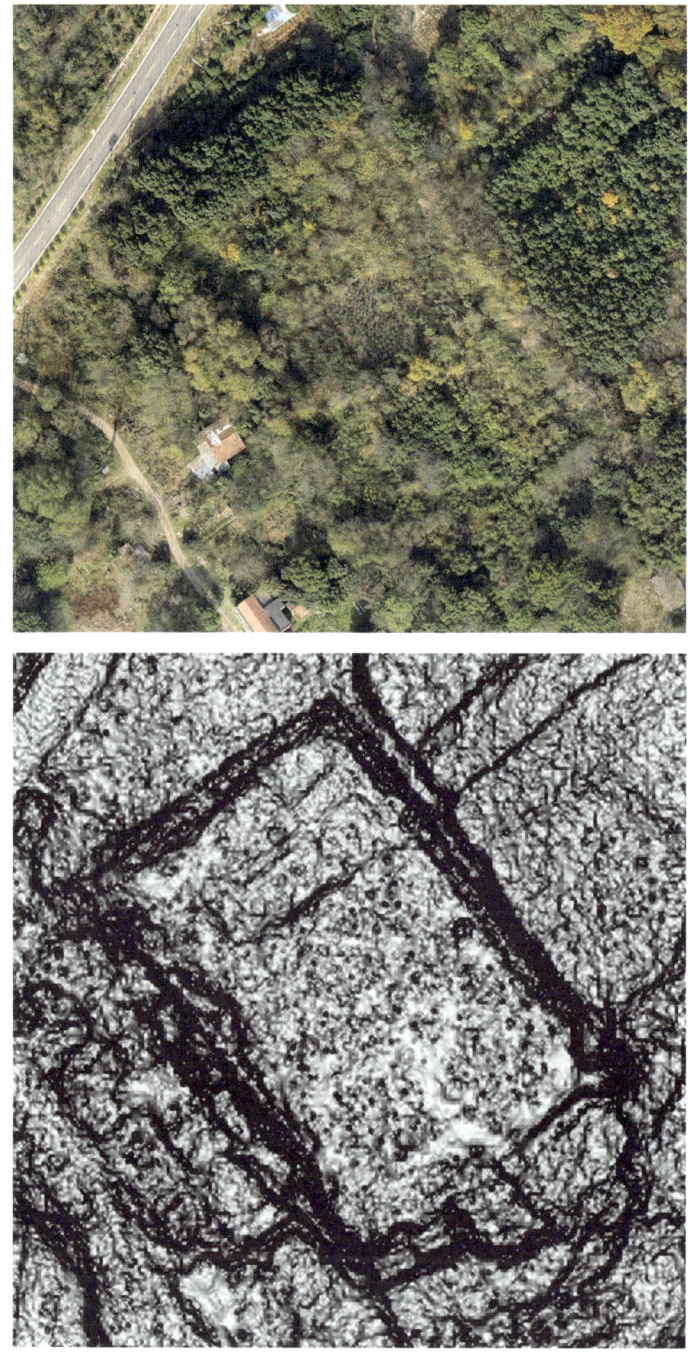

图2-15 蓼莪堂区域高程模型及正射影像对比

基上发现砖、石构件等（图2-17）。根据相关资料记载，该处遗迹可能为蓼莪堂。清道光《灵泉志》收录明代董皋所作《灵泉蓼莪堂记》载：蓼莪堂者，李廊事亲之堂也。堂之以蓼莪名者，肃宗褒之以旌孝也。迄于今李公往矣，而蓼莪犹在；忠文逝

图2-16 蓼莪堂区域西侧墙基

图2-17 蓼莪堂区域地表石构件

矣,而庙貌如故[①]。

高精数字化工作丰富了明楚王墓考古调查的方法手段,是对传统考古调查工作的强有力补充。如何用好数字化成果来助力考古研究,是下一步明楚王墓考古工作的一大突破方向。

---

① (清)汤铭新、汤盘:《(道光)灵泉志》,湖北人民出版社,2022年,第79页。

第三章 昭王茔园

明楚昭王茔园位于武汉龙泉山，坐北朝南，背靠天马峰，面朝梁子湖，与山水相衬。茔园有内外两重长方形城垣，平面呈"回"字形，方向147°。整个茔园以神道为中轴线，碑亭、外门、金水桥、中门、东西配殿、神帛炉、享殿、内红门、石几筵、地宫适宜有序建造。茔园规模宏大、布局严整，合风水之道，展皇家威严，朱桢"天人合一"的宇宙观也得到淋漓尽致的体现（见图2-1）。

第一节 城外建筑

昭王茔园两重城垣外分布有明塘、碑亭、外神道等设施。明塘保存较好，为汇聚昭王茔园排水之所，外城垣东部可见一石砌排水沟与明塘相连。碑亭内有楚昭王碑，保存基本完好，详细记载了楚昭王朱桢的生平功绩和楚藩世系。近年来武汉市文物考古研究所对昭王茔园外神道进行了调查和清理，在外神道两侧又发现了东西神道。城外尚有"营泉村""凉马房"等村落，这些地名应与楚王茔园有关，或为守卫楚王茔园之所，相关遗存已不可考。

一、明　塘

楚昭王朱桢洪武十四年（1381年）就藩武昌府，儒释道兼修且通堪舆之术，因此常于武昌城外登高打猎之余寻觅吉壤福地。初寻九峰山，因此地已葬有江夏李氏祖坟，加之种种因素而作罢[①]。后常于灵泉山游猎避暑，见此地风水极佳，遂迁樊哙墓而

---

① （清）汤铭新、汤盘：《（道光）灵泉志》，湖北人民出版社，2022年，第153~155页。按李璋《陈抄家草稿》载："楚府王朱，图谋风水，起掘四冢，深至丈余，弃棺抛尸。"邹振奇《建李都堂盛神像》载："李盛死之，英灵不昧。每与王较，王惧之，平其家以为寺，约茶盐二商，出赀巨万，使内官郭成功监修，埋僧人无念于上，作千佛殿以压之。李为祟不已，因修李公享殿，塑像以祀之。"

占其地为仙壤阴宅①。

　　风水理论对古人墓葬选址影响深远。"风水"二字源于东晋郭璞所纂之《葬书》："古人聚之使不散，行之使有止，故谓之风水。"按《松窗梦语》说，明人迷信《葬经》中"生气行乎地中，发而生乎万物。人受体于父母，本骸得气，遗体受荫"之说②，因此古人阴宅讲究"觅龙""察砂""点穴"等方法，伴之以望气、尝水、辨认土石等手段。有关风水理论指导藩王墓葬选址的记载，在《明实录》中也屡见不鲜。

　　楚昭王茔园地处灵泉山风水最佳之地，足以证明风水理论对明代皇室陵墓的选择有极重要的影响（图3-1）。风水之法，得水为上，藏风次之。《葬经》曰："气乘风则散，界水则止。"即是说"气"遇到风就散了，遇水则能止聚。昭王茔园明塘地处昭园碑亭东南部，当地俗称"荷花池"，位于昭园外地势最低处。昭园明塘从实用方面来看是昭王茔园排水系统的最终汇聚之所，从风水学说来看是为了防止"气"的逸散，使子孙受荫。

图3-1　《灵泉志》所载昭园风水布局图

　　昭园明塘距昭园外城垣直线距离57米，平面形状近圆形，直径约45米，面积约1600平方米。明塘壁面均为石块垒砌，石壁整体陡直向下，上部微微外撇。明塘石材主要为石英砂岩、砾岩，石料应是就地取材，产于龙泉山或龙泉山附近古采石场。明塘北部和西部各有一豁口，北豁口向北有一条排水沟与昭园南城垣东排水口相连。排水沟长56.8、宽1.68米，残存深度约1米，现直接暴露于地表，沟底可见散落有青石板、大青砖，沟壁部分区域可见有青石、青砖护壁痕迹。西豁口有一条宽0.65米的排水沟向西延伸，延伸至外神道区域被破坏，推测此排水沟向西应与昭园南城垣西排水口相连（图3-2～图3-6）。按《灵泉志》所载昭园风水布局图及实地调查推测，整个昭园地面自然水和地下暗沟应均由南城垣排水口向南引出至昭园南部"大明堂"，昭园明塘位于"大明堂"最低处。东排水口直接汇入明塘，西排水口应是经昭园"大明堂"再向东汇入明塘区域。

---

① 按《灵泉志序》载："楚营昭寝，掘唅冢，迁遗骸于东而埋之。"（清）汤铭新、汤盘：《（道光）灵泉志》，湖北人民出版社，2022年，第9页。

② （明）张瀚：《松窗梦语》卷五《堪舆纪》，中华书局，1985年，第92页。

图3-2　昭园明塘地理位置

图3-3　昭园明塘局部

图3-4　昭园明塘砌筑方式

图3-5　东排水沟现状

图3-6　东排水沟沟底现状

二、碑　亭

按永乐八年（1410年）定制，亲王墓前可设"方广二丈一尺、高三丈四尺五寸的碑亭"①。从明代诸王茔园遗存来看，藩王茔园前所立石碑多以御祭文碑为主，它们大多不覆建碑亭。明代藩王墓碑亭现全国仅见楚昭王碑亭、楚庄王碑亭、楚端王碑亭、河南潞简王碑亭和广西靖江怀顺王碑亭、靖江荣穆王碑亭等。

按《明英宗实录》所载，楚藩三碑亭中昭王、庄王碑亭为第三代楚王朱季堄向明英宗奏请，且经朝廷准许所立之功德碑，为大明开国以来之先例。

  乙亥，书复靖江王佐敬曰："得奏欲为悼僖王立碑，以彰懿行，具见王之孝诚。因命礼部稽洪武、永乐间例，皆无亲王及郡王立碑者。故不敢从王所请，王其知之。"②

  丙戌，楚王季堄奏欲于昭园、庄园立碑，表扬先德。上从之，复书曰："此孝子慈孙当然之义，叔文学迈众，且素得于侍下，目见者最详，且实于自撰述为宜，或授事实于府中儒臣，俾之代述，亦皆宜也。"③

  甲辰……礼部尚书胡濙等言："曩者，楚王季堄奏欲立昭、庄二园碑，朝廷令王自述，或府中儒臣代王述，今王复言：'臣与本府儒官俱学浅才疏，制作不足以表扬先德，乞请名儒撰文。'"上曰："文令翰林院代撰，碑令王自立。"④

  甲子，书复楚王季埱曰："承喻宪王尝请立昭园、庄园碑，已命儒臣代撰文，并碑额附去，可量宜砻石镌刻，叔其亮之。"⑤

按《明英宗实录》所载，正统二年（1437年）靖江王朱佐敬向明英宗奏请，为

---

① （明）申时行等：《大明会典》卷二百三《工部二十三·王府坟茔》，《续修四库全书》，上海古籍出版社，2002年，第423页。
② 《明英宗实录》卷三七"正统二年十二月乙亥"条，"中央研究院"历史语言研究所，1962年，第718页。
③ 《明英宗实录》卷九四"正统七年七月丙戌"条，"中央研究院"历史语言研究所，1962年，第1903页。
④ 《明英宗实录》卷九九"正统七年十二月甲辰"条，"中央研究院"历史语言研究所，1962年，第1997页。
⑤ 《明英宗实录》卷一二〇"正统九年八月甲子"条，"中央研究院"历史语言研究所，1962年，第2427、2428页。

悼僖王朱赞仪立功德碑，以彰懿行，被朝廷以"未有先例"所驳回。正统七年（1442年）楚宪王朱季垍向明英宗奏请为昭园、庄园立功德碑，表扬先德，得到了明英宗的首肯。楚王朱季垍于正统八年（1443年）薨逝，正统十二年（1447年）由第三代第四任楚王朱季堄（朱季垍之弟）建亭立碑。与靖江王相比，楚藩不仅占据着太祖亲支的大义，且当朝皇帝对楚藩印象极佳，认为"昭王、庄王世有令德，宗藩之贤，楚为首称"，开为藩王立功德碑之先河。为避讳帝陵"神功圣德碑"置于神道中轴线上之规制，昭王碑亭北距南城垣15米，地处昭园外神道东侧。

昭园碑亭由亭身、须弥座、龟趺（赑屃）、螭首碑四部分组成。亭身砖砌，砖墙高6.1、厚1.3米，每边俱长8.6米。东、南、西三壁正中各开一面阔3.3、高5米的券门，区别于帝陵碑亭四面各辟一券门。亭身上部为1990年原样复原，五踩斗栱，单檐歇山顶结构，上覆绿色琉璃瓦面，建筑覆盖面积约120平方米（图3-7~图3-9）。

图3-7　楚昭王碑亭俯拍

亭内石碑立于正统十二年，螭首龟趺置于须弥座之上，通高约7米，重达45吨。螭首篆"楚昭王碑"四字，碑正身阴刻楷书共30行，约1200字，记叙朱桢生平、功德、楚藩世系等情况。按碑文所载，朱桢个人能力和品行俱佳，加之其军事能力出色，太祖和成祖两代皇帝对楚王颇为倚重和喜爱，常以贤王称之（图3-10）。其就藩地点又位于经济发展条件良好的湖广地区，且这一时期分封于湖广的其他藩王不多，楚藩在地方发展的空间很大。这些优越条件使就藩后的前几代楚王将主要精力放在了对外拓展财源、不断改善自身经济待遇等方面，奠定了楚藩渐成大藩的基础。

图3-8 楚昭王碑亭侧视

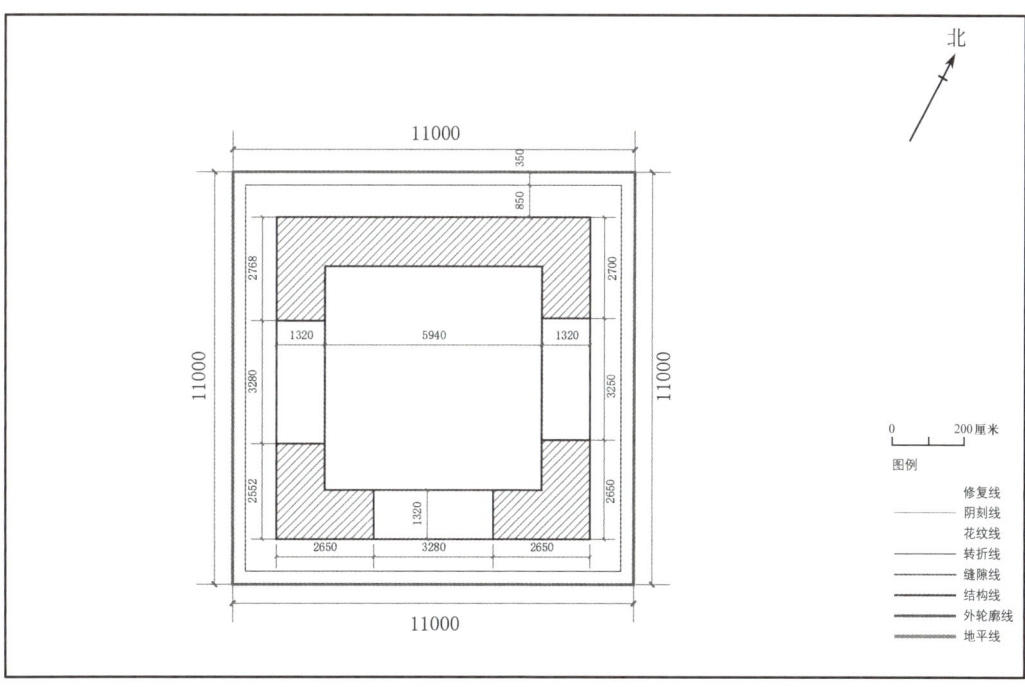

图3-9 昭王墓碑亭平面图

近年来学者对楚昭王的研究成果颇多，在对昭王碑文研究过程中由于未能亲临其地，多有碑亭录文错讹之举，还有石碑正面、背面各有一篇碑文之说。出现这种情况均与文献记录不清有关，如康熙《湖广武昌府志》记载昭王碑文即偶有错误[1]，《新编灵泉志》和《朱氏宗谱》均分别记录《楚昭王碑文》[2]和《昭王碑文》各1篇[3]，且均有错误疏漏之处，学者在研究引用之时难免以讹传讹。经对楚昭王碑亭全景数字化三维扫描，现将楚昭王碑亭《楚昭王碑文》完整录文附记如下：

楚昭王碑
孙楚王季堄奉敕撰

季堄无似永惟，王祖、王考至德令行，昭园、庄园未有树碑，昕夕靡宁。敬述梗概，上闻于朝，冀于文儒为著，刻辞以贻来世。仰荷玉旨，谓：国家先代陵碑，皆后圣亲述，用克详也。爰命季堄，自述其词。臣季堄俯伏膺命，不敢以不文不勉，谨序昭园之碑曰：

王祖讳桢，姓朱氏，大明太祖、圣神文武钦明启运俊德成功统天大孝高皇帝、孝慈昭献至仁文德承天顺圣高皇后之第六子，生母昭敬太充妃胡氏。王祖生于甲辰年三月三日，英资伟质，聪慧出伦，天性端重，幼而喜学，皇曾祖、皇曾

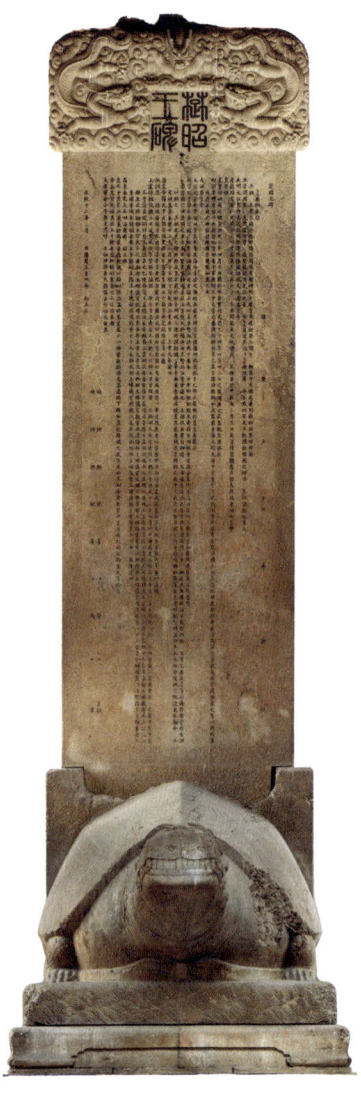

图3-10 昭王碑全景

祖妣咸所钟爱。洪武三年四月七日，受金册、金宝封为楚王。十四年四月廿二日之国湖广之武昌。既至，惓惓奉祖训，率礼度。留心典籍，靡他嗜好。书十事座侧，旦夕自警。恭慎俭约，恒存省己。直言说论，听纳如流。鉴前古藩王之失，府中官属，皆出廷授，未尝外通宾客。爱恤国人，恒恐伤之。地产之利，卒推畀民，不受贡献。岁歉，尝减禄米之半以纾民。军校遵奉戒

---

① （清）裴天锡：《湖广武昌府志》卷之十一《楚昭王碑文》，第79~81页。
② 张高荣：《新编灵泉志》，武汉出版社，2006年，第308~313页。
③ 《朱氏宗谱》卷一《楚昭王碑文》《昭王碑文》，龙泉山风景区管理处藏，第13~19页。

约，毋敢侵越。国中怀德，如戴父母。

太祖高皇帝、太宗文皇帝皆称曰贤王。名马及海外贡珍之赐，殆无虚月。时宗室诸藩洲地商税多已停止，楚国仍旧，盖加宠云。仁宗昭皇帝在春宫，敬爱之厚。每湖广三司官辞，必戒以善事贤叔。洪武中，屡奉命率师征铜鼓及安福古州叛蛮。宏谋睿略，所至成功。岁时入觐，褒赉加厚。及其从臣，并荷荣赐。太宗常谕之曰："楚国之安，由王之贤。岂资辅导？若庇汝等获久于禄，亦由王贤。而汝等幸遇也。"

王祖性至孝，自幼侍父母。遇有疾，恒色忧。居丧，哀毁踰礼。忠事朝廷，夙夜惟敬。治家严整，训励王考兄弟及季垠等，必务于学。尝作家训以贻之。

王祖文史之余，兼精武事，不惑于邪。全州妖人进所撰经忏，言梦中无量寿佛所授。虑其乱众，械送京师斩之。国中文武之臣贤者，礼之终身，虽死犹恤其家。长史管时敏有辅翼功，其病也，两命驾视之。既没，哀之恸，命王考视其葬。

永乐廿二年二月甲子，不豫。丁卯，起沐浴更衣，召王考兄弟谕曰："高皇帝得天下良艰，吾保楚国亦不易。吾享国五十余年，无毫发玷。若等必遵祖训，忠朝廷，务保守之道。苟违吾言，吾死有灵，必不尔佑。"又曰："国必有君，家必有长，而后齐一。吾没后，庶事必咨禀世子，而行勿违。"戊辰，薨，语不及他事。春秋六十有一。

讣闻，上震悼，辍视朝三日，遣丰城侯李贤赐祭，谥"昭"。命有司治丧，宗王及朝之公卿大臣皆致祭。王祖妣王氏，定远侯王弼之女。洪武十二年正月四日册为楚王妃，三十年十一月五日薨。今从王祖，合葬江夏县灵泉山之原。

子男十：长王考讳孟烷，嗣封楚王。薨，谥"庄"。次巴陵悼简王孟熜，次永安懿简王孟炯，次寿昌安禧王孟焯，次崇阳王孟炜，次通山王孟爚，次通城王孟灿，次景陵王孟炤，次岳阳悼惠王孟爟，次江夏王孟炬。女九：长华容郡主，嫁仪宾马注。次沅江郡主，次临湘郡主，皆先卒。次清湘郡主，嫁仪宾耿琇。次云梦郡主，亦先卒。次安乡郡主，嫁仪宾魏宁。次儶阳郡主，嫁仪宾张鉴。次兴宁郡主，嫁仪宾葛隆。次祁阳郡主，嫁仪宾李澄。

孙男二十五：长季垠，今嗣封楚王。次黔阳王季埱，东安王季堁，季垠未封。嗣永安王季塾，嗣岳阳王季境。余镇国将军。女十九：长新化郡主，嫁仪宾刘献。次先卒。次湘乡郡主，嫁仪宾王谦。余县主。曾孙男十六，女八。

敬陈诗曰：高皇奉天，大正四海。肃肃昭王，维皇之子。茫茫江汉，爰初赐履。秉德执诚，以绥以理。温温靖恭，翼翼小心。维孝颙颙，维忠湛湛。临下维和，莅祀维钦。允武且文，如玉如金。奕奕楚邦，实奠南纪。时叙物丰，风厚俗美。帝嘉其贤，民被其祉。五十余年，慭终犹始。灵泉之山，瑶琨在园。大君有命，小子无文。呜呼王祖，陟降在天。锡监垂祚，裕我后昆。

正统十二年三月日，孙楚王季埱奉勅立石。迪功郎纪善，臣管延枝篆额。迪功郎纪善，臣马纯书。

《新编灵泉志》和《朱氏宗谱》记录了另一篇《昭王碑文》，经查应为嘉靖二十五年（1546年）廖道南所著《楚纪》中所录楚昭王生平事迹[1]，后人错误地认为其是楚昭王碑文。文中对朱棣称谓为"成祖"，而"成祖"称谓始于嘉靖十七年（1538年）九月，明世宗将朱棣庙号由"太宗"改为"成祖"。以此观之，此楚昭王生平事迹即成文于廖道南所著《楚纪》，而后世所编《新编灵泉志》和《朱氏宗谱》均错误录用为《昭王碑文》。现将此篇录文记录如下：

楚昭王

昭王讳桢，太祖高皇帝第六子也。母昭敬充妃胡氏，生王于甲辰三月三日。王天资凝重，英睿夙成。高皇后特钟爱之。洪武三年夏四月乙丑，上命封为楚王。四年春二月甲子，入大本堂读书。九年冬十月丁卯，之国武昌[2]。皇太子率诸王、文武群僚饯龙江。十一年春，随皇太子往谒皇陵于凤阳。十二年夏四月丁酉，上赐经史国籍，王诵而有得，乃录《御注洪范》及《大宝箴》于座右，以时玩警。是岁十二月，随皇太子入文华殿，听儒臣时讲。十四年五月丁未，上命率江夏侯周德兴讨散毛诸洞蛮夷。十八年夏六月庚子，命率汤和讨靖州上黄诸蛮夷吴回儿等。事竣奏捷，上喜甚，曰："汤和言尔有谋略，真吾子也。"二十年秋九月甲戌，上赐《祖训录》。冬十月，往讨云南阿鲁秃，遁走武关，至廊州擒之。二十二年肇建宗人府，上命王署。二十四年，往征西番。二十七年道州杜回子叛，命讨平之。是年，复讨全州叛贼。二十八年复讨桂阳山寇，平之。二十九年八月丁亥，卢溪黔阳诸洞蛮夷叛，王出师自沅州伐山踰阻，至天柱山，深入苗塞平之。三十年

---

[1] （明）廖道南：《楚纪》卷六《国基内纪后篇·楚昭王》，中国国家数字图书馆影印本，第1~4页。

[2] 朱桢于洪武十四年之国武昌，此处或为廖道南错记。

三月壬午，荧惑入太微。上敕曰：自古及今，有土有国者，务谨身心，观天道，察人事，罔敢自暇自逸。盖人事作于下，则天道应于上，可不谨哉！吾谕尔久矣。周天列宿，五星出入，洞烛休咎，以修人事。近荧惑入太微，况太微居翼轸，楚分野也。太微为天庭，五星无故而入，灾必甚焉。且荧惑径入而东往，犹之可也。今顺入而逆出，已八十日矣。在内庭十日，占有妨君者，有妨后者，有妨相者，矧八十日乎。尔冢子悼简王忽因疾云逝，天象岂虚示哉！尔其省愆慎德，以回天意。王受命惟谨慄焉，不敢自懈，乃书十事曰：尊朝廷，守祖训，敬神明，作藩屏，顺人心，友兄弟，防边境，练军士，谨钱谷，畜马乘，以无忘高皇之光训。五月乙卯，上命同湘王征古州蛮林小厮，敕曰：近蛮夷倡乱，尔能与民同忧，率护卫军马亲往征之，岂不称为贤王。夫尊居王位，安享富贵，凡宫室、衣服、舆马，皆民力所供，若能奋武威，除民患，山川鬼神亦将助顺矣！尔其钦承。七月辛巳，复命征清平黔阳诸蛮，平之。三十二年五月庚寅，封王嫡子孟烷为楚世子。永乐元年春正月戊戌，成祖召王为宗人府左宗正。三十三年春正月戊辰，王薨[①]。上遗丰成侯李贤赐祭葬，谥曰昭。嗣孙宪王撰碑系以诗曰：高皇奉天，大正四海。肃肃昭王，维皇之子。茫茫江汉，爰初赐履。秉德执诚，以绥以理。温温靖恭，翼翼小心。维孝颙颙，维忠湛湛。临下维和，莅众维钦。允武允文，如玉如金。奕奕楚邦，实奠南纪。时叙物丰，风厚俗美。瑶崐在园，帝嘉其贤。民受厥祉，毖祀有愆。呜呼祖考，陟降在天。锡监垂祚，裕我后昆。

根据《昭王墓建筑石材鉴定报告》，昭园碑亭须弥座、龟趺（赑屃）及碑整体是厚层石灰岩石料，石料的岩石成分和结构不均一，包括有白云质灰岩（赑屃头部及碑）、角砾状灰岩（赑屃肩部及须弥座），此类石材在今黄石、大冶、江夏纸坊一带都有出露。

三、外 神 道

昭王茔园神道分园内和园外两部分，园外部分即为外神道，外神道又分南北向中央主神道及东西向辅神道。南北向中央主神道向内经外门与内神道相连，共同组成昭王茔园中轴线，而东西向辅神道应为连接楚藩兆域各个藩王茔园的祭祀道路。

中央主神道宽4.24米，地表可见由外门台阶向南延伸38米的白云质灰岩石板路

---

① 应为永乐二十二年二月戊辰，此处或为廖道南错记。

面，由中部主体铺石、两侧铺石和最外侧护石组成。外神道路面中部由长约1.4米、宽0.7~1.2、厚约0.1米的石板铺筑；两侧由长0.25~0.8、宽0.2、厚0.1米的石板铺筑；最外侧由两条长0.5~1、宽0.6、厚0.1米的石板护边（图3-11、图3-12）。

图3-11　昭园外神道全景

图3-12　昭园外中央神道现状

外神道由外门台阶向南延伸38米后，分别向东、西两侧分叉为东、西神道。东神道与主神道垂直向东延伸，经清理确认其向东延伸约200米，其延伸终点由于房基、密林等覆盖而未能明确。东神道宽约1.5米，中部用长0.65~1.35、宽1、厚0.1米的白云质灰岩石板铺设；两侧用长0.7~0.9、宽0.18、厚0.1米的石板护边。西神道与外神道垂直向西延伸，经清理确认其向西延伸约100米，再向西延伸区域被密林覆盖。西神道宽1.58米，两侧用长0.7~0.9、宽0.18、厚0.1米的小青石板护边，中部用大小不一的石板填充路面（图3-13、图3-14）。

图3-13　昭园外东神道现状

图3-14　昭园外西神道现状

地表可见东神道与西神道不在一条直线上，东神道、西神道与主神道垂直的起始边界，两者错位约0.2米。同时东神道与西神道中部主体路面部分建构方式不同，东神道中部主体为一块宽约1米的大石板，而西神道中部主体用大小不一的石板填充。由此观之，东、西神道或为不同时期建造，按楚藩茔园营建顺序，第二任楚庄王、第三任楚宪王均位于昭园东部，第四任楚康王位于昭园西部，推测东部神道建造年代早于西部神道。此前考古界一直推测龙泉山八代九位楚王的茔园应该有一条道路贯穿，这个推测一直没有得到证实。昭园外神道的南北向中央主神道及东西向分支辅神道的发现，为后续楚藩兆域道路系统的考古工作和研究提供了新的材料。

第二节　外　罗　城

昭王茔园在园区外围建有高大的围墙，与祭祀区内围墙相对，分别称为外罗城和子城。外罗城的修建主要是为了加强茔园的防卫，同时规模宏大的外罗城也是楚藩皇家威严的展现。外罗城地势北高南低，北靠天马峰，尾部有泄洪口，南面大明堂，前部有排水口。外罗城城垣、外门基础保存较好，角门保存较差，外罗城与子城之间还存有内神道、金水池等设施。

一、外 城 垣

昭园有内外两重长方形城垣，平面呈"回"字形。外城垣南北长355、东西宽335米，垣墙呈四方形，总长约1400米，占地面积11.28万平方米。垣体是石基砖墙，现存最高3.3、厚0.9米（图3-15～图3-17）。墙砖为明初官窑特制的青砖，每块重18千克。南、北垣的垣基均设有券孔式泄水口，南城垣东排水口处，有一条排水沟与昭园外明

图3-15　外城垣东南角俯视

图3-16　外城垣西南角局部

图3-17　外城垣南墙局部

塘相连。外城垣东西两侧中部各开一门，两门间有通道相连，与内神道垂直。南外城垣处于茔园正前方，外侧另有护墙，护墙宽约1.4米，最外侧为大块石材护边，内侧填以小石粒层。

二、外　　门

茔园核心建筑群为由外罗城和子城构成回字形两重城布局，外门即为外罗城之院门，三门洞式牌楼门，三门洞前有三出垂带踏跺。外门布置于南外城垣正中，北距昭王墓冢228米。外接外神道，内连内神道，东、西与南外城垣相接，东南为碑亭。

外门底座为石砌复合台基（汉白玉须弥座台基与普通石砌台基重叠），外门现存殿基、门槛石、门砧石保存完好，墩台条石部分破损，阶条石局部残缺，包壁青石完好，踏步石、垂带石局部破损。外门东西两侧各置一角门（已封塞），应为茔园日常管理人员进出的通道，而正门仅供祭扫等活动时使用。角门用大件汉白玉雕刻砌成，底部须弥座凸出墙面，线脚丰满，色泽鲜明，与平直宽厚的垣墙形成鲜明对比。

外门结构具体由踏跺、台基、门洞及复建的上部结构组成。

外门踏跺为条石砌筑，由正面踏跺和左右垂手踏跺构成三出壁，分别与外神道、内神道相接。正面踏跺长（台基阶条石至踏跺燕窝石）3.04、横宽（踏跺燕窝石长度）3.7、垂带长3.18米。台阶六级，每级宽度为0.5、高度为0.15米。侧边象眼为石作，象眼石下为平头土衬，高0.18米。左右垂手踏跺宽度为3.59米左右，其余结构与正面踏跺一致。三踏跺之间的间距（燕窝石外沿间距）为0.91米左右。

外门台基为长方形，总长（东西台基阶条石间距）27.1、总宽（南北台基阶条石间距）10.7、通高（地平至台阶阶条石）0.91米。散水保存较差，结构不明。陡板、台面结构经过现代整修，原貌不清。现为条石作阶条石，台面青砖平铺。四角如意埋头宽为0.45米。

外门门洞结构保存较差，原始面貌不明。四座石须弥座墩台为基础，其上以青砖砌墙、作券成门楼。左、右墩台南北长10.7、东西宽5.5米；中部两墩台南北长10.7、东西宽2.07米。中部门洞宽2.63、左右门洞宽2.44米。三门门槛石均高0.24、厚0.2米。

外门门楼在原基石上于1984年修复，建筑面积约300平方米，门楼长（东、西台基阶条石间距）27.1、总宽（南北台基阶条石间距）10.7米，其券顶三门洞五踩斗拱，单檐歇山顶，铺绿色琉璃瓦屋面（图3-18～图3-30）。

图3-18　外门航拍全景（北—南）

图3-19　外门正视全景（南—北）

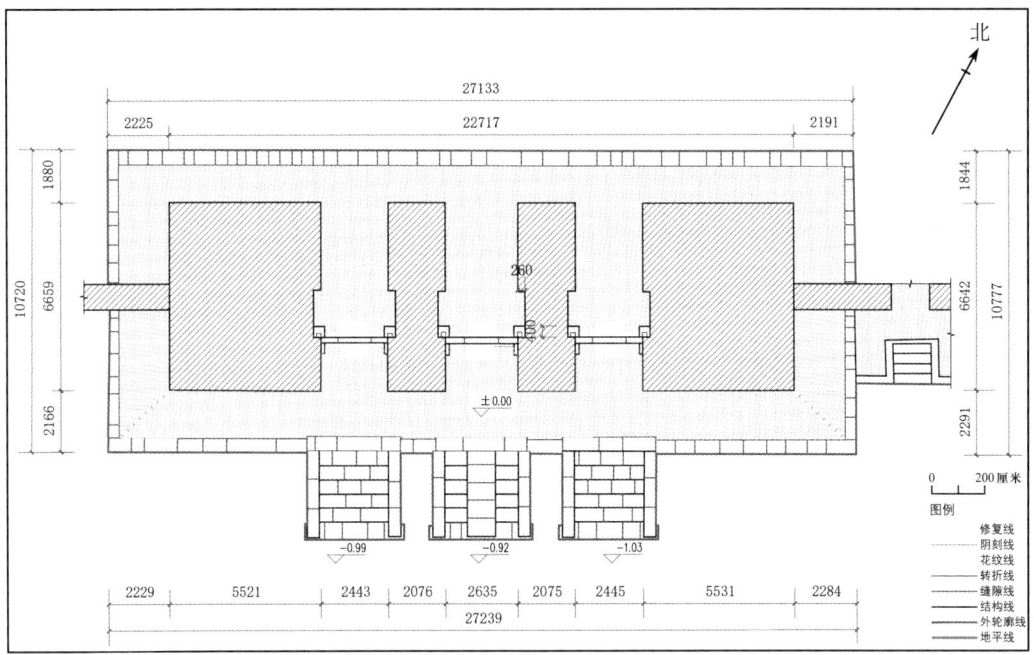

图3-20 外门平面图

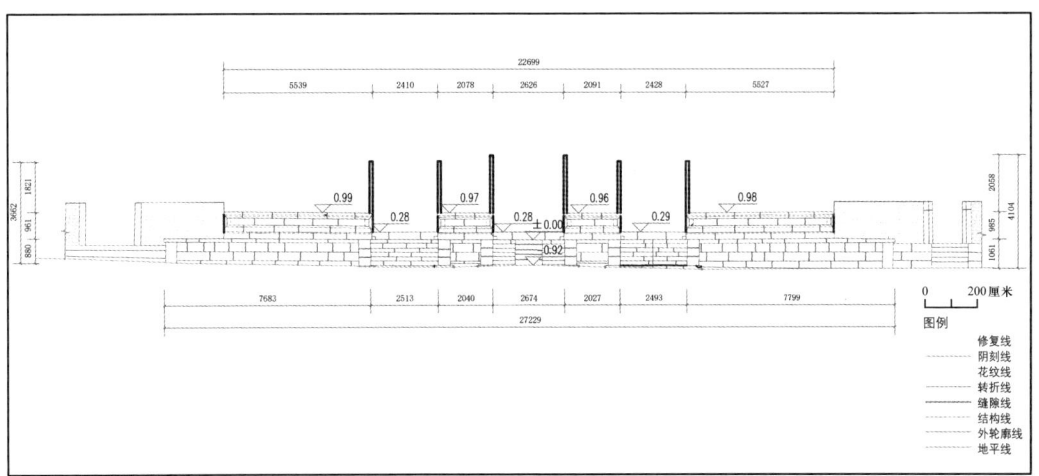

图3-21 外门南侧(外侧)正视图

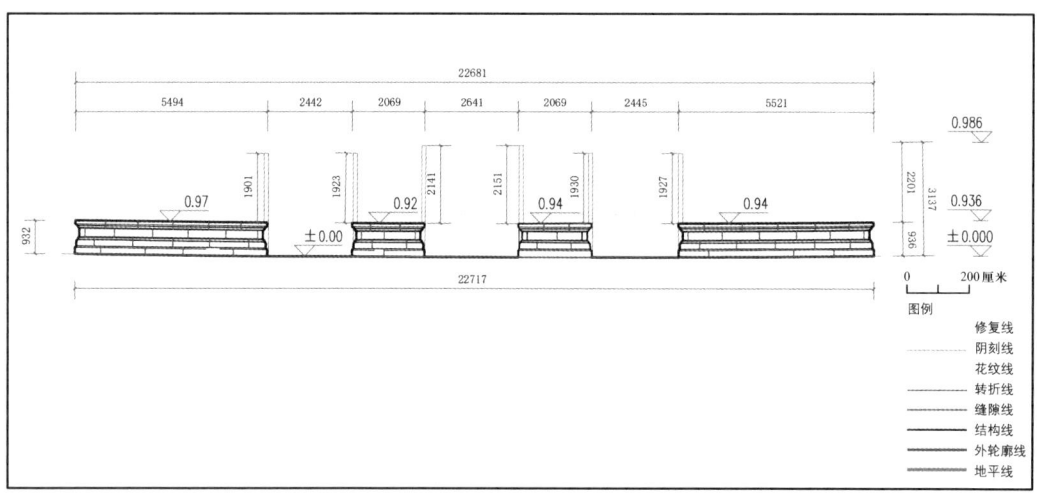

图3-22 外门北侧（里侧）正视图

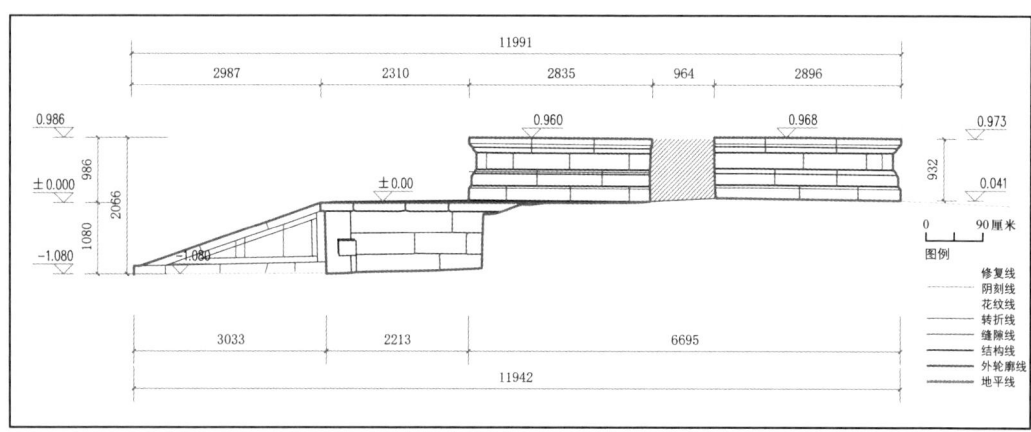

图3-23 外门东立面图

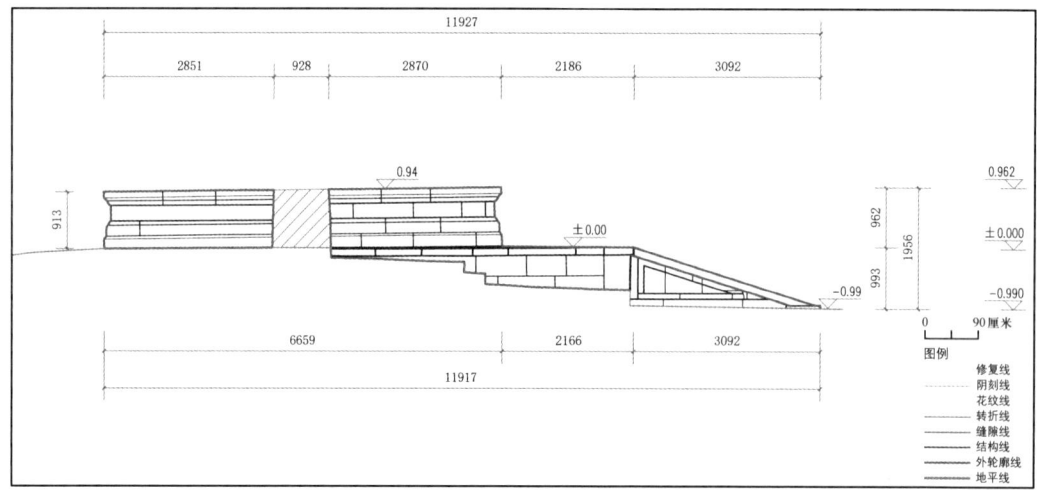

图3-24 外门西立面图

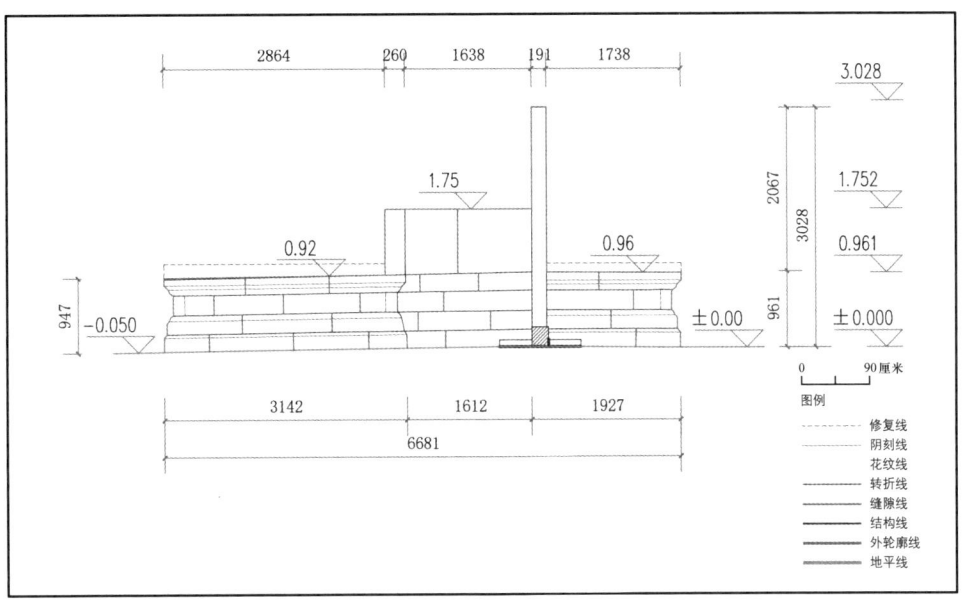

图3-25　外门中门道东立面图

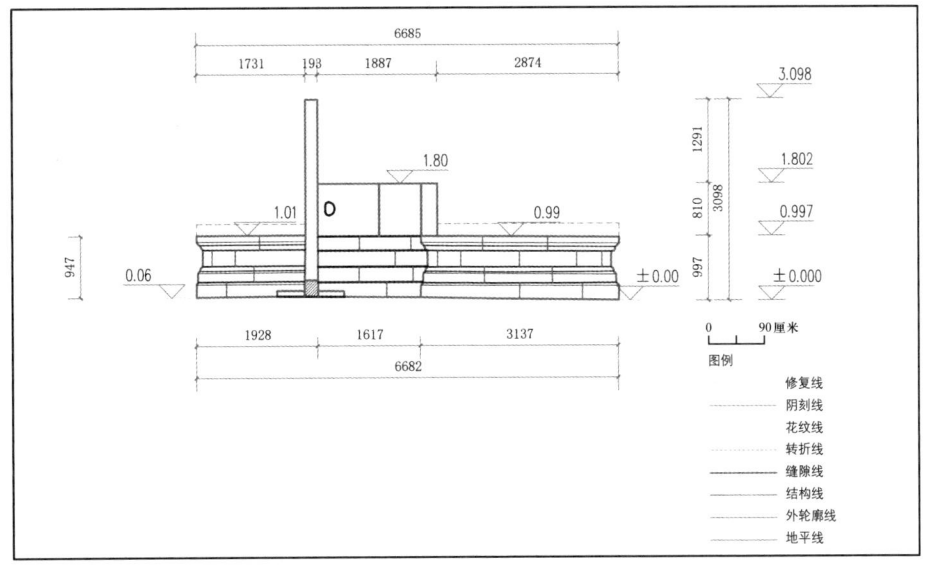

图3-26　外门中门道西立面图

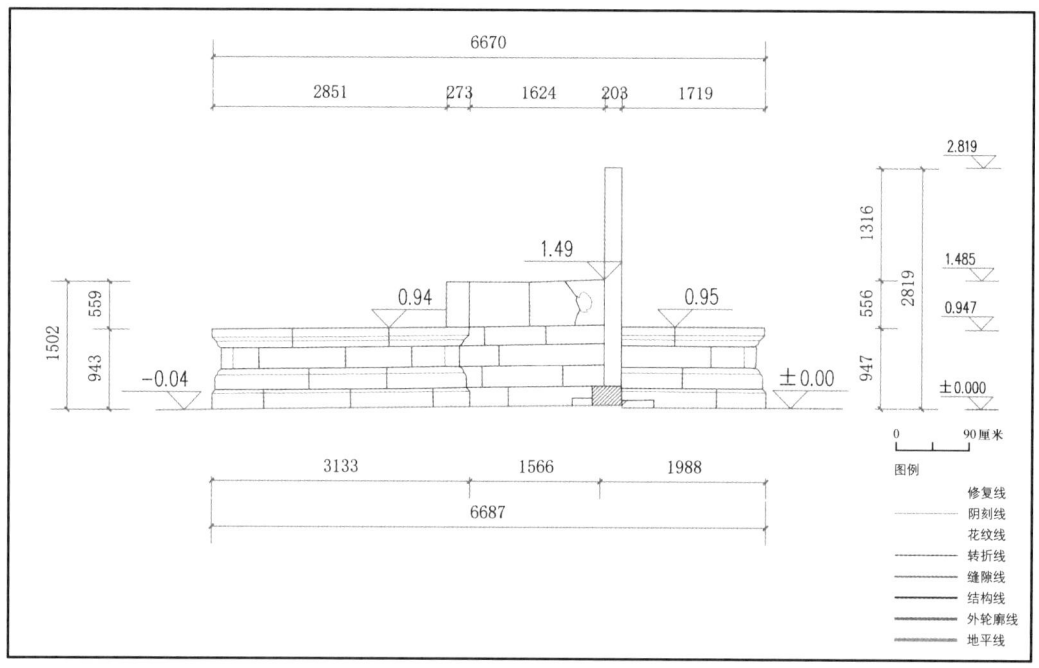

图3-27　外门东门道东立面图

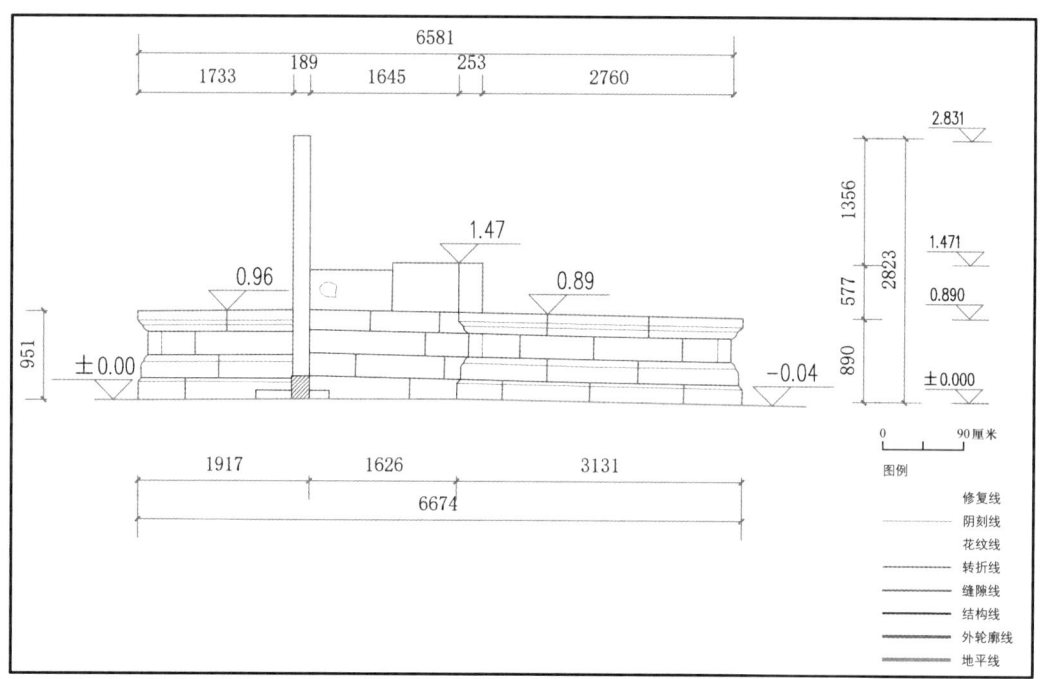

图3-28　外门东门道西立面图

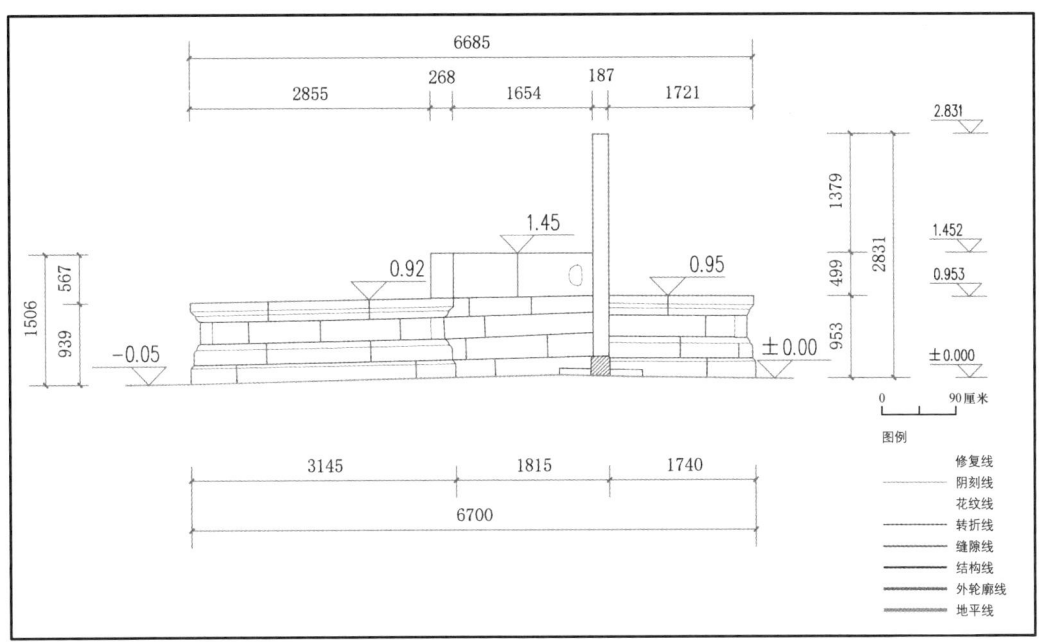

图3-29 外门西门道东立面图

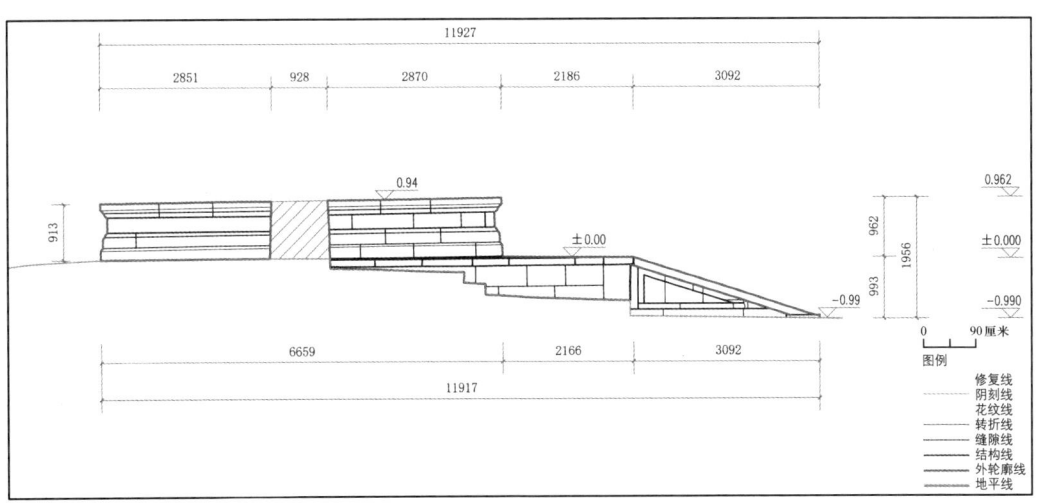

图3-30 外门西门道西立面图

三、内神道

内神道经外门向南与外神道相连，北与金水池相接，金水池南端有东西向横道连接昭园外城垣东西侧门。内神道路面中部由长约1.4、宽0.7～1.2、厚约0.1米的青石板铺筑；两侧由长0.25～0.8、宽0.2、厚0.1米的青石板铺设；最外侧由两条宽0.6和0.55、长0.5～1、厚0.1米的青石板护边（图3-31～图3-33）。

图3-31 内神道俯瞰（北—南）

图3-32 内神道近景（北—南）

图3-33 内神道与内神道横道俯瞰

四、金水池与金水桥

金水池与金水桥位于茔园正中轴线，南接内神道，北与中门（内城垣）相接，东、西距外城垣各145米。金水池为东西长23.46、南北宽6.48米的长方形布局。金水池东西向垂直于中轴线神道，水池东北部北壁有注水口与茔园排水沟相接以引水入池，西壁中部有排水口向园外排水。金水池目前依然蓄水，主要是调节茔园的排水，同时也起到消防等作用。金水桥为三路单孔石桥，总体宽度与外神道一致（图3-34～图3-37）。

金水池由池壁、栏板柱子、注水/排水口三部分组成。中部因金水桥南北向贯穿而呈东、西两池。金水池总高4.08米，其中地平以下高度为2.79米，地平以上部分高1.29米（图3-38～图3-41）。

金水池壁以条石错缝垒砌，总高2.23米。条石表面规整，规格不一，长0.5～1、宽0.2～0.33、厚约0.2米。

金水池栏板柱子为石作栏板，围合除桥身结构外的金水池四周，由仰天石、地伏、望柱、栏板组成。金水池共有40个望柱、34面栏板，有序分布，材质为中粗粒大

图3-34 金水池正射全景

图3-35 金水池俯瞰(南—北)

图3-36 金水桥近景（北—南）

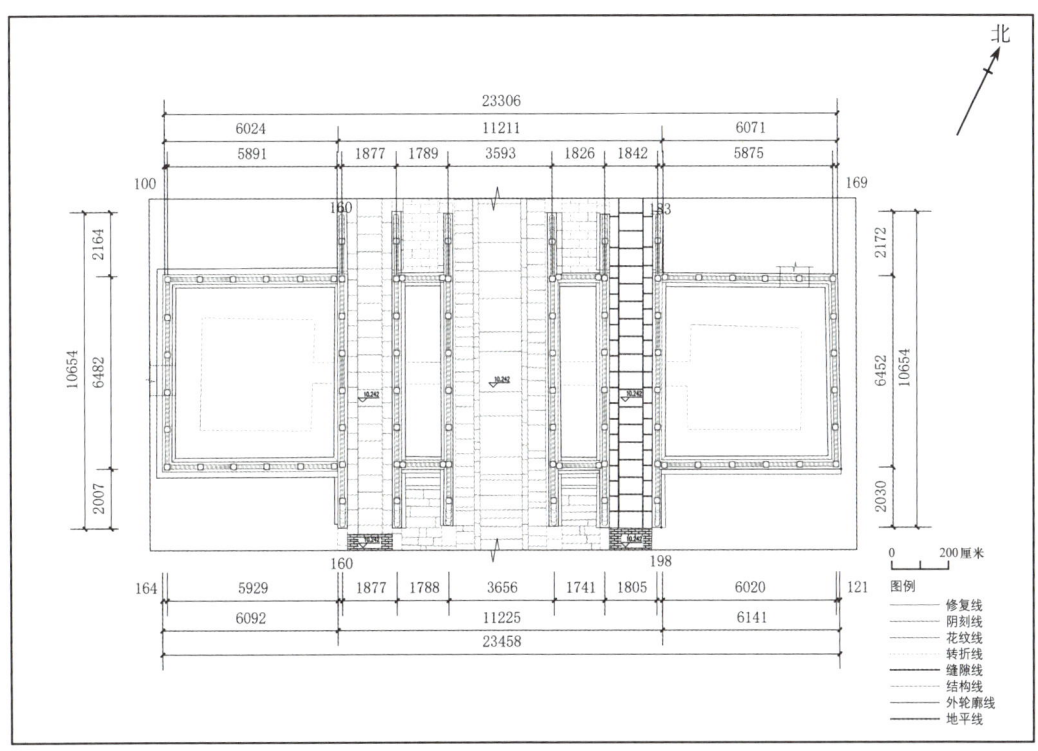

图3-37 金水池平面图

图3-38　金水池栏板柱子

图3-39　金水池栏板柱子

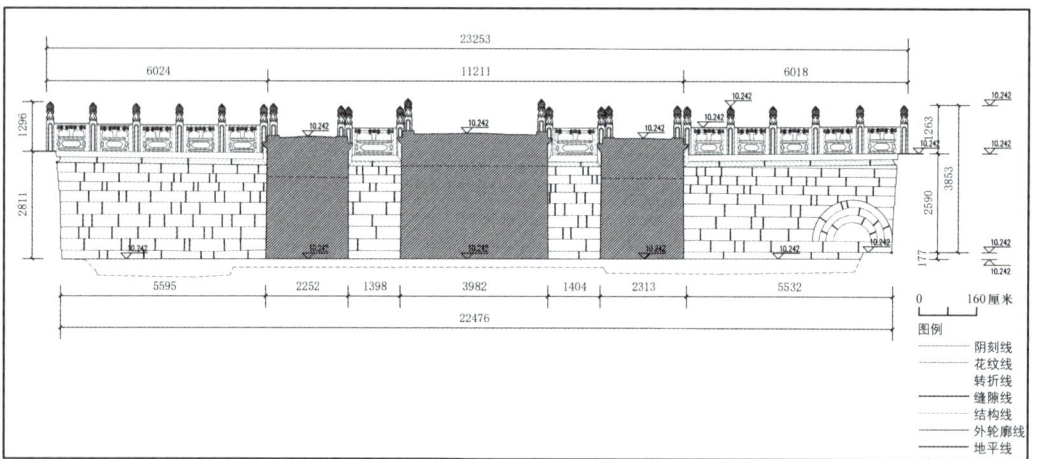
图3-40　金水池北壁立面图

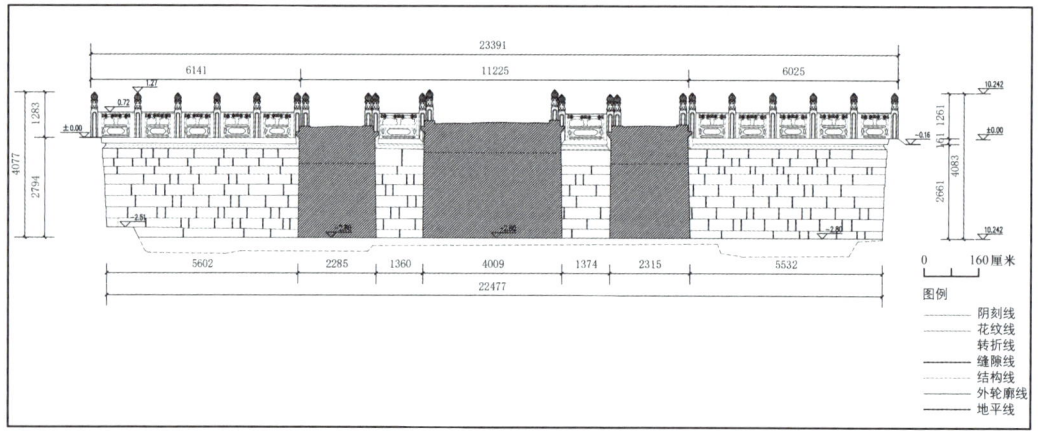
图3-41　金水池南壁立面图

理岩。仰天石上宽0.65、下宽0.48、通高0.15米，内外金边宽0.12米。地伏高0.15、宽0.33米，为素面条石。望柱通高1.28米，柱身长0.21、宽2.1、高0.8米，柱身饰有双勾"亚"字形纹盘子，盘子高0.72、宽0.12米，柱头为二十四节气头式，下饰莲瓣纹。栏板为禅杖栏板样式中的透瓶栏板，由面枋、禅杖、净瓶三部分组成，整体高0.71、宽0.95、厚0.13米。面枋宽0.78、高0.37米，面枋对称性的饰有五幅"亚"字形装饰纹盘子，中部盘子为大，上下两盘子细长而贯穿面枋，左右盘子窄小。禅杖高0.14米，起鼓线。净瓶三个，中部为完整净瓶，左右为半瓶，净瓶腹径0.12、高0.16米，瓶口上部饰有三幅云纹。

注水口为石拱券结构，位于金水池北壁东端底部，与地宫方向的排水沟相接。拱券整体宽2.12、高1.07米。拱券类型为半圆拱券中的圆顶券，券脸石为三层，素面。拱券矢跨径1、高0.5米。拱券平水部分直接池壁条石，撞券和蹬券亦为池壁条石。出水口为石拱券结构，位于金水池西壁中部底面，与园外排水系统相接，应通往明塘。拱券整体底宽1.74、高0.81米。拱券类型为半圆拱券中的圆顶券，券脸石为两层，素面。拱券矢跨径1、高0.5米。拱券平水部分直接池壁条石，撞券和蹬券亦为池壁条石（图3-42、图3-43）。

金水桥由左中右三路石桥并立而成，均为单孔券桥。其中，左右两路石桥形制一致，规格较小，桥面均经过较多修缮；中路石桥为主桥，规格较高，保存较好。金水桥顺金水池南北向中轴对称布局，三桥总宽11.21、总长10.65米。左右两桥距金水池东西两壁为6米，两桥与中路石桥相距均为1.8米。桥面与栏板柱子材质为中粗粒大理岩。三路石桥形制结构基本一致，均由桥台、桥身、桥面组成（图3-44～图3-51）。

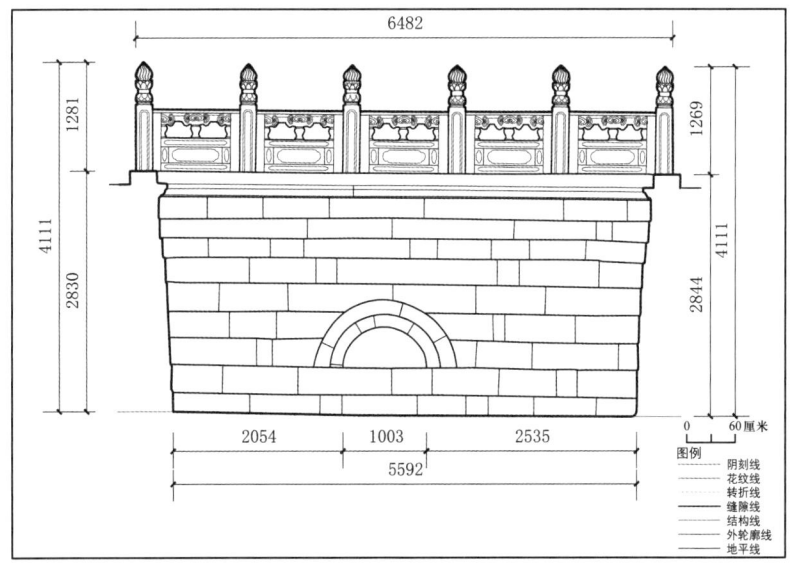

图3-42　金水池西壁与出水口立面图

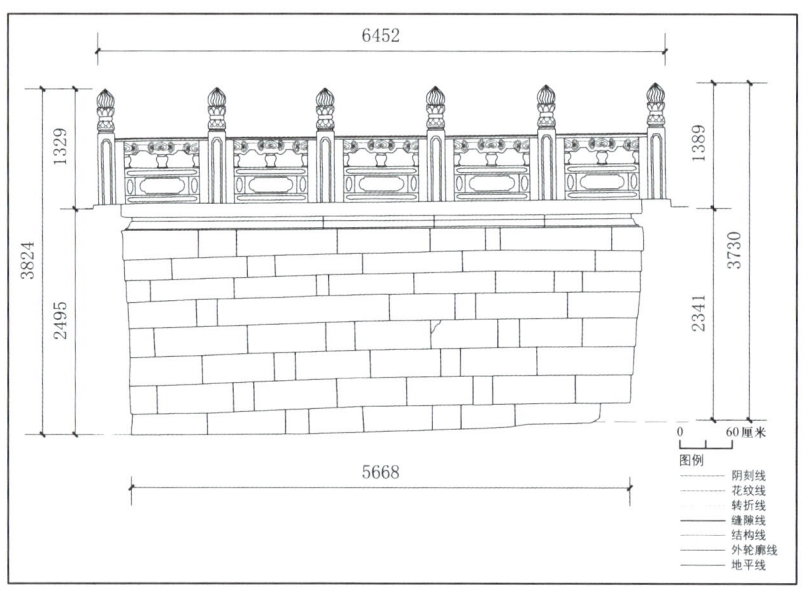

图3-43 金水池东壁立面图

图3-44 金水桥栏板柱子

图3-45 金水桥抱鼓石

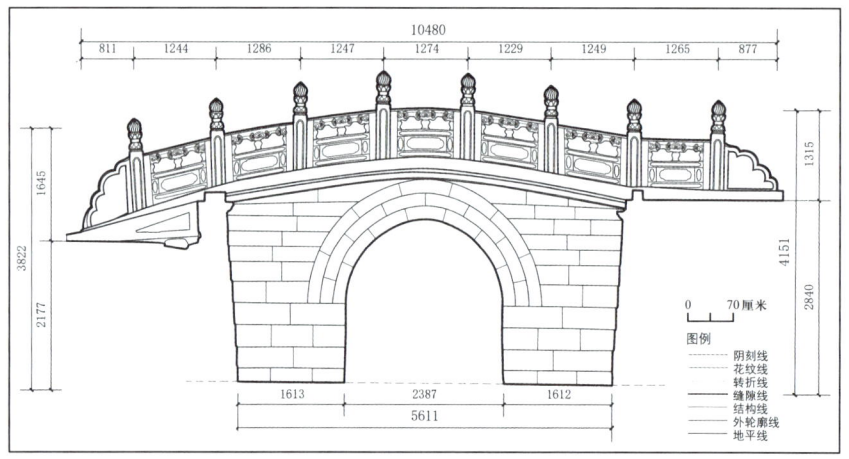

图3-46 金水桥主桥东立面图

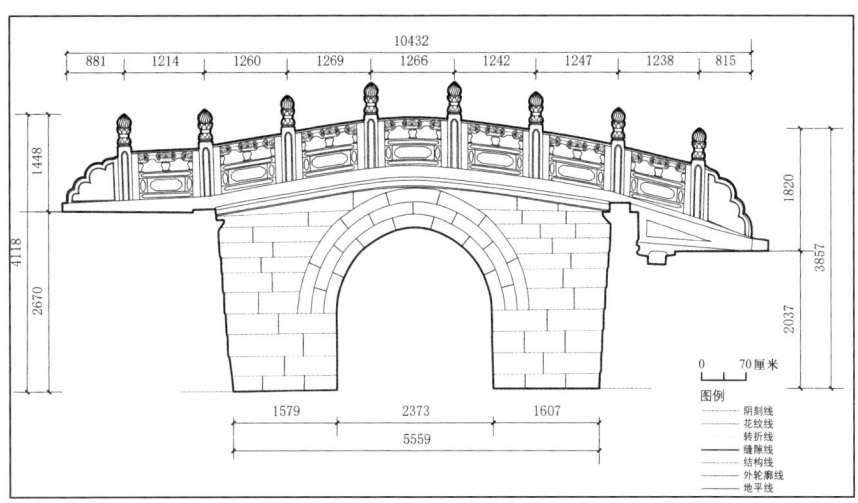

图3-47　金水桥主桥西立面图

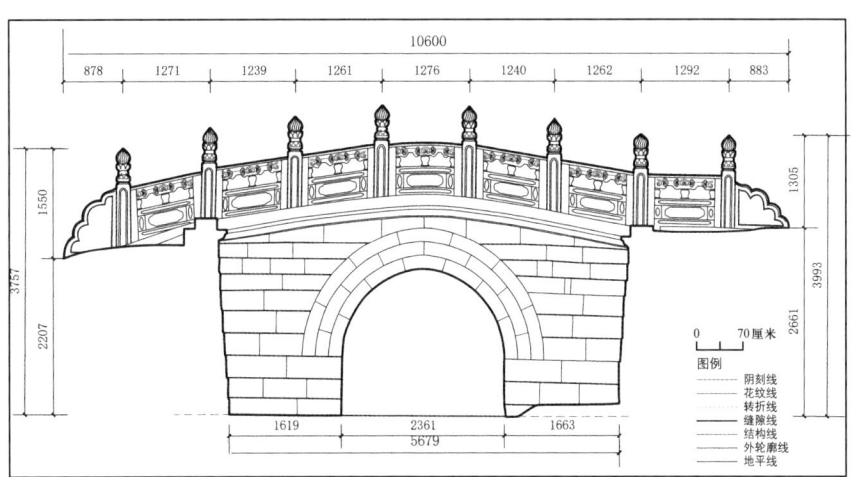

图3-48　金水桥东桥东立面图

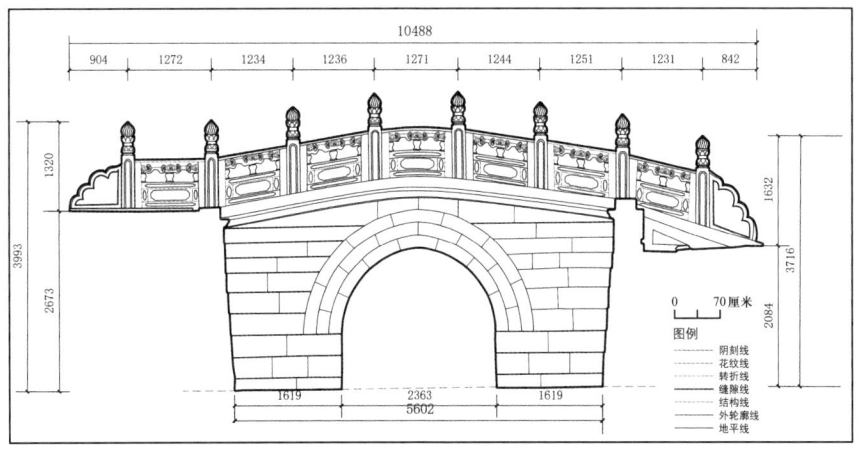

图3-49　金水桥东桥西立面图

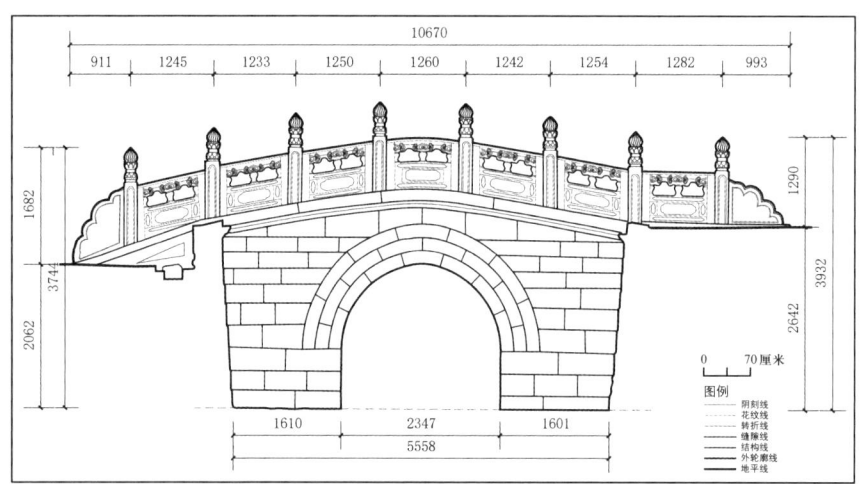

图3-50　金水桥西桥东立面图

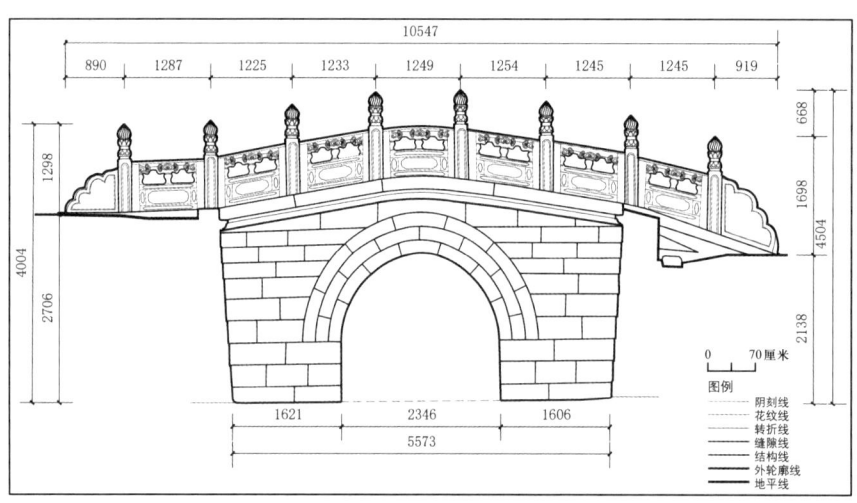

图3-51　金水桥西桥西立面图

中路主桥桥长（两端抱鼓石地伏端）10.48、桥宽（两侧金边外沿）3.91、通高（现海墁至中部望柱柱头顶）4.59米，海墁结构经大量后期整修，原始状况不明。桥台可见部分为金刚墙，金刚墙宽约1.6、高1.13米，为四层条石错缝垒砌而成。桥身以拱券为主体，拱券类型为半圆拱券中的圆顶券，券脸石为三层，素面，拱券跨径2.39、矢高1.23米，撞券亦为石条垒砌。桥面净宽（地伏间距）3.3米，由仰天石、地伏、望柱、栏板、抱鼓石、桥心及两边桥面组成。仰天石上宽0.56米，两边金边宽0.12米，下窄0.3米，高0.19米。地伏高0.17、宽0.32米，为素面条石。望柱于桥面两侧各8个，总计16个，形制、规格与金水池望柱一致，通高1.28米，柱身长0.21、宽0.21、高0.8米，柱表饰有双勾"亚"字形纹盘子，盘子宽0.12、高0.72米，柱头为二十四节气头式，下为莲瓣纹，通高0.48米。栏板两侧各7面，总计14面，形制、规格与金水池栏板基本一致，宽度略宽，为禅杖栏板样式中的透瓶栏板，由面枋、禅杖、净瓶三部分组成，整体高0.71、宽1.06、厚0.13米。面枋高0.37、宽0.78米，面枋对称性的饰有五幅"亚"字形盘子，中部盘子为大，上下两盘子细长而贯穿面枋，左右盘子窄小。禅杖高0.14米，起鼓线。净瓶三个，中部为完整净瓶，左右为半瓶，净瓶高0.16、腹径0.12米，瓶口上部饰有三幅云纹。抱鼓石形制简单，总宽0.8、通高0.66米。桥心宽度为1.44米，由长度不一的石板平铺而成，两边桥面由紧邻桥心两侧的长条状宽度为0.18米的条石和其外侧宽度为0.62米的石板构成。

左右两路边桥形制相类，规格较中路主桥规制稍小。边桥桥长（两端抱鼓石地伏端）10.48、桥宽（两侧金边外沿）2.44、通高（现海墁至中部望柱柱头顶）4.47米，海墁结构经大量后期整修，原始状况不明。桥台可见部分为金刚墙，金刚墙高0.87、宽约1.6米，为三层条石错缝垒砌而成。桥身以拱券为主体，拱券类型为半圆拱券中的圆顶券，券脸石为三层，素面，拱券跨径2.35、矢高1.21米，撞券亦为石条垒砌。桥面净宽（地伏间距）3.3米，由仰天石、地伏、望柱、栏板、抱鼓石、桥心及两边桥面组成。仰天石上宽0.56米，两边金边宽0.12米，下窄0.3米，高0.19米。地伏高0.17、宽0.32米，为素面条石。望柱于桥面两侧各8个，总计16个，形制、规格与金水池望柱一致，通高1.28米，柱身长0.21、宽0.21、高0.8米，柱表饰有双勾"亚"字形纹盘子，盘子高0.72、宽0.12米。柱头为二十四节气头式，下为莲瓣纹，通高0.48米。栏板两侧各7面，总计14面，形制、规格与金水池栏板基本一致，宽度略宽，为禅杖栏板样式中的透瓶栏板，由面枋、禅杖、净瓶三部分组成，整体高0.71、宽1.06、厚0.13米。面枋高0.37、宽0.78米，面枋对称性的饰有五幅"亚"字形盘子，中部盘子为大，上下两盘子细长而贯穿面枋，左右盘子窄小。禅杖高0.14米，起鼓线。净瓶三个，中部为完整净瓶，左右为半瓶，净瓶高0.16米，腹径为0.12米，瓶口上部饰有三幅云纹。抱鼓石形制简单，总宽0.8、通高0.66米。桥面原应有桥心及两边桥面结构存在，现经大规模整修，原始状况不明。

第三节　子　　城

子城内为重要的祭祀场所，内城垣内主要建筑有中门、神帛炉、东配殿、西配殿、月台、享殿，内城垣至地宫区域还有内红门和拜台分布。

一、内城垣

内城垣位于园内中部,平面呈横长方形,平地起筑,只残存砖砌基址,东、西墙长69米,南、北墙长74米。园内地下设有排水暗沟从内城垣下部穿过。内城垣内为昭园祭祀区域,南接中门,北连内红门,内设享殿、东西配殿、神帛炉等建筑,构成第二进院落。内城垣经过大规模整修,原始结构暴露较少(图3-52、图3-53)。

图3-52 内城垣远景

图3-53 内城垣局部

二、中　门

中门又称祾恩门，为昭园内城之院门，南通金水桥，北往月台，东、西两侧与内城垣相接。中门现为原址展示区，基台尚存，柱础依然。台面原应有砖铺地面，现为草坪覆盖。中门为屋宇式大门建筑，台基东西长29.3、南北宽14米，建筑面积约400平方米。石砌须弥座台基高（地平至台基阶条石）0.8米。南、北两侧有三出垂带踏跺，四角各有螭首。推测中门应为单檐歇山顶琉璃瓦屋面，檐下五踩斗栱（图3-54~图3-56）。

图3-54　中门俯瞰

图3-55　中门与内垣建筑群全景

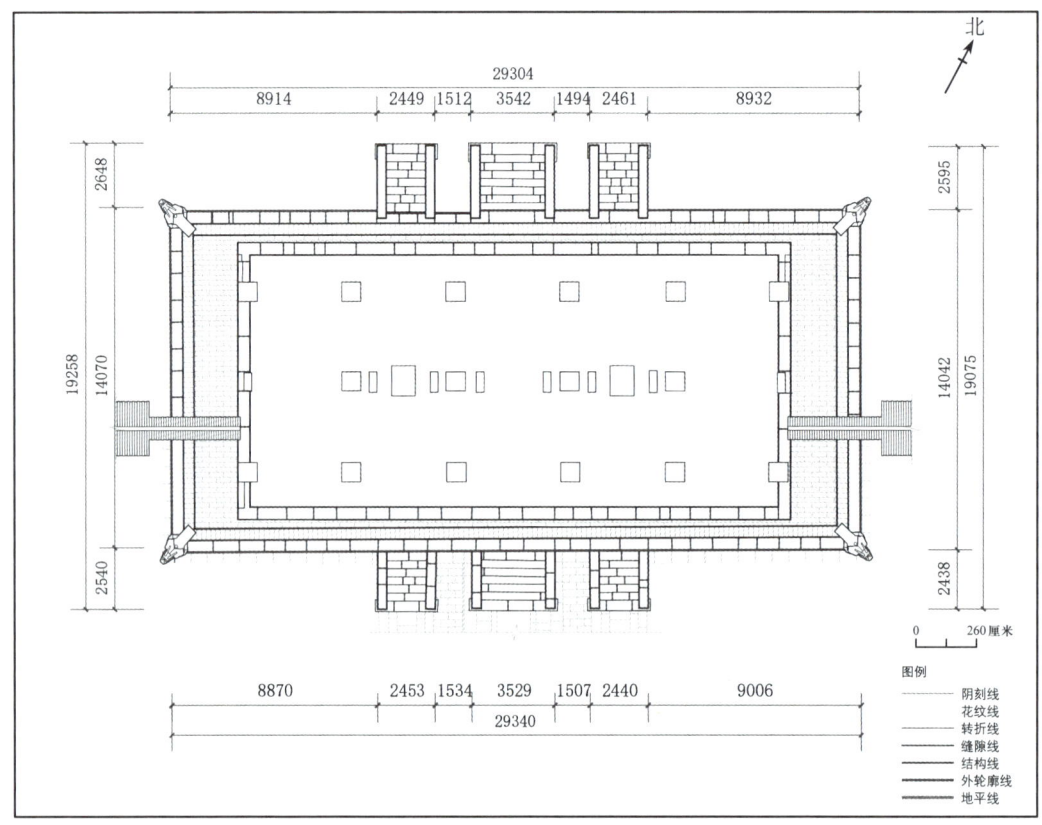

图3-56 中门平面图

图3-57 中门螭首细部

中门由踏跺、台基、螭首、台面组成（图3-57～图3-61）。

中门踏跺有外（南）踏跺与内（北）踏跺，均由正面踏跺和左右垂手踏跺构成三出壁，分别与金水桥、月台相接，条石砌筑。外踏跺的正面踏跺长（台基阶条石至踏跺燕窝石）2.49、横宽3.57米，垂带长2.63米。台阶七级，每级宽0.32、高0.15米。侧边象眼为石作，象眼石下为平头土衬高0.19米。左右垂手踏跺宽度为2.45米左右，其余结构与正面踏跺一致。三踏跺之间的间距1.5米左右。

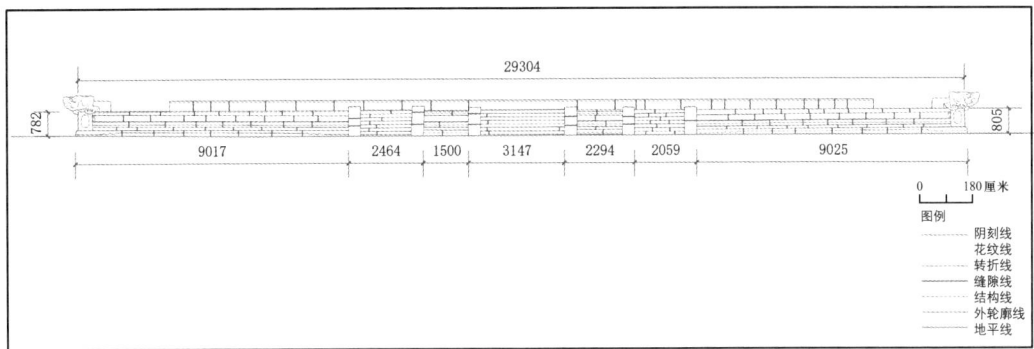

图3-58 中门台基北侧立面图

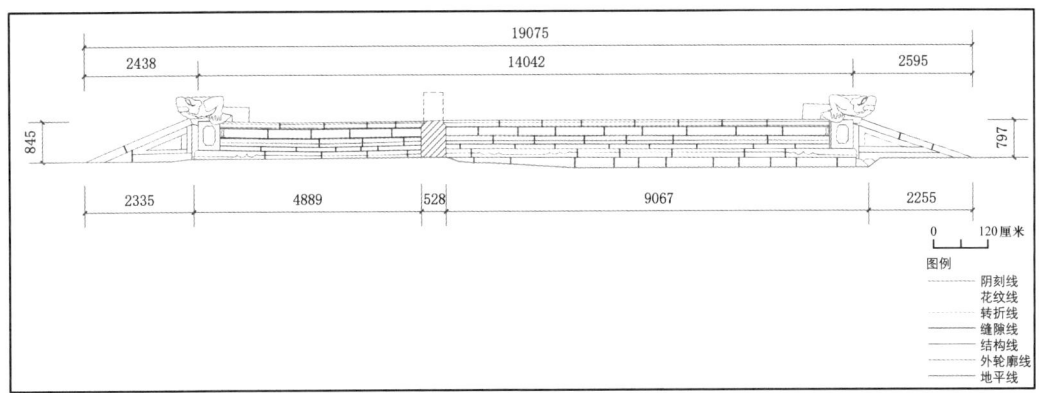

图3-59 中门台基东侧立面图

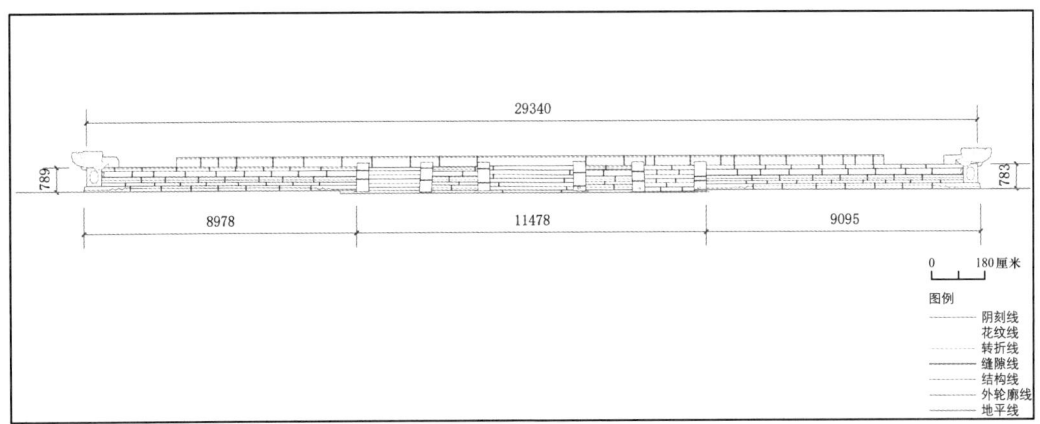

图3-60 中门台基南侧立面图

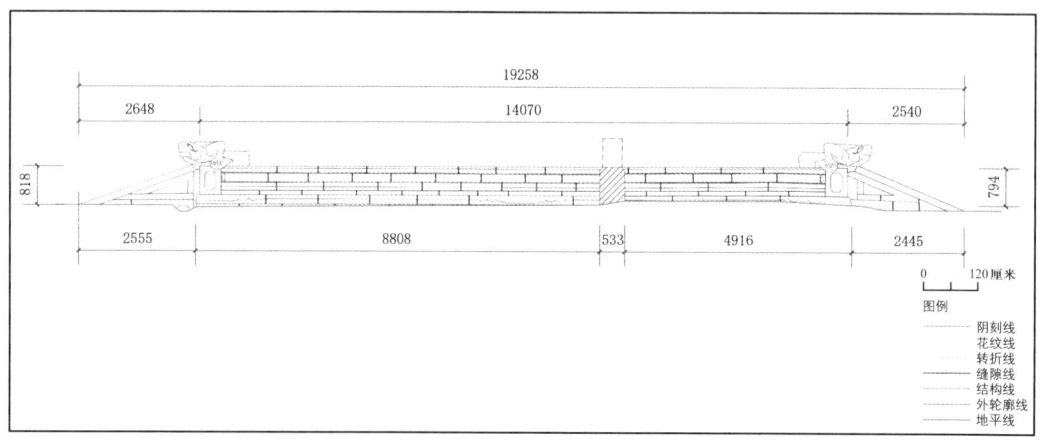

图3-61 中门台基西侧立面图

中门台基为须弥座式，通高约0.8米，因南北地势不平，台基土衬露明高度不一。其结构自下而上为：土衬露明0~0.2米；圭角高0.18米，两端饰有素线卷云；双下枋，总高0.18米；下枭外弧，通高0.11米；束腰通高0.22米，两端饰有缠枝花草纹；上枭外弧，通高0.08米；条石单上枋，通高0.04米。四角转角处为角柱石，下接圭角石，上承螭首；角柱石面宽0.56米，柱表有饰有双勾"亚"字形纹盘子。

中门台基四角安置螭首，螭首龙头宽1.02米，总长（后部基座至龙头）1.95米。龙颔紧闭，龙首昂扬，前肢蹲伏状，龙爪握珠。螭首的功用有三：一是排水口上装饰构件，二是台基端口平衡构件，三是礼制等级象征构件。

中门台基台面分布有柱础，现存柱础三排18个，方形础石为0.8米见方，其上有圆形支座，直径0.45米。墙基基础保可见基本格局，残破条石构件围合出面阔23.47、进深11.44米的房屋结构。面阔五间、进深两间。

三、神帛炉

神帛炉又称为"燎位"，位于享殿南侧，坐东北朝西南，基座为汉白玉须弥座式，长2.3、宽2.3、高0.9米，建筑面积5.37平方米。神帛炉台基和散水保存基本完好，上部结构为复建。整体为单檐歇山顶，炉身正面（西侧）为四扇假棱花槅扇，正中辟门，门内为砖砌小室，用于焚烧祭祀活动中所使用的金银神帛和祝文。北侧及南侧用石砌仿木制窗雕，涂深漆，东侧没有雕花。屋顶复建部分铺设青色琉璃筒子瓦（图3-62~图3-70）。

第三章　昭王茔园

图3-62　神帛炉全景

图3-63　神帛炉正视

图3-64　神帛炉侧视

图3-65　神帛炉基座

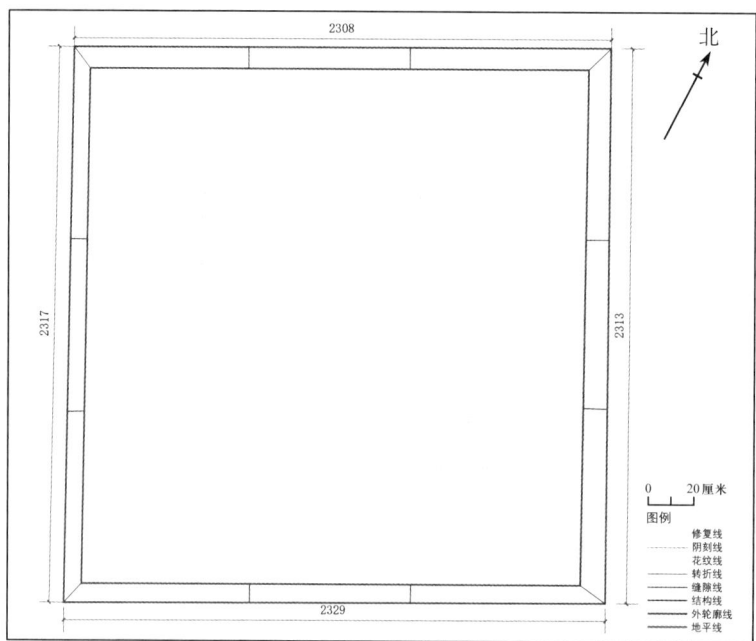

图3-66　神帛炉平面图

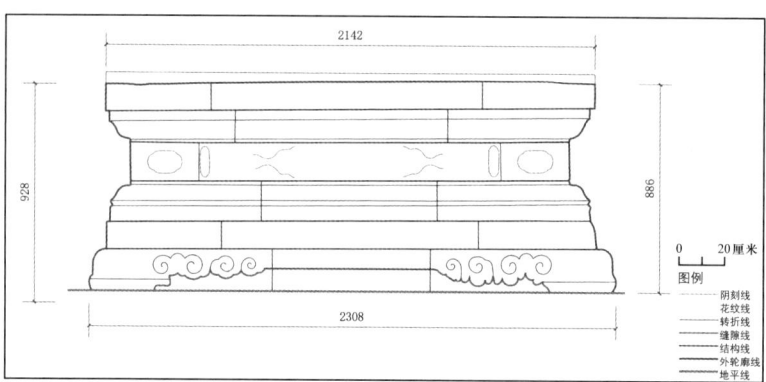

图3-67　神帛炉北侧立面图

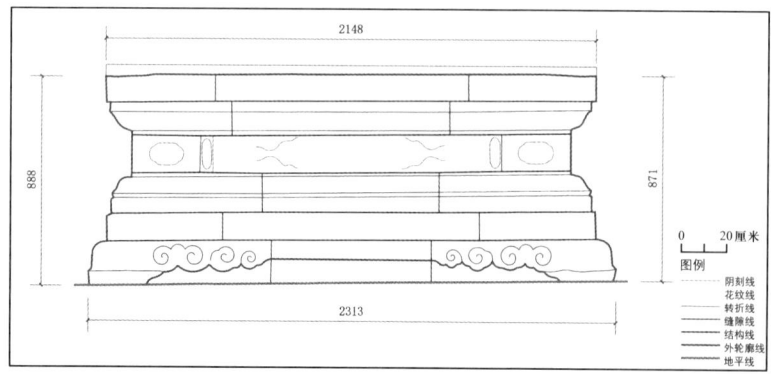

图3-68　神帛炉东侧立面图

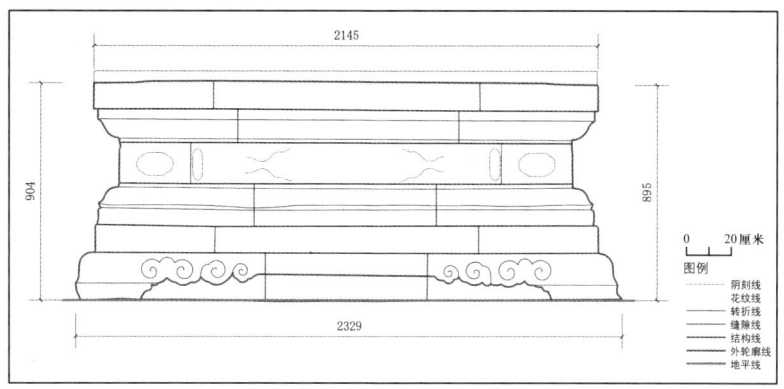

图3-69 神帛炉南侧立面图

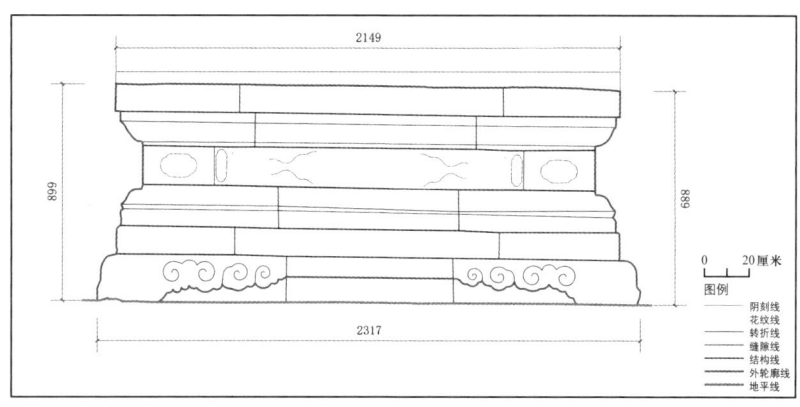

图3-70 神帛炉西侧立面图

四、配　　殿

东配殿为祭祀性建筑，用于放置祝板和制帛，且在修缮享殿时临时供奉神牌。东配殿位于享殿东南角，坐东北朝西南，1栋，面阔三间，建筑墙体长14.1米，深一进，墙宽7.2米，建筑整体（含台明）面积165.4平方米。东配殿上部结构为现代复建，地基部分尚存，由于年代久远，受雨水侵蚀，有酥碱现象。

墙裙贴青砖，采用平铺顺砌错缝法。台基由青石板铺成，长15.9、宽10.4米，正（西）立面高1米左右。台面四缘平铺石板阶条石，台基东边正中，有垂带式踏跺一出，宽约2.5、长2.3米，台阶七级。正（西）立面四根副阶柱，柱础为石制，柱身为木制，烫金浮雕清晰，东西两端柱身以实墙封闭，白色石灰抹面，副阶柱之间有挂落作为装饰，门窗小木作以及柱子涂深漆，屋顶铺设青色琉璃筒子瓦。建筑为五花山墙，七檩前廊悬山顶式，檐下置放一斗二升交麻叶斗拱，为明代建筑风格（图3-71～图3-78）。

图3-71　东配殿俯瞰

图3-72　东配殿正视

图3-73　东配殿侧面

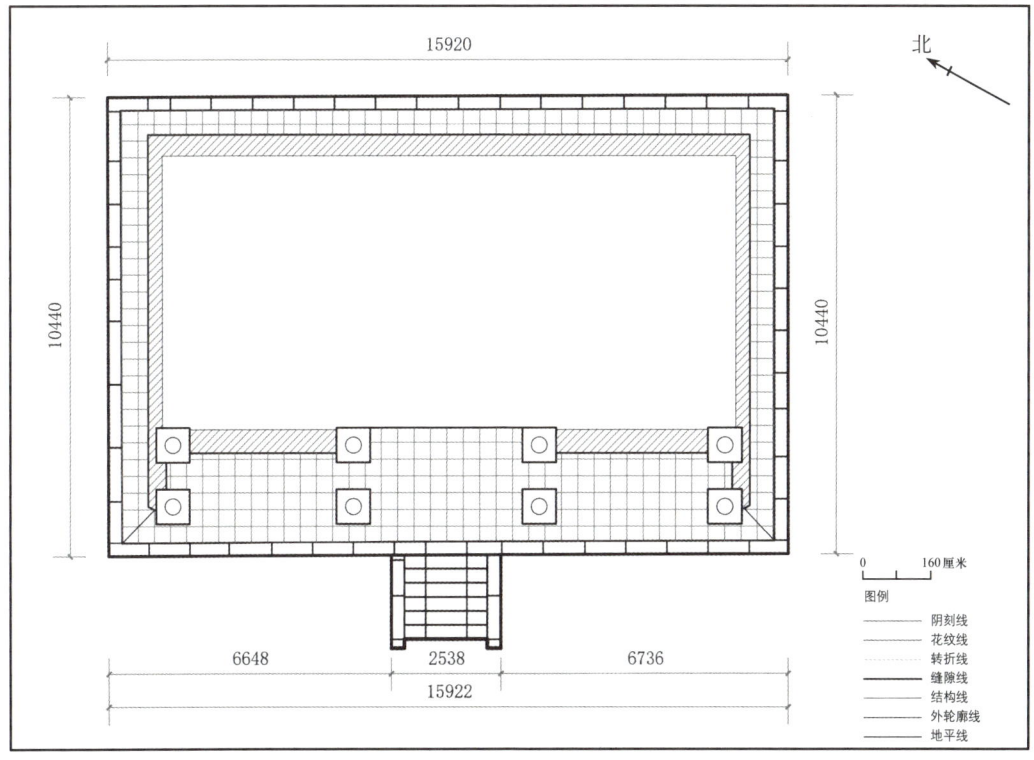

图3-74　东配殿平面图

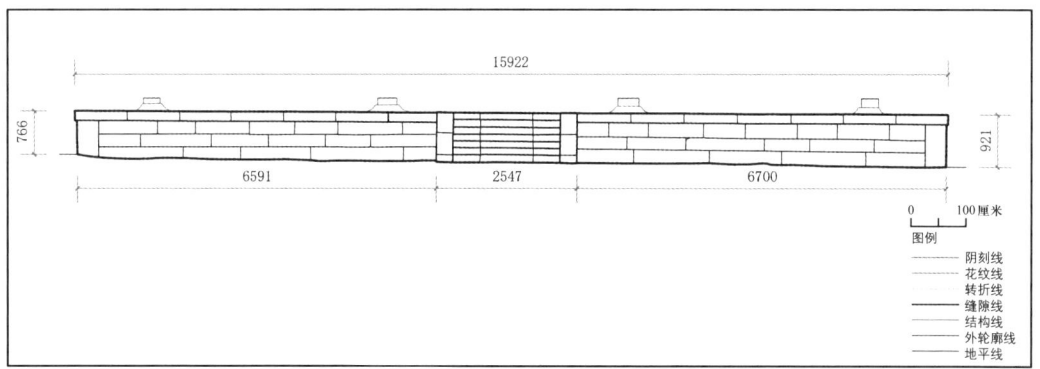

图3-75　东配殿台基西面（正面）正立面图

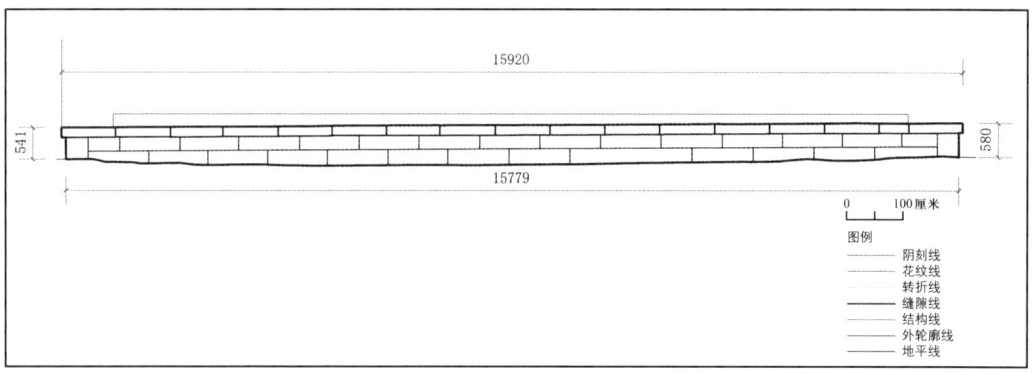

图3-76　东配殿台基东面（背面）正视图

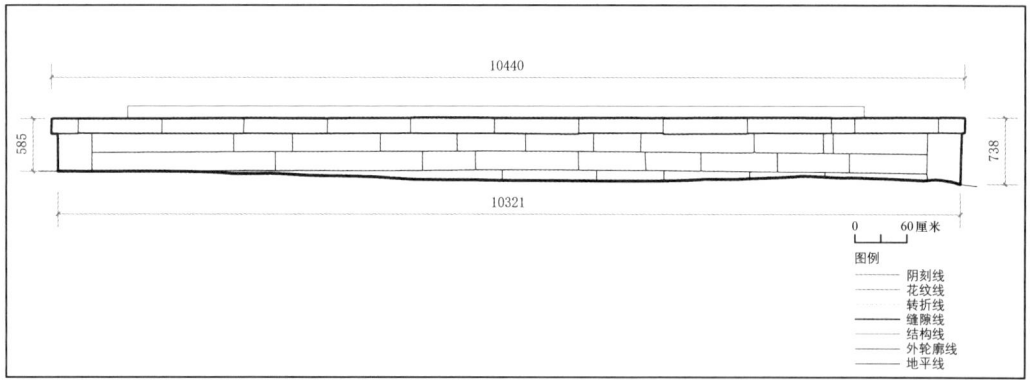

图3-77　东配殿台基北侧立面图

西配殿为祭祀性建筑，是一年一度祭祀、和尚念经的地方，除此之外常年不开放。西配殿位于享殿西南角，结构与东配殿形制一致，坐西南朝东北，1栋，面阔三间，建筑墙体长14.7米，深一进，墙宽7.6米。西配殿上部结构为现代复建，地基部分尚存，由于年代久远，且常年背光受阴，受雨水侵蚀严重。

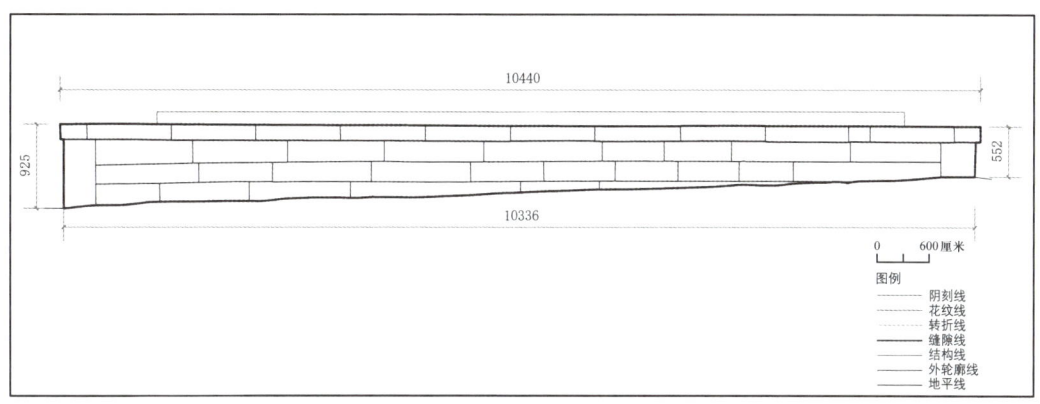

图3-78　东配殿台基南侧立面图

墙裙贴青砖，采用平铺顺砌错缝法。台基由青石板铺成，长16.8、宽11米，正（东）立面高0.9米左右。台面四缘平铺石板阶条石，台基东边正中，有垂带式踏跺一出，宽2.7、长2.2米，台阶七级。正（东）立面四根副阶柱，柱础为石制，柱身为木制，烫金浮雕清晰，东西两端柱身以实墙封闭，白色石灰抹面，副阶柱之间有挂落作为装饰，门窗小木作以及柱子涂深漆，屋顶铺设青色琉璃筒子瓦。建筑为五花山墙，七檩前廊悬山顶式，檐下置放一斗二升交麻叶斗拱，为明代建筑风格（图3-79～图3-86）。

图3-79　西配殿俯瞰

图3-80　西配殿正视

图3-81　西配殿侧面

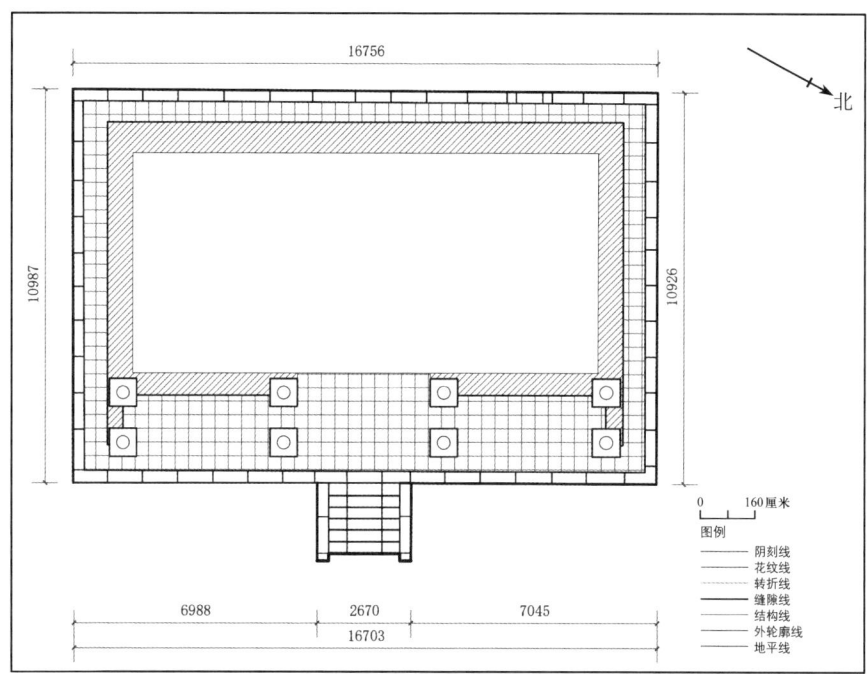

图3-82 西配殿平面图

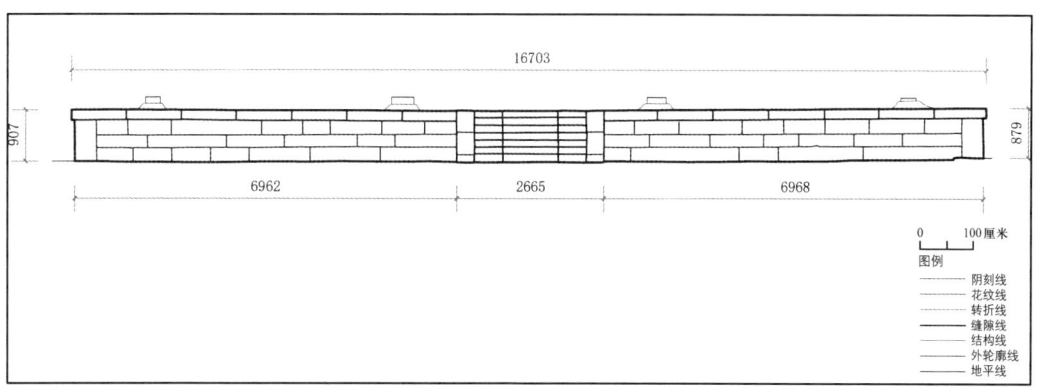

图3-83 西配殿台基东侧（正面）立面图

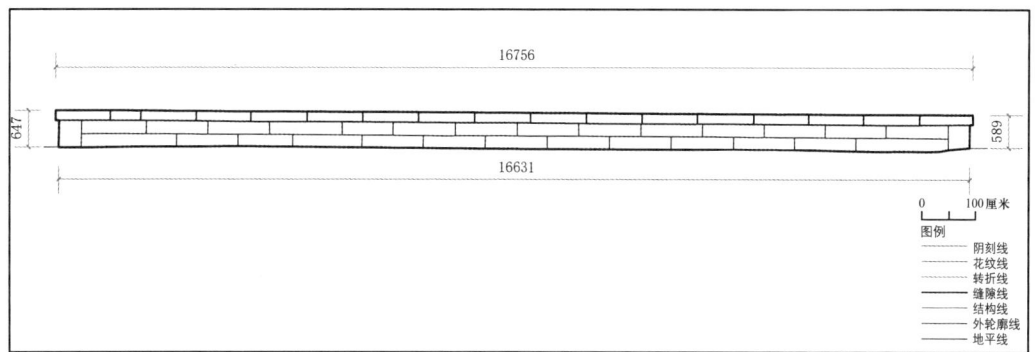

图3-84 西配殿台基西侧（背面）立面图

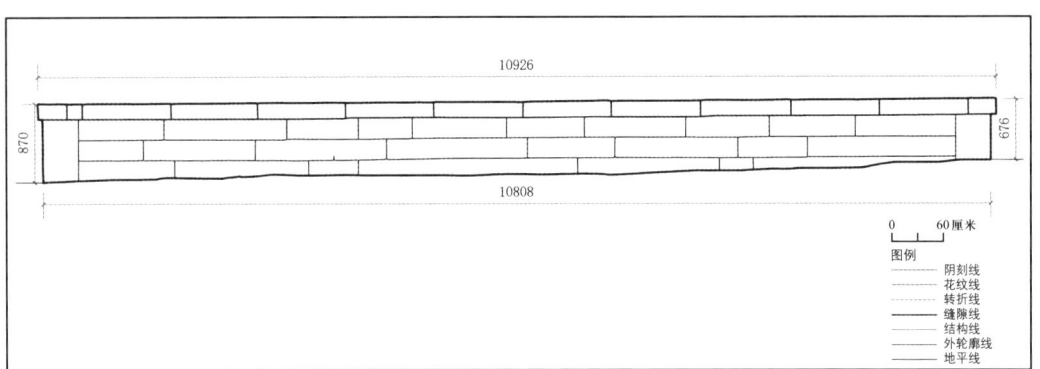

图3-85　西配殿台基北侧立面图

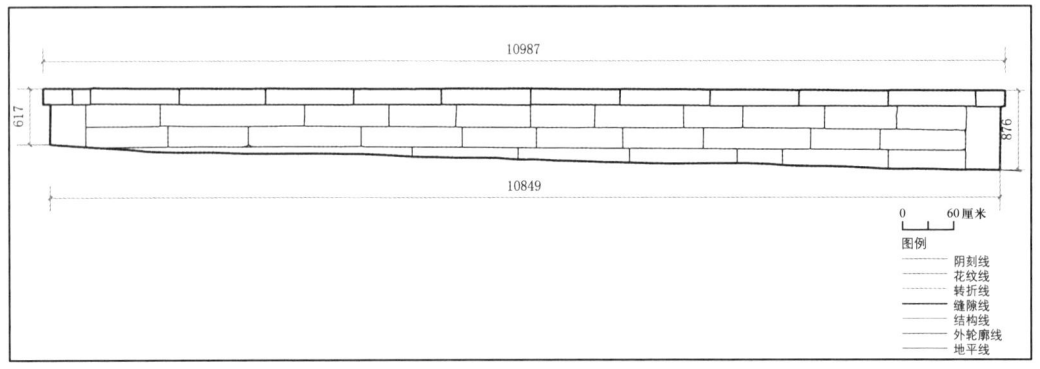

图3-86　西配殿台基南侧立面图

五、月　　台

享殿座前为月台，月台两侧各有踏跺一道，台前有踏跺三道。阶中汉白玉丹陛，丹陛为海水祥云纹。月台东西面阔15.7、南北进深9.3米，共有踏跺五出，南面三出，东西两面各一出。东西抄手踏跺均为垂带式，各宽2.34、长3.3米，踏跺九级。中阶为御路式踏跺配垂手踏跺，宽2.2、长3.85米，踏跺十级。台阶的两边垂带石上，均立有石望柱、栏板及抱鼓石。月台台基为须弥座式，座上横有地栿，地栿之间立有莲花瓣头望柱，望柱之间安设栏板，底部凿有排水孔道，每个望柱下面伸出石雕龙头，龙头两唇之间钻有圆孔，为雨天排水，亦可为装饰，称之为螭首散水。月台四角为大螭首，四边布有小螭首。月台形制保存基本完好，受常年雨水冲刷，整体腐蚀斑驳、受潮变色，酥碱现象明显。须弥座、台面及勾栏亦有不同程度的损坏，周边砖砌场地平整干净，环境良好（图3-87、图3-88）。

第三章 昭王茔园

图3-87　月台全景

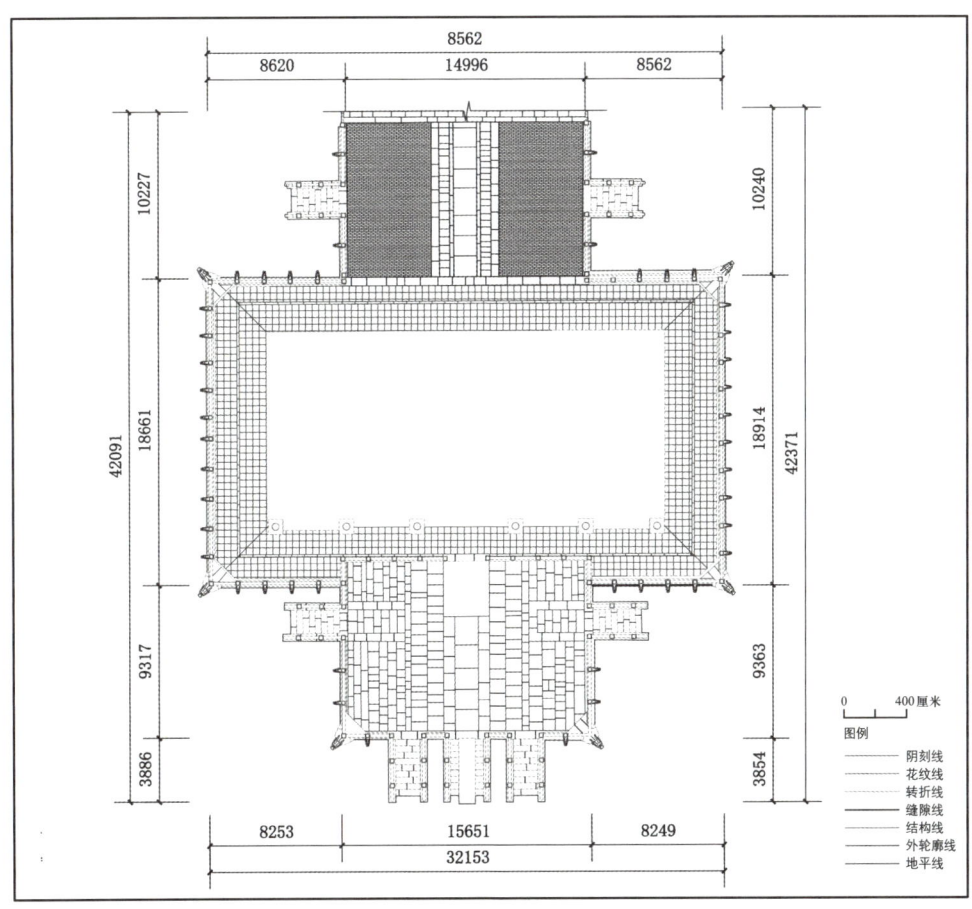

图3-88　月台与享殿平面图

月台为享殿结构的一部分，突出于正殿南侧中部。月台向南为中门，两建筑台帮相距18.44米。月台东侧两侧有东西配殿，相距均为11米。月台主体方正，由台基、台面、踏跺、栏板柱子、螭首散水五部分构成。月台为出入茔园正殿（享殿）的平台，通高（地平至望柱柱头）2.96米，南北总宽（享殿台基南沿至月台南踏跺燕窝石）13米，东西总长（东、西踏跺燕窝石相距）22.89米（图3-89、图3-90）。

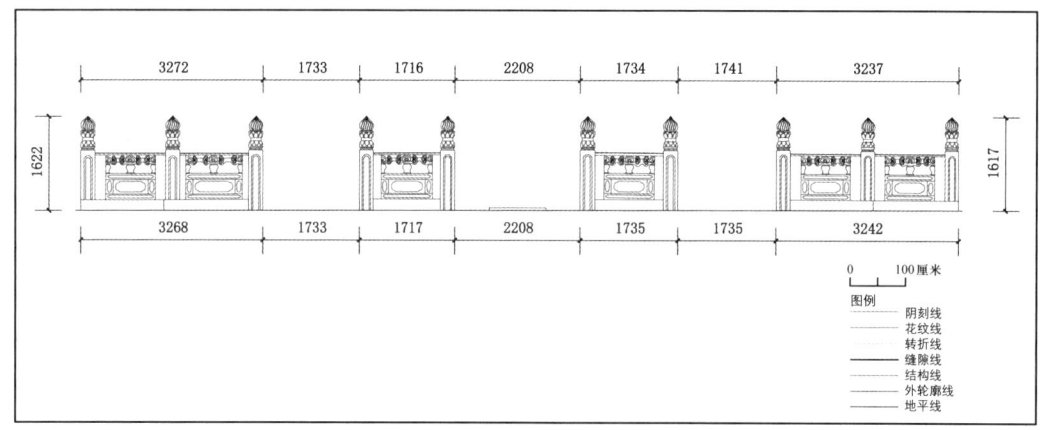

图3-89　月台南部栏板柱子立面图（北—南）

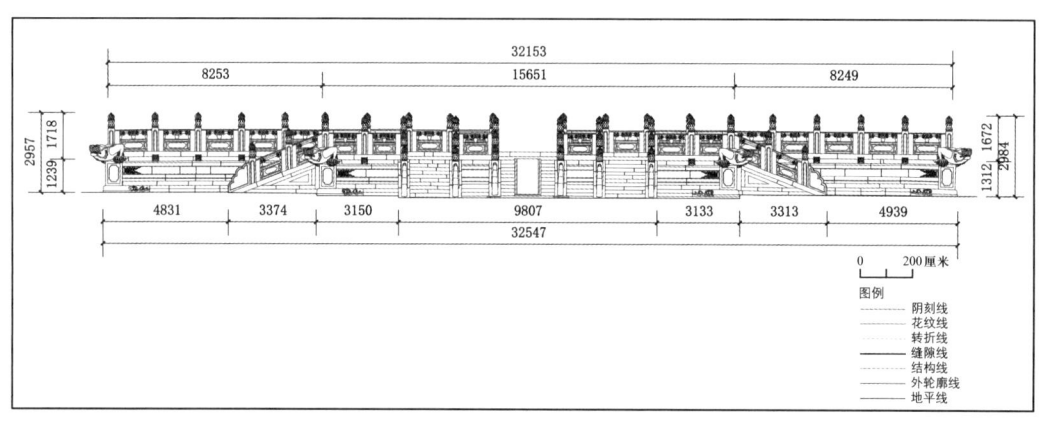

图3-90　月台南面（正面）立面图

月台台基为须弥座式，通高（地平至上枋）1.33米。其结构自下而上为：土衬不显；圭角高0.25米，饰有素线卷云；双下枋，下宽上窄，总高0.26米；下枭外弧，通高0.14米；束腰通高0.28米，饰有缠枝花草纹；上枭外弧，通高0.21米；条石单上枋，通高0.16米。转角处为角柱石，下接圭角石，上承栏板地栿，面宽0.56米，柱表有饰有双勾"亚"字形纹盘子。

月台台面现为规格不一的石板铺砌，有较多后期修缮，原始面貌不明确。东西宽（东西栏板柱子地栿内沿间距）为14.98米，南北宽（南北栏板柱子地栿内沿间距）

10.45米。

月台共有踏跺五出，南面三出，东西两面各一出。东、西抄手踏跺均为垂带式，带栏板柱子；正中为御路踏跺带左右垂手踏跺，带栏板柱子。月台东、西抄手踏跺规格一致，横宽（两侧地栿外沿间距）2.01米，总长（台基阶条石至燕窝石外沿）3.56米，九级石阶，燕窝石为地平高度。侧边象眼为石作，象眼石下为双层平头土衬。踏跺两边立有栏板柱子，各有望柱三，栏板二，抱鼓石一。垂带上望柱通高1.44米，柱身长0.26、宽0.26、高0.9米。柱表有饰有双勾"亚"字形纹盘子，盘子宽0.16、高0.78米，柱头为二十四气头式，下为莲瓣纹，通高0.55米。垂带上栏板为透瓶栏板样式，由面枋、禅杖、净瓶三部分组成，整体宽1.21、高0.89米。面枋宽0.87、高0.48米，面枋对称性的饰有五幅"亚"字形纹盘子，中部盘子为大，上下两盘子细长而贯穿面枋，左右盘子窄小；禅杖起鼓线；净瓶两个，左右各端半瓶，净瓶高0.17米，瓶口上部饰有三幅云纹。抱鼓石形制简单，宽0.78、通高0.86米（图3-91）。

图3-91 月台南面（正面）踏跺

月台南面的左右垂手踏跺规格一致，横宽（两侧地栿外沿间距）2.16米，总长（台基阶条石至燕窝石外沿）3.83米，十级石阶，燕窝石为地平高度。象眼为石作。侧边象眼为石作，象眼石下为双层平头土衬。两侧栏板柱子与抄手踏跺的基本一致，规格稍大，透瓶栏板中部多一个完整净瓶。抱鼓石做工精细，两侧均雕刻了出海腾云五爪龙纹，宽0.78、通高0.86米（图3-92）。

御路踏跺横宽（两侧地栿外沿间距）2.66米，总长（台基阶条石至燕窝石外沿）3.83米，十级石阶，燕窝石为地平高度。踏跺有丹陛（御路石）结构，丹陛规制方正，长4.13、宽约1米，汉白玉材质，饰有海水祥云纹（图3-93、图3-94）。侧边象眼为石作，象眼石下为双层平头土衬。两侧栏板柱子与垂手踏跺的基本一致。抱鼓石做工精细，两侧均雕刻了出海腾云五爪龙纹，宽0.78、通高0.86米。

图3-92　月台抄手踏跺

图3-93　月台丹陛

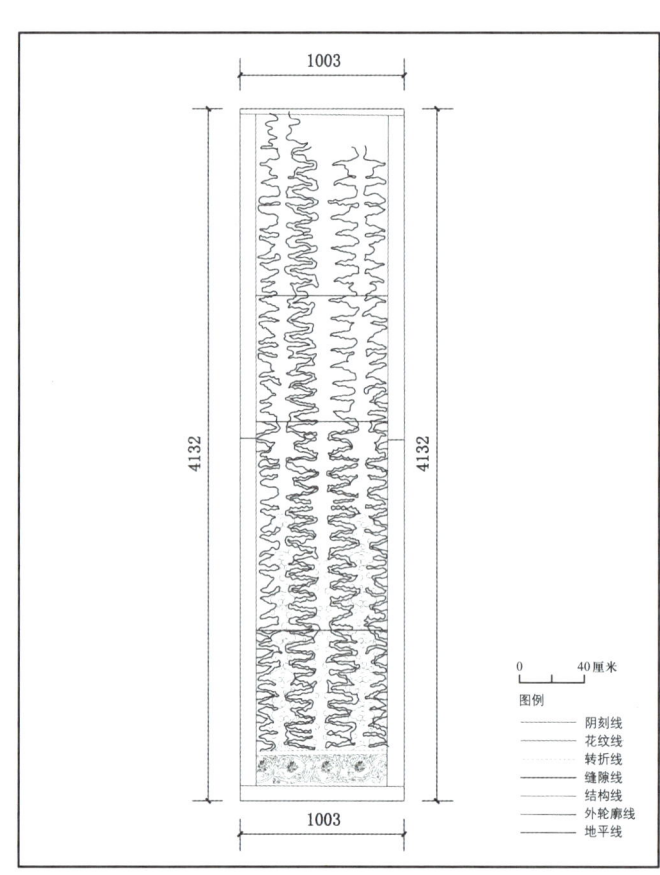
图3-94　丹陛平面图

月台上共有30个望柱（其中10个位于踏跺台基阶条上），均为透瓶栏板样式。栏板柱子与抄手踏跺的基本一致，透瓶栏板中部多一个完整净瓶。

月台东、南、西三面共有螭首8个，其中小龙头（正身龙头）6个、大龙头（四角龙头）2个。小龙头长0.51、宽0.24米，龙颔紧闭，龙首昂扬。大龙头位于月台东南、西南两角，龙颔紧闭，龙首昂扬，前肢蹲伏状，龙爪握珠（图3-95）。

图3-95　月台螭首正面图

六、享　　殿

享殿亦称为祾恩殿，是楚昭王陵寝中最大的一座建筑，建于洪武十四年（1382年），毁于崇祯十七年（1644年），重建于1988年。享殿是存放楚昭王神龛牌位以及"藏衣冠几杖，起居藏物"的地方，也是进行祭祀活动的场所。位置、结构与作用均与帝陵享殿（嘉靖十七年改称祾恩殿）相类，祾恩殿一词中的"祾"字取"祭而受福"之意，"恩"字取"罔极之恩"意。

享殿坐西北朝东南，1栋，处于第二进院落中心稍北，总建筑面积为602平方米，为带檐廊的大型高台建筑。享殿面阔五间，长约24.5米，进深三间，宽约12.3米。享殿台基部分保存较好，上部建筑为现代复建。享殿复建部分为二环双槽柱网梁架结构，单檐歇山式顶，绿色琉璃瓦屋面，檐下置放单翘单昂五踩斗拱。

享殿台基为汉白玉栏杆围绕的须弥座式台基，高1.3米。檐廊宽1.6米，廊外由栏板柱子围护。栏板柱子形制与月台相类，且连为一体。台基四角及各栏杆望柱之下，各设有排水用的石雕螭首（龙头）。享殿北侧沿中轴线与内红门相距不远，有宽4.24米的石板神道相通。神道高度稍低于享殿台基，东西两侧各有垂带踏跺一出，台阶八级，未见燕窝石。每出踏跺一侧各立有石望柱3个、栏板2个及抱鼓石1个。台基两侧以栏杆围合，栏杆与享殿及月台形制相似，莲花瓣头望柱之间安设栏板，底部凿有排水孔道，每个望柱下面伸出石雕龙头，龙头两唇之间钻有圆孔，为雨天排水，亦可为装饰，称之为螭首散水（图3-96～图3-104）。

图3-96 享殿俯瞰

图3-97 享殿东侧近景

图3-98 享殿东北角螭首与栏板柱子

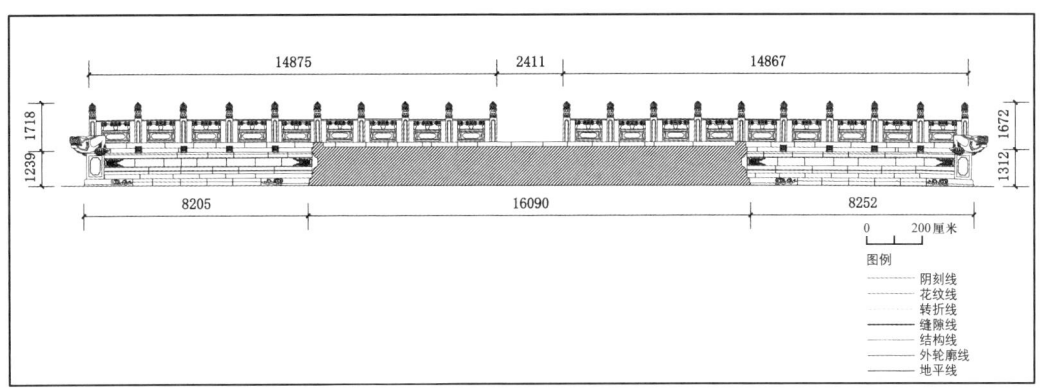

图3-99 享殿台基正面（南面）外立面图

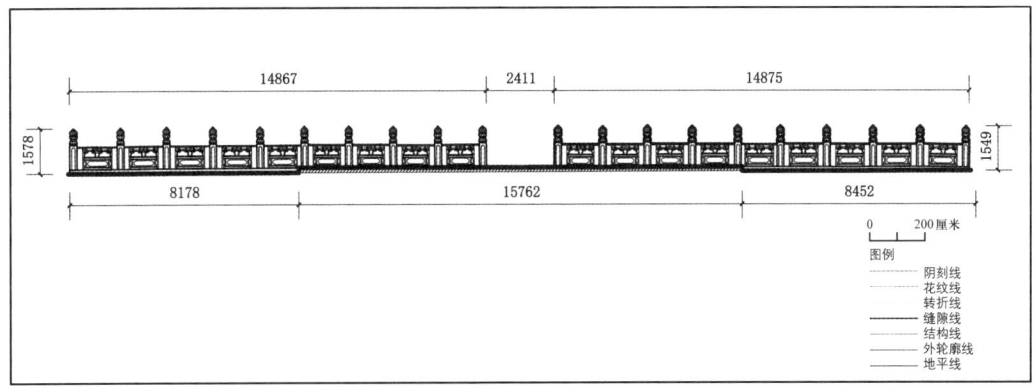

图3-100 享殿台基正面（南面）栏板柱子立面图

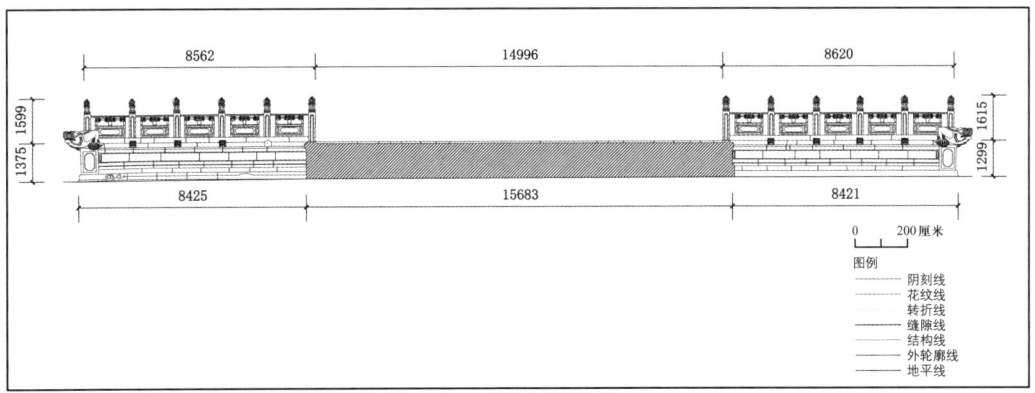

图3-101 享殿台基背面（北面）外立面图

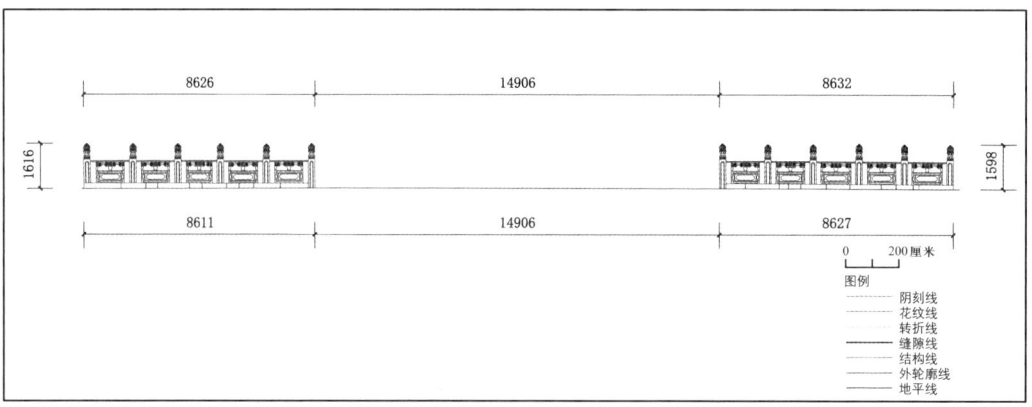

图3-102 享殿台基背面（南面）栏板柱子立面图

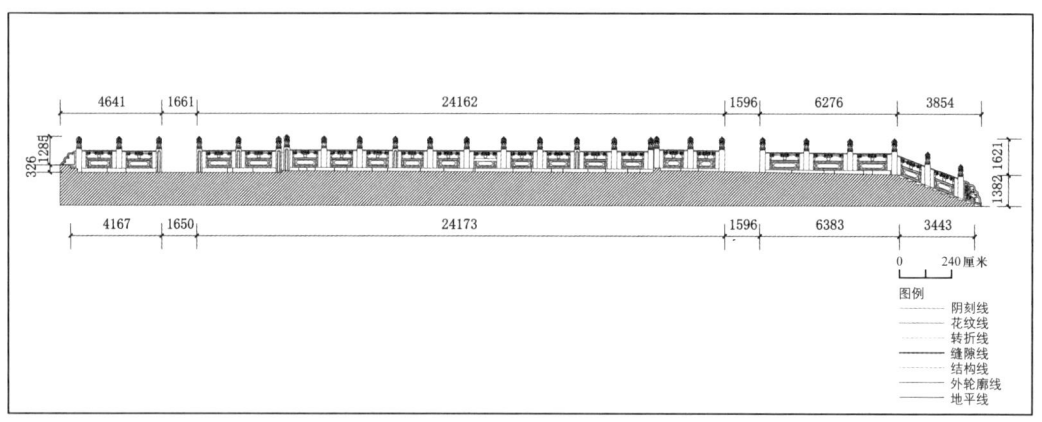

图3-103 享殿台基与月台东侧立面图

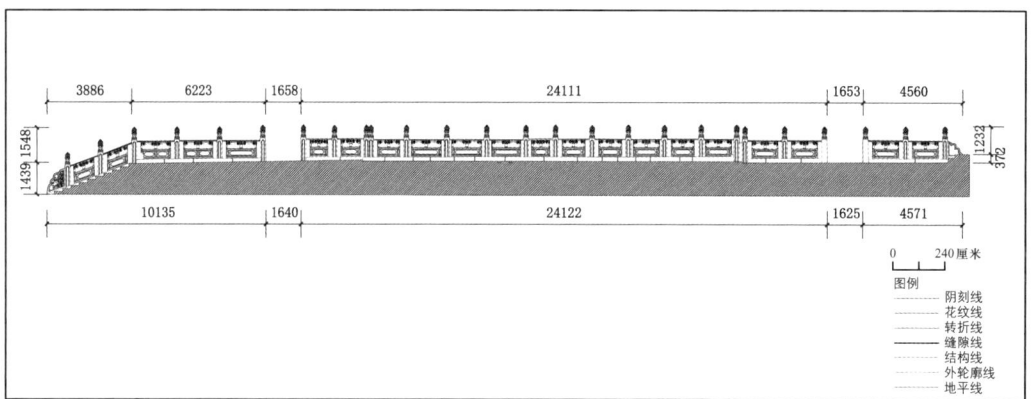

图3-104 享殿台基与月台西侧立面图

七、内 红 门

内红门是昭园的最后一道门，位于北内城垣中部，为并列的三券洞室门，内红门以内为昭园祭祀区，内红门以外为昭园拜台及地宫。内红门石台基部分为原始建筑，上部结构为现代复建，为盝顶式建筑，有四条正脊围成平顶。

内红门（含台基）东西面阔18.67、南北进深7.28米。三门宽15.8、进深4.6米，辟门洞之间各阔约2.9米，门下部四个白石须弥座各高约0.9米，外侧两座各宽约1.95米，中间两座各宽约1.6米，座间各铺置石门槛，槛两侧俱立石门框，座上墙壁用青砖平铺顺砌。

复建盝顶铺设青色琉璃筒子瓦，有部分瓦片脱落，顶上出现裂痕。汉白玉石基座在重建时被墙漆染红，部分地区被杂草覆盖，保存基本完好。中间券洞门槛石破损松动，门北侧光照较少，地砖被青苔覆盖，腐蚀斑驳，受潮变色（图3-105～图3-116）。

图3-105 内红门全景

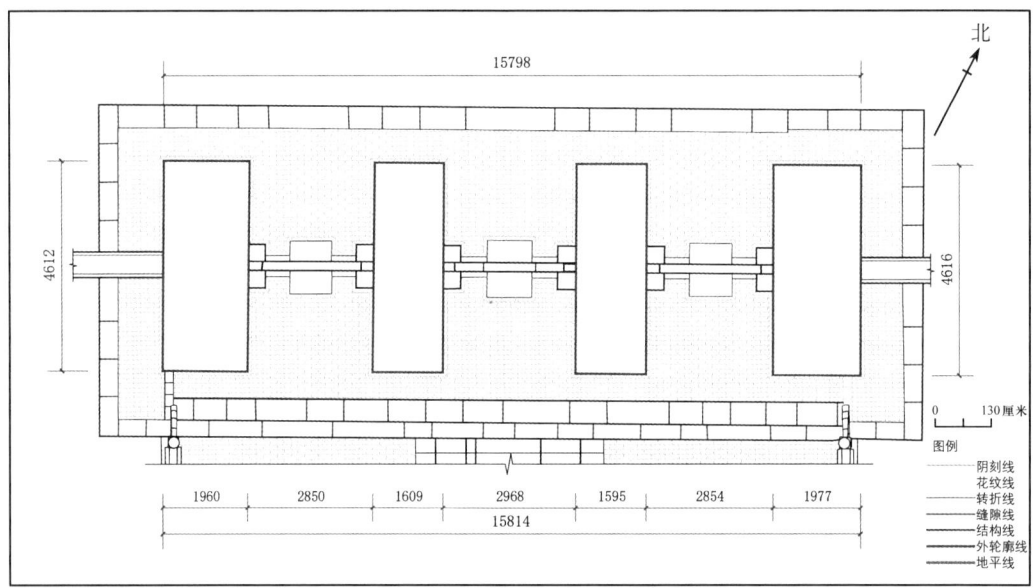

图3-106 内红门台基平面图

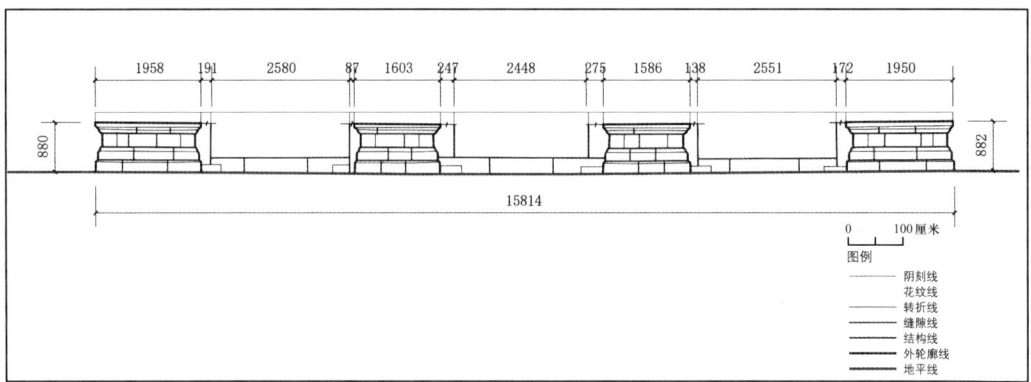

图3-107 内红门台基正面(南面)立面图

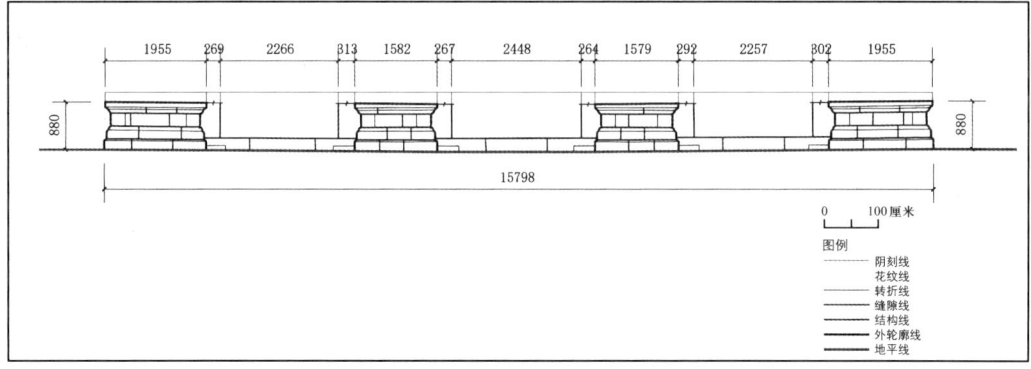

图3-108 内红门台基背面(北面)立面图

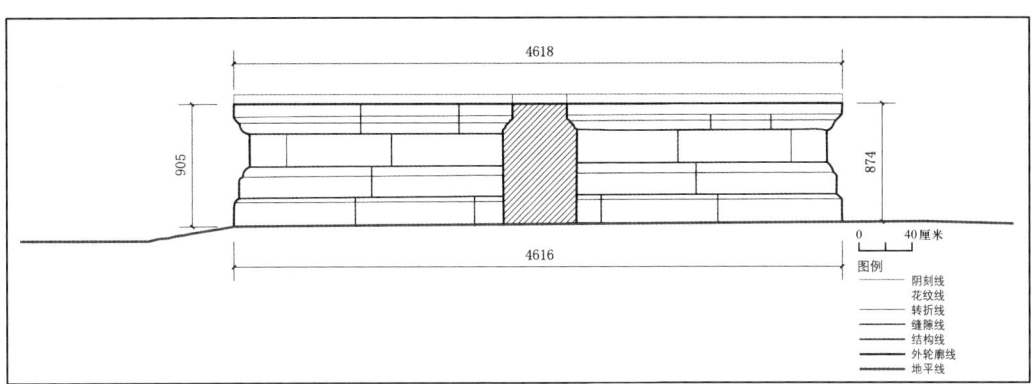

图3-109 内红门台基东侧立面图

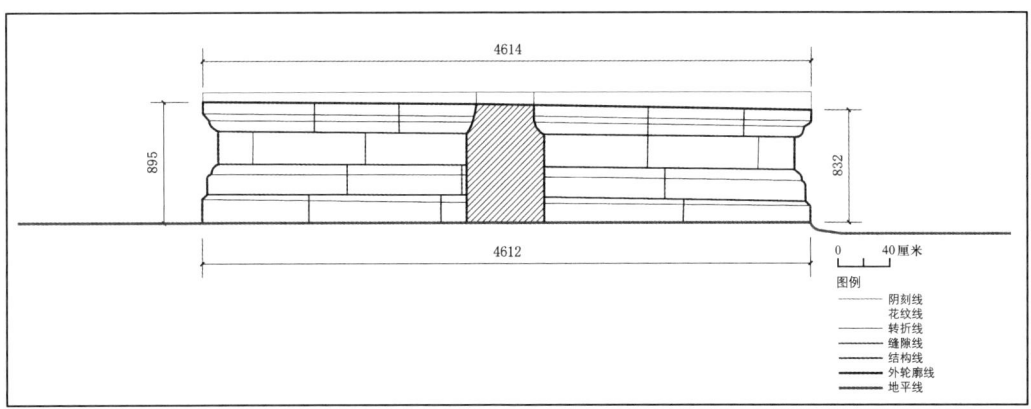

图3-110 内红门台基西侧立面图

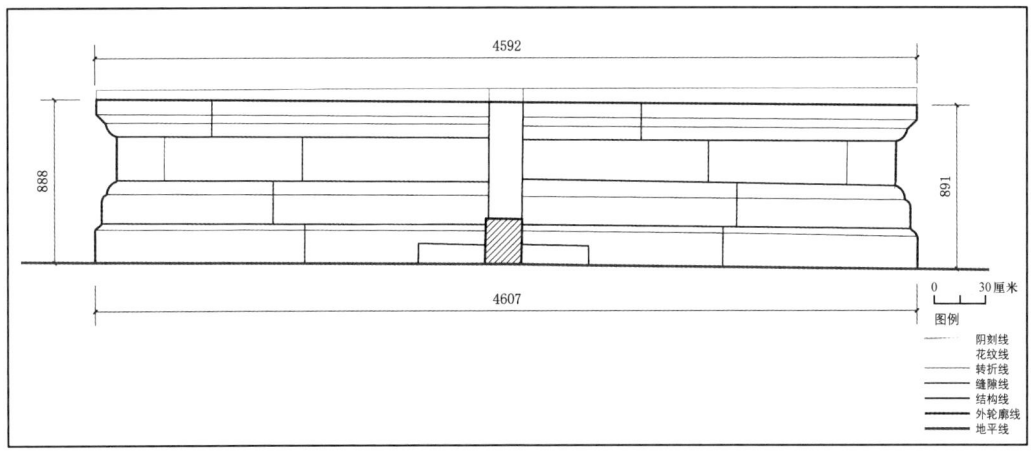

图3-111 内红门台基中门道东侧立面图

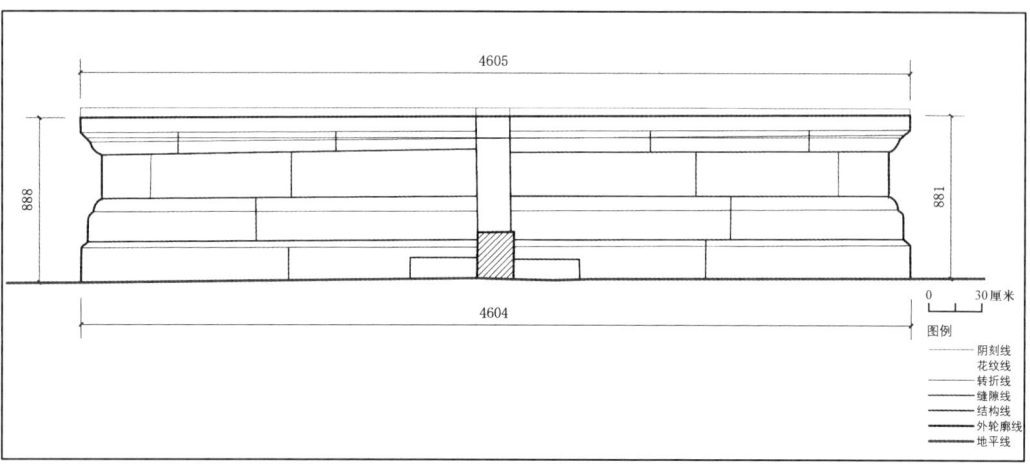

图3-112　内红门台基中门道西侧立面图

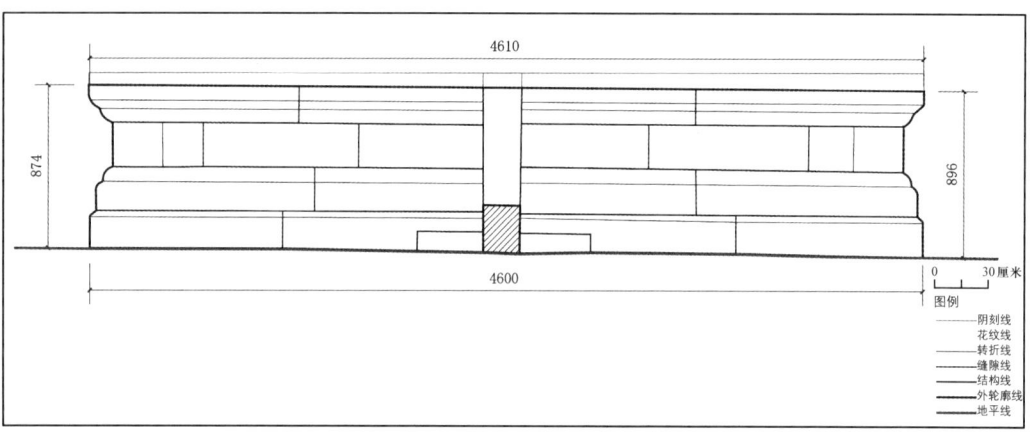

图3-113　内红门台基东门道东侧立面图

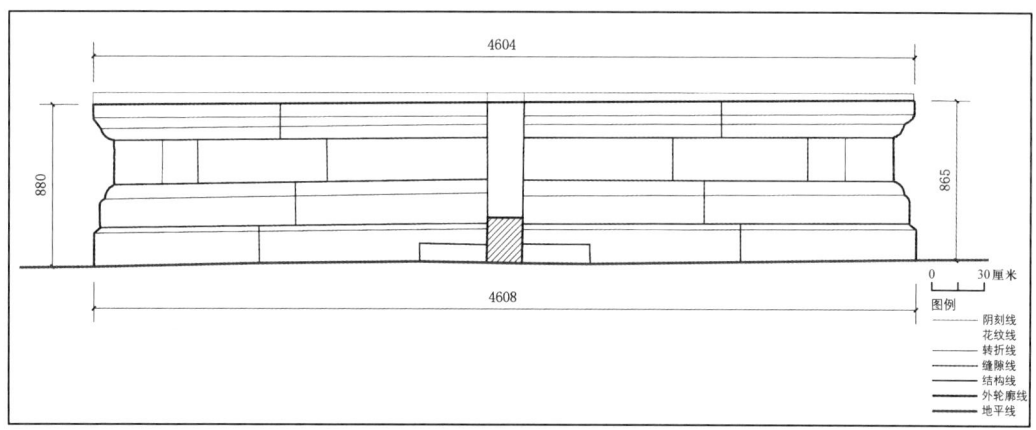

图3-114　内红门台基东门道西侧立面图

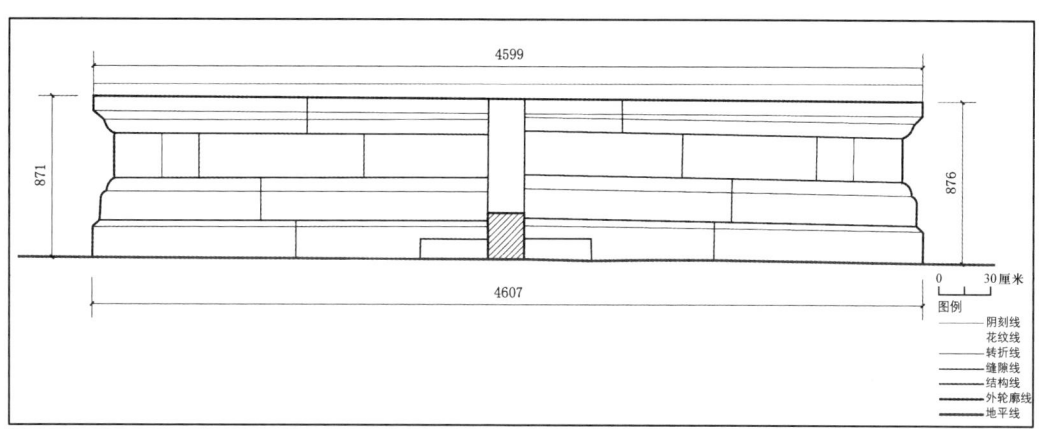

图3-115　内红门台基西门道东侧立面图

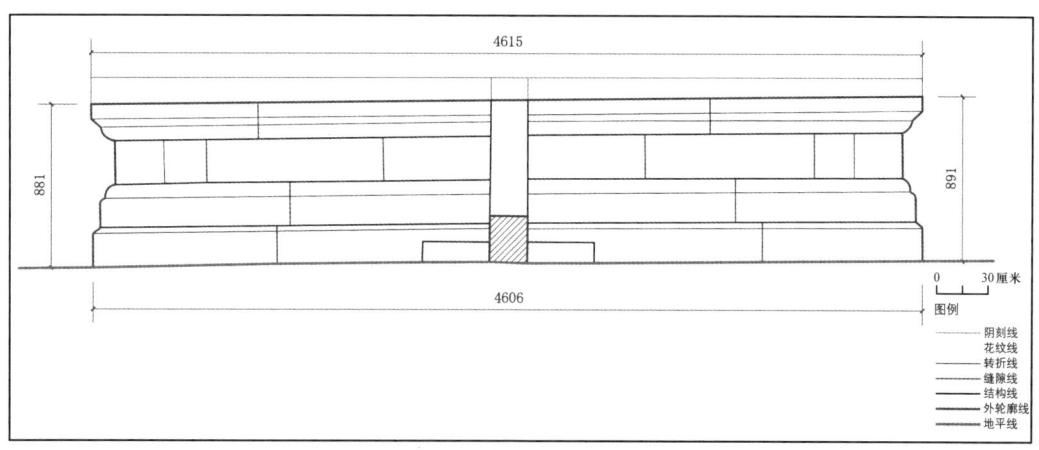

图3-116　内红门台基西门道西侧立面图

八、拜　台

过内红门北行到昭王"拜台",拜台又称"石几筵",俗称"五供座",帝王陵墓内明楼前所列石五供,象征对死者祭奠崇敬之情。石供案作须弥座式,原放置石供器由香炉(1件)、烛台(2件)、花瓶(2件)组成。石供案置于台基之上,台基为正方形须弥座,长约6.6、高约0.5米,由下枋、下枭、束腰、上枭和上枋部分构成。四边各有垂带式石阶一出,长1.26、宽1.97米,踏跺三级。拜台之北,循山而上,便达"昭冢",现形状大致呈椭圆形。封土下即为昭王地宫。现台基与石供案保存基本完好,部分破损,已有植被长出,整体腐蚀斑驳、受潮变色,有不同程度的酥碱现象。建筑周边地面铺以砖石,场地平整(图3-117~图3-123)。

图3-117 拜台俯瞰

图3-118 拜台近景

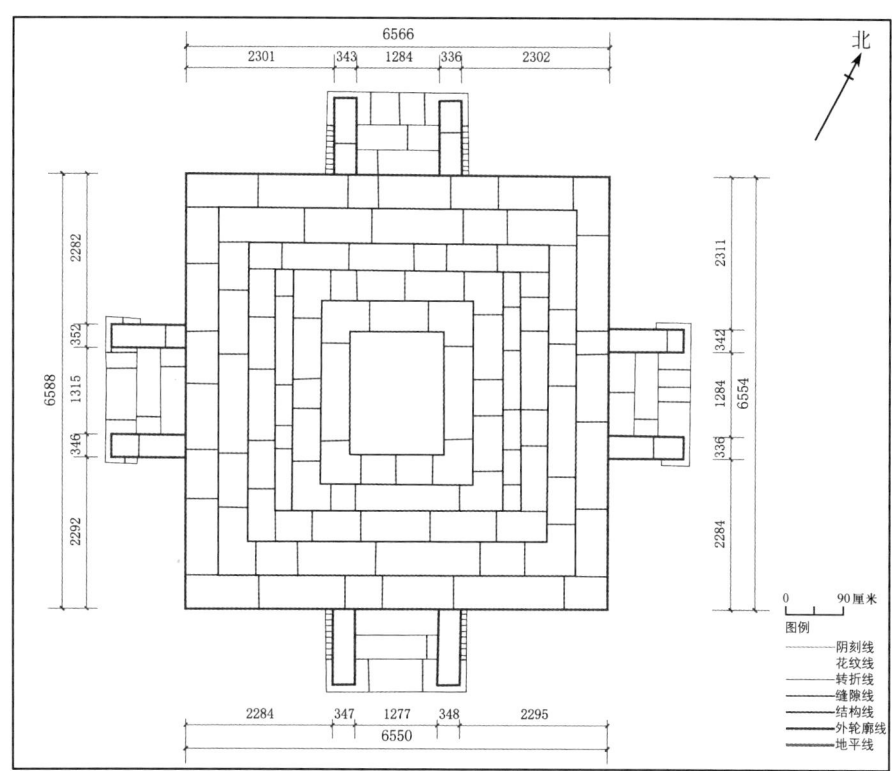

图3-119 拜台平面图

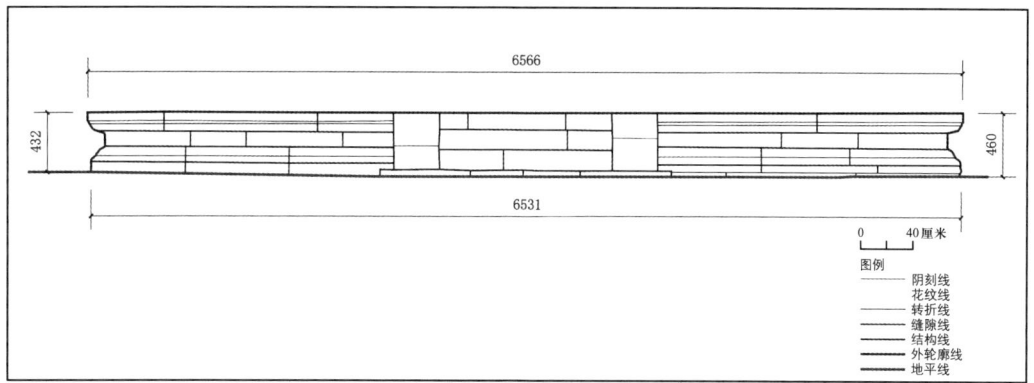

图3-120 拜台台基北侧立面图

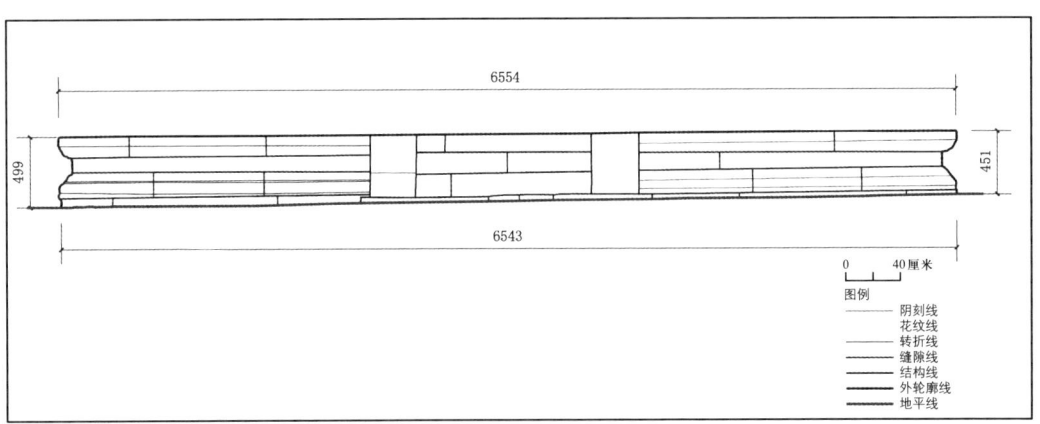

图3-121　拜台台基东侧立面图

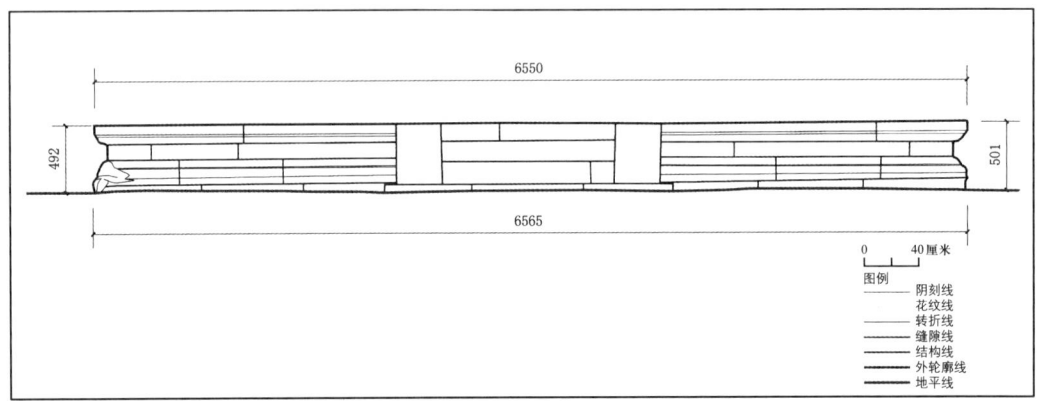

图3-122　拜台台基南侧立面图

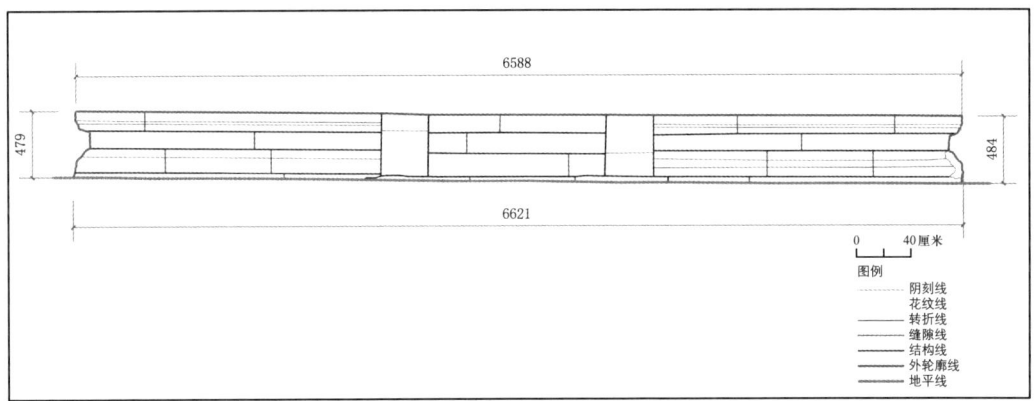

图3-123　拜台台基西侧立面图

第四章　昭王墓冢

拜台向后约30米处即为昭王墓冢，昭王墓冢西约100米处为昭王王妃墓。昭王墓冢依山而建，掘土为圹，青砖为室，工程浩大。墓葬坐北朝南，方向137°，与茔园朝向基本一致，为长方形土圹砖室墓，全长27.1米。整个墓冢由封土、墓道、排水沟、墓室几部分组成。

第一节　封土、墓道与排水沟

封土在墓室上部，20世纪90年代发掘之时封土尚存，封土略呈圆锥体，底径约24、高4~8米。封土由上而下为土层、木炭层和三合土层。墓室外封土厚约3米，由黄色黏土夹小石籽夯实。券顶上部用0.5米厚的三合土板筑密封，甚为坚韧牢固。三合土以外，又为一圈0.4米厚的防潮木炭（图4-1）。为了减轻券顶对墓室两壁的张力并加固墓室，室外东西两侧，即距砖室约1米之外，还分别用小石块垒成两道厚厚的墙，对保护墓室和防止盗墓有一定作用。

图4-1　昭王玄宫木炭层与三合土层

墓道为长方形斜坡墓道，坡度6°，平长11.1、口宽5.9、底宽4.9、深2~2.8米。填土呈红黄色，土质稍硬，杂有少量碎石。墓道内有大量积石。

排水沟在墓室东南角，有一条西北—东南走向的排水沟，东南延至山坡下的自然冲沟，发掘了西北部分。这段排水沟平面呈弧形，长4、口宽1.5~2.1、底宽0.9~1.1、深2.1~3米，沟壁较直。沟底有厚50厘米的铺石层，由自然石块组成。铺石层之上夯填黄红色土，直至沟口。

第二节 玄 宫

昭王玄宫由墓圹、墓门、墓室、壁龛等几部分组成（图4-2~图4-4）。

墓圹为长方形，南北长16、东西宽9.6~9.8、深3.8米。坑口距现地表深1.8~4米，并用碎石垒成矮堰。坑壁较直，内填黄红色土，土质坚硬，含大量的碎砂岩石。

墓门为三孔方门，中门大两边小（图4-5）。门为双扇枢轴式，石门正面镌有乳钉和铺首，门扇均嵌在石门槛的深槽之中，呈紧闭之状。并列的3个长方形石质墓门，均

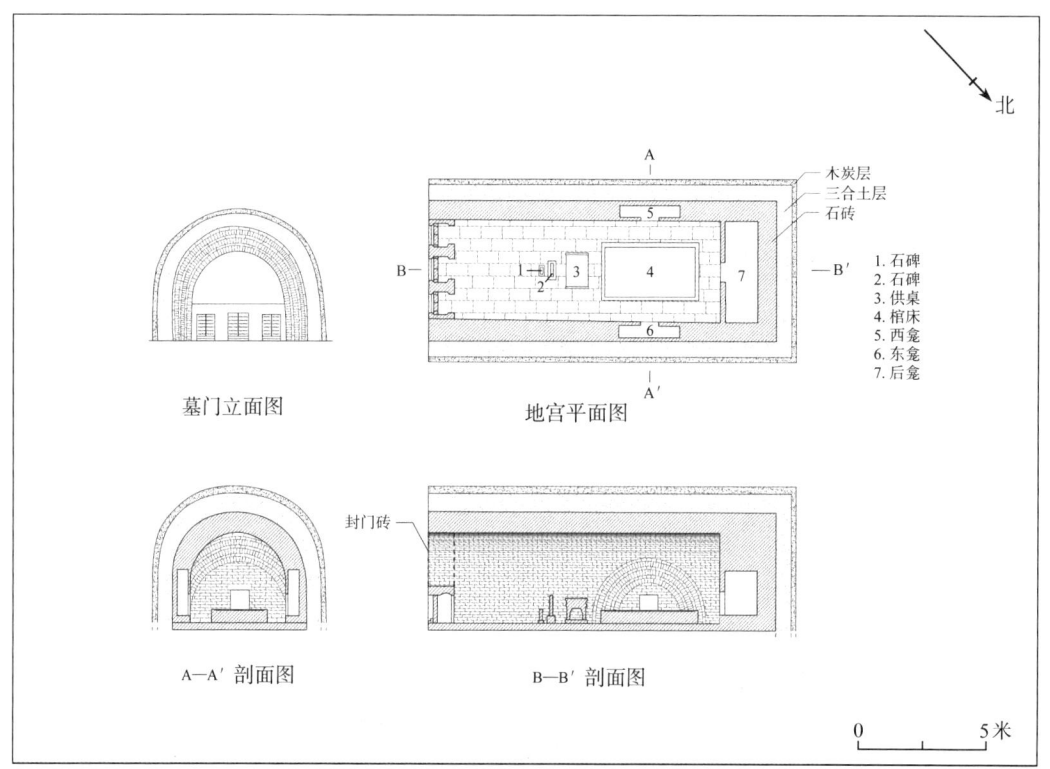

图4-2 昭王墓室平、剖面图

图4-3 昭王玄宫东侧视三维全景

图4-4 昭王玄宫西侧视三维全景

图4-5 昭王玄宫墓门现状三维图

由门楣、立颊、门槛组成。中门略大,高1.15、宽0.81、楣厚0.27米;左、右门略小,高1.1、宽0.76、楣厚0.27米。各门都安装内开式的双扇石扉,石扉内外均砌砖墙。封门墙砖大多有石灰书写的文字,一般是数字,也有写方位的,其中写有"左"字的砖都出自左门,带"正"字的砖均出自中门,带"右"字者则出自右门,不相混淆。

墓室内部结构系模仿陵寝地面布局,由主室、后室、东壁龛、西壁龛构成。主室从前至后,依次置有石墓志、石供案、石棺床等。棺床位于主室中央,由5块汉白玉石经精工雕饰后拼合成(图4-6)。发掘时,棺床上和四周散落着大量彩绘漆片。据发掘现场分析应为一椁一棺,均已腐朽无存。棺床上有一男尸位于左侧,右边除了少许腐烂木屑和漆片外,别无他物。右边所空之处理应是刻意为王后留出的位置。据文献记载,王后王氏先昭王二十七年(洪武三十年)殁。楚王归寝时曾将王氏迁入合葬。但据以上分析,王后可能只是迁入了陵寝,而未与昭王同室。清理时,昭王遗体已腐烂无存,仅有少许残骸。入殓时的衣饰亦腐烂不清,仅见腰部所配腰带,头部有乌纱帽的黑纱痕迹。

图4-6　昭王玄宫墓室内部结构

墓室长方形,砖砌,券顶南北长13.84、东西宽5.78、高4.78米。其顶部高于圹口。墓室外壁先裹一层三合土,系用糯米浆搅拌沙、土、石灰而成。其外再版筑一层木炭，封闭严密。墓室底部的木炭层较薄，厚0.12~0.13米，余皆厚0.2米。三合土层的基底层也较薄，厚0.25米，余皆厚0.5~0.6米。发掘时只揭露墓室南壁，其他部位未作揭露。

主室长方形，前设石供桌，桌前竖立石质的"大明楚王圹志"。桌后有一石棺床。棺椁漆木质，置于石棺床上，已朽。棺床上及其周围散布着大量的棺椁的朽木、漆皮、铁钉等。据其朽痕分析，葬具系一椁一棺，南北向置于棺床上。墓主位于棺床东侧，骨架已朽，仰身直肢，头朝北。

南壁五堵砖墙，厚1.04米，东、西壁及顶部厚1.01米。筑券方式为平砖顺砌、侧砖丁砌相结合，共三平三竖。墓室四壁用青灰砖砌成，以石灰为黏合料。砖长0.43、宽0.22、厚0.12米。墓室内壁均经打磨，磨痕尚存。铺地砖为大砖，有长方形和方形两种，其中长方形砖长0.48、宽0.22、厚0.1米，方砖长0.48、宽0.48、厚0.1米。

墓室地面北高南低，倾斜度2°。东南角最低，高差2厘米，泄水孔便设在此处，孔口长方形，长16、宽1厘米。对棺床北边的地砖层进行局部解剖，发现主室地砖有3层，上层是方砖，中、下层是长方砖，石棺床基便压在下层砖面上。

墓室内的地砖面上积有0.03~0.15米厚的淤泥，四壁面上也有0.7米高的积水痕迹，而水很有可能是从泄水孔倒流入的。该墓位于梁子湖畔，地势不高，墓内的积水可能与洪水有关。

室内设东、西、北三个壁龛，平面呈"凸"字形，各有一长方形石龛门。其中北龛门高0.94、宽1.01、楣厚0.23、槛高0.34米；东、西龛门高0.82、宽0.7、楣厚0.23、槛高0.27米[①]。

随葬品分布在主室及东、西、北龛内，主室的供桌上放祭品，棺床上放佩饰，三龛内放明器。在中门与圹志之间、供桌与棺床之间各立一个灵牌，东、西、北龛的龛门槛正中也各立一灵牌，均为石座砖碑。供桌之上安放"五供"，即铜香炉1、烛台2、双耳瓶2件。还有宝（盒）1、册（匣）1、香（盒）1件。

棺内随葬金镶木腰带、铜半镜、串饰等。因棺椁已腐朽、垮塌，原置椁顶上的木旌顶滑落至东龛门槛上。东、西、北三龛内的随葬品均为明器。其中，东、西龛主要放木质小箱、小匣，已朽，只剩下锁、钉、活页等附件，以及铜炉、铁炉等少量明器；北龛主要放置铜、铁、铅、锡质明器。

---

① 张高荣：《新编灵泉志》，武汉出版社，2006年，第247~253页。

第五章　出土器物

　　楚昭王墓出土随葬品共318件。按其功能、性质大致可分为以下四类：册宝匣盒类、丧仪祭礼类、衣物配饰类、模型明器类。为便于补充发掘简报未曾公布的器物信息，本章将对随葬品进行重新编号，涉及简报已刊发器物，其原编号随附其后。下文将以主室（ZS）、棺床（GC）、北龛（BK）、东龛（DK）、西龛（XK）器物出土位置的字母缩写，置于器物编号前面。发掘简报已描述的器物尺寸下文将不再赘述。

　　本章重点对楚昭王墓出土的随葬品进行分析、探讨，主要参考已发掘的同时期亲王、世子墓，目前已发表的资料主要有：朱元璋第十子鲁荒王朱檀墓，生于洪武三年（1370年），卒于洪武二十二年（1389年）[1]；第十二子湘献王朱柏墓，生于洪武四年（1371年），卒于建文元年（1399年）[2]；第十五子辽简王朱植墓，生于洪武十年（1377年），卒于永乐二十二年（1424年）[3]；第十六子宁献王朱权墓，生于洪武十年，卒于正统十三年（1448年）[4]；第十一子朱椿的长子朱悦燫世子墓，生于洪武二十一年（1388年），卒于永乐七年（1409年）[5]；第二十四子郢靖王朱栋墓，生于洪武二十一年，卒于永乐十二年（1414年）[6]等。

　　《大明会典》载："亲王，丧闻，上辍朝三日。礼部奏差官掌行丧祭礼。翰林院撰祭文谥册文圹志文。工部造铭旌。差官造坟。（又钦天监取官一员前去卜葬）国子监取监生（八名）报讣各王府。"[7]可见昭王的丧仪葬礼应是由礼部、翰林院、工部、钦天监、国子监等机构共同参与操办的。

---

[1]　山东省博物馆：《发掘明朱檀墓纪实》，《文物》1972年第5期。
[2]　荆州博物馆：《湖北荆州明湘献王墓发掘简报》，《文物》2009年第4期。
[3]　荆州地区博物馆：《江陵八岭山明代辽简王墓发掘简报》，《考古》1995年第8期。
[4]　陈文华：《江西新建明朱权墓发掘》，《考古》1962年第4期。
[5]　中国社会科学院考古研究所、四川省博物馆成都明墓发掘队：《成都凤凰山明墓》，《考古》1978年第5期。
[6]　湖北省文物考古研究所、荆门市博物馆、钟祥市博物馆：《郢靖王墓》，文物出版社，2016年。
[7]　（明）申时行等：《大明会典》卷九十八《礼部五十六·丧礼三》，《续修四库全书》，上海古籍出版社，2002年，第24页。

相较于其他亲王，楚昭王墓出土的随葬品以明器居多，除鎏金铜封册、符牌、铜残镜、金镶木带銙、铭旌顶等随葬品不见于上述诸亲王、世子墓中，其他均有同类器型的发现，在造型及制作工艺上多有相近之处。

《大明会典》洪武三十一年（1398年）载："冥器行移工部及内府司设监等衙门成造，照依生存所用卤簿器物名件。"[1]据《明宪宗实录》成化五年（1469年）礼部旧例，宗室本支藩衍每有丧礼所用明器均是"工部委所司制造"后礼部奏请定拟，除亲王郡王谥宝册外，"官赍去其明器宜令工部具例品式，下所在有司就彼制造给用"[2]。到了成化五年以后，宗室人员随葬用的明器，可由各藩王所在地的专属部门根据工部提供的统一样式，在本地安排铸造。楚昭王卒于永乐二十二年，其出土的明器随葬品应属前者，由工部委所司制造。

第一节 册宝匣盒类

昭王册宝匣盒类的祭祀器物均放置于石供桌上（图5-1[3]），供桌总体雕刻较简单，案面两端的"飞角"最初是为了防止画卷展开卷轴滑落而设置，后作为供案的一种形式，正背面下部均未镂空，但依然雕出了案面吊头下的角牙、绦环板、"三弯腿"式样的供案足等，整体造型与鲁荒王墓的木供案相似（图5-2[4]）。

石供桌案面长136、宽86.5、厚7.36厘米，两端飞角长90.3、宽8.1、高7.1厘米，绦环板长107.6、高17.5厘米，角牙宽3~9.1、高15.2厘米，桌腿高54.8厘米，底座长126.6、宽83.6、高11.3厘米，通高97.8、宽77.6~90.3厘米。

依明制，除匣盒的外部纹饰，亲王所用册宝、盝匣妆饰与皇太子同，而皇太子所用又与皇后同[5]。永乐三年（1405年）定皇后册宝、盝匣妆饰：

---

[1] （明）申时行等：《大明会典》卷九十六《礼部五十四·丧礼一》，《续修四库全书》，上海古籍出版社，2002年，第648页。

[2] 《明宪宗实录》卷六八"成化五年六月癸丑"条，"中央研究院"历史语言研究所校印本，1962，第1351~1352页。

[3] 图片来源：湖北省文物考古研究所、武汉市文物考古研究所、武汉市江夏区博物馆：《武昌龙泉山明代楚昭王墓发掘简报》，《文物》2003年第2期。

[4] 图片来源：山东博物馆、山东省文物古研究所：《鲁荒王墓》，文物出版社，2014年，图版96。

[5] （明）申时行等：《大明会典》卷六十《礼部十八·册宝》，《续修四库全书》，上海古籍出版社，2002年，第219、223页。

图5-1　楚昭王地宫出土石供桌　　　　图5-2　鲁荒王墓出土朱漆高翘头木供案

　　册宝册用金二片。每片依周尺长一尺二寸、阔五寸、厚二分五厘。镌刻真书。每片侧边上下有窍。用红绦联贯开阖、如今书帙之状。背各用红锦嵌护。藉以红锦小褥。

　　册盝以木为之、饰以浑金沥粉蟠龙。用红紵丝衬里。内以红罗销金小袱裹册。外以红罗销金夹袱裹之。五色小绦紥於匣外。

　　宝用金。龟钮、朱绶、文用篆书曰：皇后之宝。依周尺方五寸九分、厚一寸七分。

　　宝池用金、阔取容宝。宝匣二副、每副三重。外匣用木、饰与册盝同。中匣用金、钑造蟠龙。内小匣仍用木、与外匣同。小匣内置一宝座、四角雕蟠龙、饰以浑金。座上用小锦褥、褥上一置宝池。用销金红罗小夹袱裹宝。其匣外各用红罗销金大夹袱覆之[①]。

一、封册、谥册

　　封册主要用于册封皇室成员如皇后、太子、亲王及其配偶等。明代建立了一套完整的封册制度和相应的礼仪，封册是其重要的实物凭证之一。谥册则是用来记录皇帝

---

①　（明）申时行等：《大明会典》卷六十《礼部十八·册宝》，《续修四库全书》，上海古籍出版社，2002年，第215页。

或贵族死后追加的谥号和对其追赠的荣誉和评价。

鎏金铜封册1件，ZS：1（主：15-12）；鎏金铜谥册1件，ZS：2（主：15-10）（图5-3①、图5-4②）。出土时均置于雕龙纹木册盒内。

图5-3　楚昭王鎏金铜封册（ZS：1）

图5-4　楚昭王鎏金铜谥册（ZS：2）

《明太祖实录》载："洪武三年夏四月己未朔，礼部造诸王册、宝，成并上册封礼仪，其制册、宝皆用金……"③通过实际发掘情况可知，楚昭王墓中随葬的"金册"为铜胎鎏金；湘献王的谥册则用长方形木板制成，两面贴金箔（图5-5④），都非纯金打造。蜀悼王庄世子谥册仅为木制（图5-6⑤）。

昭王封册、谥册采用的鎏金工艺均经过四次反复：抹金、烘烤、清洗、找色、压亮，使之表面光泽明亮，金属与铜胎结合紧密⑥。

---

①　图片来源：湖北省文物考古研究所、武汉市文物考古研究所、武汉市江夏区博物馆：《武昌龙泉山明代楚昭王墓发掘简报》，《文物》2003年第2期。

②　图片来源：湖北省博物馆：《湖北文物出土精粹》，文物出版社，2006年，第216页。

③　《明太祖实录》卷五一"洪武三年夏四月己未朔"条，"中央研究院"历史语言研究所，1962年，第991页。

④　图片来源：荆州博物馆：《湖北荆州明湘献王墓发掘简报》，《文物》2009年第4期。

⑤　图片来源：中国社会科学院考古研究所、四川省博物馆成都明墓发掘队：《成都凤凰山明墓》，《考古》1978年第5期。

⑥　李玲：《楚昭王墓出土"金册"的实验报告》，《文物修复与研究》1999年第7期。

图5-5　湘献王木贴金谥册　　　图5-6　蜀悼王庄世子木谥册

二、谥　宝

谥宝是刻有谥号的玺印，上雕有纽，依照身份等级不同，纽有龙、龟等不同造型。谥宝不仅是对死者的一种纪念，也是对其生前品德和贡献的一种肯定。

木谥宝　1件。ZS∶3（主∶1-5）。出土时置于塑龙纹木盒内。

昭王谥宝与鲁荒王、湘献王谥宝在形制上基本一致。均为木质，上雕龟纽。谥宝印面篆书刻字行文有所不同，荒王刻"鲁王之宝"（图5-8[①]），昭王为"楚昭王宝"（图5-7[②]），献王为"湘献王宝"（图5-9、图5-10[③]）。昭王谥宝器表涂金，而荒王与献王都为通体贴金箔。按明制亲王之宝，洪武四年定"宝用金龟钮，依周尺方五寸二分厚一寸五分，其文曰某王之宝"[④]。使用木谥宝，因"世子承袭止授金册，传用金宝"[⑤]，由此可见亲王金宝用于留袭世子，随葬则以木宝替代，作为葬仪的象征。

[①] 图片来源：山东博物馆、山东省文物古研究所：《鲁荒王墓》，文物出版社，2014年，图版269。

[②] 图片来源：湖北省文物考古研究所、武汉市文物考古研究所、武汉市江夏区博物馆：《武昌龙泉山明代楚昭王墓发掘简报》，《文物》2003年第2期。

[③] 图片来源：荆州博物馆：《湖北荆州明湘献王墓发掘简报》，《文物》2009年第4期。

[④] （明）申时行等：《大明会典》卷六十《礼部十八·册宝》，《续修四库全书》，上海古籍出版社，2002年，第223页。

[⑤] （明）申时行等：《大明会典》卷五十五《礼部十三·王国礼一》，《续修四库全书》，上海古籍出版社，2002年，第137页。

图5-7 楚昭王木谥宝印面（ZS：3）

图5-8 鲁荒王木谥宝印面

图5-9 湘献王木谥宝印面

图5-10 湘献王木谥宝

三、匣、册盒

石匣1件，ZS：4（主：15-1）；塑龙纹木盒1件，ZS：5（主：1-2）；雕龙纹木册盒1件，ZS：6（主：15-3）。出土时，塑龙纹木盒与石匣放于供桌上，雕龙纹木册盒则置于石匣内。

明制规定，亲王册宝与谥宝所用的盝匣在妆饰上有所不同，"池匣装饰与皇太子宝同，但太子宝盝匣雕蟠龙，王则雕蟠螭"[①]。

---

① （明）申时行等：《大明会典》卷六十《礼部十八·册宝》，《续修四库全书》，上海古籍出版社，2002年，第223页。

图5-11 鲁荒王墓出土沥粉贴金云龙纹木匣

昭王装封册、谥册的雕龙纹木册盒与石匣妆饰（图5-12）都与明制相符，但装谥宝的塑龙纹木盒上堆塑龙纹、云纹与鲁荒王置谥宝的盝顶匣（图5-11[①]）所饰的金云龙纹均未依制采用蟠螭纹。

鲁荒王与湘献王放置谥宝的盝顶木匣均为三重，湘献王发掘简报中还描述了其匣内谥宝放于宝池上，再用一无盖的小匣倒扣于谥宝上，并较为详细介绍了宝池的形制，以上与《大明会典》记述基本吻合，昭王的匣盒仅为内外两重，未见宝池等相关构造。

图5-12 石匣（ZS：4）及石匣外壁云龙纹

第二节 丧仪祭礼类

一、圹 志

圹志是明代墓葬文化的重要组成部分，主要用来记载逝者的生平、身份、家族关系等信息。根据不同的身份和地位，圹志的制作材料、形式及内容均有所不同。

石圹志 1方。ZS：7（主：19），出土时，立于石供桌前。石质，碑与座榫接而成，碑为扁体圆角长方体，座为素面盝顶长方体。碑高75、宽51.5、厚10.2厘米，座高

---

① 图片来源：山东博物馆、山东省文物古研究所：《鲁荒王墓》，文物出版社，2014年，图版270。

26.5、宽74.6、厚33厘米，通高101.5厘米。

圹志背面为素面，正面则阴刻有一周描朱云龙纹，上首居中阳刻篆书"大明楚王圹志"，下部阴刻楷书，字体均描朱。直行右起，计13列307字（图5-13），抄录如下：

图5-13　楚昭王石圹志（ZS∶7）

　　王讳桢」太祖高皇帝第六子也母昭敬太充妃胡氏生于甲辰年三月之三日洪武」三年庚戌四月初七日册封为楚王十四年辛酉四月二十二日始受」命之国永乐二十二年二月二十二日以疾薨享年六十有一妃王氏定远」侯弼之女先二十八年有薨子男十人长世子孟烷次巴陵王孟熜先」薨次永安王孟炯寿昌王氏孟焯崇阳王孟炜通山王孟燆通城王孟灿」景陵王孟炤岳阳王孟爟第十子未封女九人俱封郡主孙男十五人」女七人讣音来闻」皇上念王以骨肉至亲不胜哀悼辍视朝七日命有司治丧葬赐谥曰昭遣」使驰祭以本年五月二十八日葬于国之东南灵泉山之原呜呼王以」宗室之亲受封大国安荣富贵莫与为比政期享兹寿祉永作藩属以乐」太平无穷之庆胡一旦婴疾遽雁大故良可悼也夫爰述其槩志诸幽」堂用垂不朽焉谨志。

昭王圹志在形制上与宁献王区别较大，献王圹志由近方形的青石板制成，志、盖相贴，用两道铁箍套着，盖正中篆书"故宁献王圹志"（图5-14①）。朱悦燫世子墓中所出圹志则近似于昭王，均由石质碑与座构成，碑首居中篆刻"蜀悼庄世子圹志"，其通高达1.5米，尺寸上大于昭王圹志。

二、五　　供

由1件香炉、2件双耳瓶、2件烛台组成，均铜制。出土时置于石供桌上（图5-15）。

　　铜香炉　1件。ZS∶8（主∶12），由炉身和支架组成，炉身呈鼎状，双立耳，鼓腹，圜底，下置3兽蹄足。炉内立有支架，支架由3根尾部锻造成桃形，底端向外弯曲的铜条与2道圆箍组成。支架高13.5、圆箍直径4.2～4.3厘米，炉身口径11.3、颈长1.6、

---

① 图片来源：陈文华：《江西新建明朱权墓发掘》，《考古》1962年第4期。

图5-14　宁献王石圹志拓片

图5-15　铜五供

腹径11.6、足高4.3、炉高13.3厘米、炉耳高2.8、宽2.7厘米，通高22.5厘米。

铜双耳瓶　2件。ZS：9、ZS：10（主：7、主：9），形制相同。由瓶、瓶塞、插花组成。瓶卷沿侈口，长颈垂腹，颈两侧为对称的方耳，各衔有一圆环，平底，喇叭形圈足。瓶塞有九孔，每孔插有一支荷花或荷叶，为5花4叶。花、叶为铜质鎏金。花叶高16～16.4厘米，瓶口径5.3、腹径8.7、足径5.6、高15.6厘米，方耳高3.5、宽2.2厘米。

铜烛台　2件。ZS：11、ZS：12（主：8、主：10），形制相同。由烛台和蜡烛组成。烛台托盘宽沿外折，弧腹内收，浅腹平底。喇叭形高足座，足下端翻卷成沿边。盘心立有一空心柱，柱顶立一烛钎。烛钎上插蜡烛，蜡烛木质，为下小上大的圆柱体，表面满涂红漆。托盘径12.2、沿宽1.4、深1.6厘米，圈足径9.6、高8.8厘米，蜡烛直径1.2～1.7，高12.8～14.2厘米，通高25.8～28厘米。

《佛教大辞典》中定义"五供"："指香炉一具、烛台一对、花瓶一对。按种类为三，故称'三具足'；按个数为五，则称为'五具足'。这一套摆在佛教寺院供桌之上的供器民间称为'五供'。"[①]在佛学文化中，其各项所表含义为：香用于净化身心，花象征美丽与纯洁，灯烛代表光明与智慧，净水则象征清洁与源源不断地更新。

道教"五供"在器物的组合上与佛教十分相似，此外还常见使用香、花、灯、水、果五种物品供奉在神坛之上。"五供"组合多用于各类斋醮仪式中，例如：拜表，又称进表，是道教斋醮中的核心仪式。道士将人们的"祈愿"以严格规范的格式写成"表文"，也称之为"天地疏文[②]""文疏"等，作为祈福神灵、敬天祭祖、沟通天地阴阳的一种宗教语言。一般是将写好的表文点燃，而后投入"五供"的香炉中，以此将信众的祈求和愿望呈递上天，以期得到神灵的庇护和回应。又如：施食[③]。其本为佛教中的一种重要的修行方式，后来道教亦沿用，旨在通过施食饿鬼来消灾解厄、延年益寿，道教称"斛食道场"，通过施食、焚香、念咒等方式使亡魂受炼，从而达到超度的目的。超度的过程需上表天界，其中重要的焚香环节同样需要使用到香炉。

昭王"五供"整体上呈现出较为明确的道教风格，其香炉内立有支架，便于投入的"表文"燃烧。

除宗教风格，"五供"整体造型上所展现出的仿古韵味还映射了明代初期皇室及文人士大夫阶层的普遍审美。香炉模仿了三代青铜器"鼎"的器型，又融入宋代主流

[①] 任继愈：《佛教大辞典》，江苏古籍出版社，2002年，第93页
[②] 中国道教协会、苏州道教协会：《道教大辞典》，华夏出版社，1994年，第188页。
[③] 中国道教协会、苏州道教协会：《道教大辞典》，华夏出版社，1994年，第741页。

的简约美，器形规整，器表素净，兽足承袭古风，香炉总体又保有青铜原有的庄重之感。四川宋瓷博物馆馆藏的一件南宋莲荷纹鼎式炉（图5-16①）、浙江省安吉县章村桃李山明墓出土一件明代早中期的鬲式炉（图5-17②），在造型上都与昭王墓出土的香炉有相似之处。

图5-16　莲荷纹鼎式炉（南宋）　　　　　　图5-17　缠枝牡丹纹鬲式炉（明）

"五供"中的烛台为立钎式，由底座和带烛扦的拖盘组成，是明清时期十分有特色的创新，在明清以前未曾出现，只能推测与汉代支钉式油灯有一定的渊源③。其喇叭形高足座的设计使得烛台稳定性增加，托盘与底座设置成分离式结构，使得此款烛台在使用和移动上更加灵活、轻巧。与之相似的烛台还见郢靖王墓（图5-18④）及南京西善桥长春真人刘渊然墓（卒于宣德七年，1432年）（图5-19⑤）。

花瓶瓶身饰有方耳且带衔环的特点模仿了三代青铜器"双耳壶"，与其形制相似的环耳瓶还见长春真人刘渊然墓中的一对铜瓶（图5-20⑥）、衡阳市博物馆馆藏元代"文靖书院"铜壶（图5-21⑦）。明代初期，日常插花观赏用的花瓶"忌有环，忌成对，象神祠

---

① 张政中：《南宋青瓷鼎式炉的复古与衍化》，《艺术市场》2018年第2期。
② 安吉县博物馆：《安吉县章村桃李山明墓出土瓷器》，《东方博物》2014年第1期。
③ 邵丹、宋魁彦：《中国古代烛台的形态演变研究》，《发展》2011年第5期。
④ 湖北省文物考古研究所、荆门市博物馆、钟祥市博物馆：《郢靖王墓》，文物出版社，2016年，彩版120。
⑤ 南京市博物馆：《南京西善桥明代长春真人刘渊然墓》，《文物》2012年第3期。
⑥ 图片来源：南京市博物馆：《南京西善桥明代长春真人刘渊然墓》，《文物》2012年第3期。
⑦ 图片来源：吴小燕：《元代浏阳文靖书院铜祭器》，《收藏》2017年第11期。

也""置瓶忌两对,忌一律"①。因此,此造型特点的花瓶主要作为供器在祭祀使用,若尺寸较小,还多见作为墓中随葬的明器②,与日用赏花用瓶有着较大不同。

图5-18 郢靖王墓出土锡烛台（XBK：23）

图5-19 刘渊然墓出土铜烛台（M1：3、M1：2）

图5-20 刘渊然墓出土铜瓶（M1：4、M1：5）

图5-21 "文靖书院"铜壶（元）

此对瓶花的插花风格展示了明代初期对的堂花的审美：作品形体高大,寓意美好,造型庄重、稳健而华美。四川省平武县明王玺墓墓壁彩绘瓶花也有同样花叶高大

---

① （明）张谦德、袁宏道：《瓶花谱·瓶史》,中华书局,2012年,第18、139页。
② 林正峰：《元龙泉窑青釉褐斑双环耳瓶探析》,《陶瓷研究》2022年第6期。

对称的风格（王玺卒于景泰三年，1452年；葬于天顺八年，1464年）①。瓶口安有九孔瓶塞，其功能应沿袭了宋代发明的三十一孔花盆、六孔花瓶、十九孔花插等，用于辅助花材的固定、构图及布局②。"5花4叶"的组合与瓶口特征还体现了明清时期世俗生活中的插花章法："其插花朵，数宜单，不宜双……瓶口取宽大，不取窄小。"③

三、漆　　器

漆器是一种以天然生漆为主要材料，通过涂覆、雕刻等工艺手法制成的工艺品和日常器具。据《髹饰录》记载，明代漆器的制作技术非常复杂，涉及多种技法，包括雕漆、填漆、光素漆、彩绘漆、描金漆、戗金漆、雕填漆、镶嵌漆等。

漆盒　2件。夹纻胎和木胎各1件。

木胎漆盒　1件。ZS：13（主：15-13），出土时置于雕龙纹木册盒内。

夹纻胎漆盒　1件。ZS：14（主：11），出土时摆放于石供桌上，内装香料（图5-22）。

图5-22　夹纻胎漆盒（ZS：14）

香料在祭祀中既为祭品，同时也承担着与神明沟通的媒介作用。根据文献，明代宫廷香料用量逐年增大，南方地区的进贡是香料重要来源之一。明代规定土司有贡赋之责，贡物品类中即有各类香料的记述，其中降香最为常见。如：洪武二十八年（1395年），土官刀板冕遣其下招板阿亩旷等，贡红白西洋布……白檀香等④；永乐十八年（1420年），广东电白县佛子等山瑶首黄满山等六十人，来朝贡降香诸物赐币遣归⑤；弘治八年（1495年），湖广容美宣抚司遣头目来贡马及降香⑥；明武宗时期，

---

① 四川省文管会、绵阳市文化局、平武县文保所：《四川平武明王玺家族墓》，《文物》1989年第7期。
② 王莲英：《中国插花艺术发展简史》，《中国园林》2006年第11期。
③ （清）沈复：《浮生六记》卷2，《闲情记趣》，浙江工商大学出版社，2018年，第44页。
④ 《明太祖实录》卷二四三"洪武二十八年十二月丁酉"条，"中央研究院"历史语言研究所，1962年，第3532页。
⑤ 《明太宗实录》卷二二六"永乐十八年六月辛酉"条，"中央研究院"历史语言研究所，1962年，第2217页。
⑥ 《明孝宗实录》卷一〇七"弘治八年十二月辛酉"条，"中央研究院"历史语言研究所，1962年，第1954页。

湖广、四川、贵州、广西土官多次差通把头目贡降香等物①。明代皇室宗亲的丧礼中也有使用降真香的记载，《明英宗实录》载："时皇太后丧礼进香有以他木伪为降真香，货卖者锦衣卫捕获，以闻命各追真香二十炷完日罪之。"②《王国典礼》载："万历二年提准，凡朝廷遣祭各王府……祭品，惟御祭，亲王首坛加牛犊一只……降真香一炷、烛一对重一斤。"③《阅世编》载："真降香，前朝吊祭必用之，间或用于贵神之前，价值每斤不过银几分，不及一钱也……近年直以沙泥杂木屑为之，竟成废物，而海航市通，降香遂广，价亦几于复古矣。"④文献中提及的降香应与降真香为同一种香料，"大致可能宋时民间就有以降香作降真香简称"⑤。

降真香的使用在道教斋醮中也占有重要位置，醮坛焚百和香、降真香等……醮坛以降真香品位最高，认为是祀天帝之灵香，可以上达天帝之灵所⑥。昭王生前信奉道教，《明嘉靖汉阳府志校注》记载，昭王鼎建玄妙观⑦。《湖广通志》则详细记述了昭王曾修建真武观⑧。因此夹纻胎漆盒内用于供祭的香料有一定的可能为降真香。

四、玉　　器

玉璧　1件。ZS∶15（主∶15-14），出土时置于木胎漆盒内。直径8.1、孔径27、厚0.6厘米（图5-23）。

玉饼　1件。ZS∶16，出土时置于玉璧上。浅黄色玉石。圆形，体扁平，单向钻

---

① "湖广、四川、贵州、广西土官衙门 各遣通把头目，贡马及降香等物。"《明武宗实录》卷三四"正德三年春正月丙寅"条，"中央研究院"历史语言研究所，1962年，第835页。"湖广容美宣抚司并石梁下峒等长官司，遣通把张世宗等，贡降香方物。"《明武宗实录》卷三六"正德三年三月己未"条，"中央研究院"历史语言研究所，1962年，第867页。"湖广、四川、贵州、广西所属土官差通把头目人汪哈等来朝，各贡降香。"《明武宗实录》卷七一"正德六年春正月庚辰"条，"中央研究院"历史语言研究所，1962年，第1575页。
② 《明英宗实录》卷三四六"天顺六年十一月癸丑冬至节"条，"中央研究院"历史语言研究所，1962年，第6987页。
③ （明）朱勤美：《王国典礼·丧礼》，《北京图书馆古籍珍本丛刊》，书目文献出版社，1987年，第211~212页。
④ （清）叶梦珠：《阅世编》卷七，中华书局，2007年，第165~166页。
⑤ 王祥红、王立志：《降香与降真香本草考证》，《亚太传统医药》2019年第1期。
⑥ 张泽洪：《论道教斋醮焚香的象征意义》，《中华文化论坛》2001年第1期。
⑦ 武汉市蔡甸区地方志办公室、武汉地方志办公室：《明嘉靖汉阳府志校注》，武汉出版社，2011年，第293~294页。
⑧ （清）迈柱监修，夏力恕编纂：《湖广通志》卷七十八《古迹志寺观》，《文渊阁四库全书·史部》，台湾商务印书馆，1983年，第50~51页。

图5-23 玉璧（ZS∶15）

孔，一面已风化。直径1.7、孔径0.2、厚0.2厘米（图5-24）。

昭王随葬的玉器仅有玉璧、玉饼各1件。《明史》载："玉三等：上帝，苍璧；皇地祇，黄琮；太社、太稷，两圭有邸；朝日、夕月，圭璧五寸。"①明代玉璧大多仿古代玉璧样式，昭王玉璧孔较小，璧体素面无纹，形制大小都与定陵出的6块玉璧相同②，对照清宫旧藏，这种玉色暗青，斑纹为条絮状的玉璧一般作为礼器使用③。

图5-24 玉饼（ZS∶16）正面和反面

郢靖王、湘献王、鲁荒王墓都出土有符合礼制且形制基本一致的玉组佩，永乐三年定，亲王冠服，玉佩，如东宫佩制，"玉佩二，各用玉珩一、瑀一、琚二、冲牙一、璜二，瑀下有玉花，玉花下又垂二玉滴。璲云龙纹描金。自珩而下系组五，贯以玉珠，上有金钩"④。

依制，昭王应有同样的玉组佩，然而未见其出于随葬品中，这或与昭王本人不重奢华有关，但其随葬的玉璧，也暂未见于其他同代亲王的墓葬中。

---

① （清）张廷玉等：《明史》卷四十七《志第二十三·礼一》，中华书局，1974年，第1235页。
② 中国社会科学院考古研究所、定陵博物馆、北京市文物工作队：《定陵》，文物出版社，1990年，第189页。
③ 张广文：《明代玉器专题连载之五——明代的玉礼器》，《紫禁城》2008年第4期。
④ （明）申时行等：《大明会典》卷六十《礼部十八·皇太子冠服》，《续修四库全书》，上海古籍出版社，2002年，第218页。

五、瓷器及贡品

瓷坛 1件。ZS∶17（主∶2-1），出土时置于石供桌右前侧（图5-25），见坛内还放有各类果品。

同款瓷坛还见于昭王夫人程氏墓（图5-26[①]），景陵王朱孟炤王妃墓（朱孟炤为昭王庶八子，正统十二年薨）（图5-27[②]），此款造型瓷坛的烧制、选择，可能与昭王的审美有关，暂未见出土于其他同代亲王墓葬中。

图5-25 楚昭王墓出土瓷坛（ZS∶17）

图5-26 楚昭王夫人程氏墓出土瓷坛

图5-27 朱孟炤王妃墓出土瓷坛

瓷碗 1件。ZS∶18（主∶2-3），出土时置于瓷坛内。青瓷。敞口，圆唇微侈，弧腹，平底，矮圈足。口径11.7、底径4、圈足高0.7、通高5.4厘米（图5-28）。

六、铭旌顶

木铭旌顶 1件。ZS∶19（主∶3），出土时位于棺床东侧下，斜靠东龛门槛上（图5-29）。"铭旌"是古代葬仪中用于棺椁

图5-28 瓷碗（ZS∶18）

[①] 图片来源：武汉市江夏区博物馆馆藏。
[②] 武汉市文物考古研究所、武汉市江夏区博物馆：《武汉江夏二妃山明景陵王朱孟炤夫妻墓发掘简报》，《江汉考古》2010年第2期。

覆盖幡物的称谓，有标识墓主身份、引魂入圹、入土为安等丧葬功能。《大明会典》载："执事者取铭旌去杠置其上。"[①]铭旌最初最为重要的功能之一就是表明墓主身份，"为铭各以其物，亡，则以缁，长半幅；赪末，长终幅，广三寸。书铭于末，曰'某氏某之柩'。注：铭，明旌也。杂帛为物，大夫、士之所建也。以死者不可别，故以其旗帜识之"[②]。铭旌作为墓葬丧仪中的纺织品，材质上极难留存，目前可见出土汉代之后的铭旌实物十分稀少。文帝丧礼记："内侍于梓宫前奏，请灵驾进发，捧册宝、神帛置舆中；次铭旌出；执事官升梓宫，内执事持翣左右蔽。"[③]嘉靖二十七年（1548年），孝烈皇后丧礼记："大殓，奉安梓宫，设几筵、安神帛、立铭旌"[④]，"执旌者继蠹而行，止则北向立。（无蠹者则执旌者引）"[⑤]。可见铭旌在入圹覆棺之前，是将其支撑、立挂起来使用的。

昭王墓中的铭旌部分早已腐朽，仅存用于系挂铭旌，作为顶部装饰的木构件。此外，昭王的铭旌应由工部制造[⑥]。

图5-29　木铭旌顶（ZS：19）

---

① （明）申时行等：《大明会典》卷一百《礼部五十八·丧礼五》，《续修四库全书》，上海古籍出版社，2002年，第43页。

② （清）阮元：《十三经注疏》卷三十五《仪礼注疏·士丧礼第十二》，中华书局，1980年，第186页。

③ （清）张廷玉等：《明史》卷五十八《志第三十四·礼十二》，中华书局，1974年，第1448页。

④ （明）申时行等：《大明会典》卷九十七《礼部五十五·丧礼二》，《续修四库全书》，上海古籍出版社，2002年，第12页。

⑤ （明）申时行等：《大明会典》卷九十九《礼部五十七·丧礼四》，《续修四库全书》，上海古籍出版社，2002年，第33页。

⑥ （明）申时行等：《大明会典》卷九十八《礼部五十六·丧礼三》，《续修四库全书》，上海古籍出版社，2002年，第24页。

七、残　　镜

铜残镜　1件。GC：1（棺：2），出土时位于昭王腰间，参见简报照片及数据，经测算其镜面应为原有镜面的三分之一，镜缘残损推测系有意为之。

同样形制的残镜均不见于其他同期的亲王墓葬中，其残缺形态、摆放位置及尺寸或与寓意夫妻来世相聚，再续前缘的"半镜"并无关联。传统意义中夫妻半镜的特点是将整镜一分为二，夫妇各执一半，半镜分割位置通常以镜纽为中心，或紧贴镜纽。基本放于墓主人头部，或头部附近。典型半镜随葬见昭王第八子景陵王朱孟炤墓，其中出土铜半镜一件，背面外区有一周凸弦纹，饰有一凤及云纹图案（图5-30[①]）。昭王五世孙镇国中尉朱显枻夫妻合葬墓M1、M2各出半方铜镜（图5-31[②]）。M1铜镜置于墓主头部右侧，镜面向上。M2铜镜置于墓主头部左侧，镜面朝下。M1、M2两墓下葬的时间相差36年，但两枚半镜可合为一方，应是为一面完整铜镜凿成两半[③]。

图5-30　朱孟炤墓出土铜半镜

图5-31　朱显枻夫妻合葬墓出土铜半镜

与昭王同期亲王墓中铜镜的特殊随葬，还见宁献王墓中，将铜镜置于棺内死者头前，镜背面有芦雁浮雕，并有一人披衣席地而坐，抬首遥望，一童子侍立其后[④]。明蜀

---

① 武汉市文物考古研究所、武汉市江夏区博物馆：《武汉江夏二妃山明景陵王朱孟炤夫妻墓发掘简报》，《江汉考古》2010年第6期。
② 图片来源：武汉市博物馆馆藏。
③ 武汉市博物馆：《黄家湾明代楚王朱氏墓》，《江汉考古》1998年第4期。
④ 陈文华：《江西新建明朱权墓发掘》，《考古》1962年第4期。

王世子朱悦燫棺床四角和正面中部地面各置一铜镜，正照棺床[①]。

八、符　　牌

符牌　5件。DK：1（东：1）、ZS：20（主：16）、XK：1（西：1）、BK：46（北：1）、ZS：21（主：18）五件符牌（图5-32）分别置放于墓室的东、南、西、北、中五个方位，或与道教符咒术法及五行之说相关，具有镇墓的作用。

图5-32　昭王地宫内五件符牌（正面）

五方镇墓的做法，在陕西、川渝地区唐宋墓葬中都有先例，以成都地区宋墓最多。可参见四川地区宋墓"五方五帝灵宝真符"及"炼度真文"等镇墓石刻的使用。

---

① 中国社会科学院考古研究所、四川省博物馆成都明墓发掘队：《成都凤凰山明墓》，《考古》1978年第5期。

"五方五帝灵宝真符"刻书符于石，分置五方以镇宫宅，属"元始施安灵宝五帝镇宫宅上法"。所谓的安镇宫宅，既包括生人所居的阳宅（宫室屋宇），也包括死人所居之阴宅（墓室）。"炼度真文"镇墓石刻完整者一套五件，分东、南、西、北、中，分别刻写不同内容的云篆、普通汉字，在墓中按方位放置①。昭王的五块符牌分置于墓室五个方位，虽无具体云篆译文部分，其蕴含的镇墓、护卫、驱除邪祟等寓意应当是相同的。

在形制和刻文组合上，"炼度真文"类镇墓石刻，多见为方形，每方刻石，主体部分为固定字数的云篆，多数刻石另外还兼有普通汉字补充刻文。还见"五色石"类镇墓石②，多为圆形或椭圆形的五色石料，无刻文。昭王符牌为砖碑石座，在形制上与常见的刻有"炼度真文"的镇墓石、"五色"镇墓石及其他宋元时期带盖、盒状的"五精石"等镇墓石皆有较大差别。在刻文组成上，昭王符牌更近似于道教令牌、符箓上的符文。或因昭王皇室的身份，其符牌的背面均刻有一条五爪龙，腾云而起，在别的镇墓石刻中未见有类似的龙纹，即使出现龙形象则多以四神形象组合出现，如"五精石"盒身线刻纹饰③。

据文献所载，道教在明代开朝以来，就受到了皇室的青睐，皇室对道教的信仰表现出深厚的兴趣和支持，同时通过道教来巩固其统治及提升国家的凝聚力。特别是对正一派的尊崇，明太祖朱元璋时期就有正一派高道入朝为官的记录，"洪武元年，张正常入朝，去其天师之号，封为真人，世袭"④。明太祖赐天师张正常"正一嗣教护国阐祖通诚崇道弘德大真人"称号，令其领天下道教事⑤。明成祖朱棣更自称真武化身，极力崇奉真武大帝，将武当山改称为"大岳太和山"⑥。永乐十年（1412年）⑦、永乐十一年（1413年）⑧、永乐十六年（1418年）⑨成祖先后颁布圣旨及敕谕在武当山相继

---

① 张勋燎、白彬：《中国道教考古》卷三，线装书局，2006年，第1530~1535页。
② 西安市文物保护考古研究院：《西安曲江元代张达夫及其夫人墓发掘简报》，《文物》2013年第8期。
③ 洛阳市文物工作队：《隋唐洛阳市北郊墓唐代墓葬的发掘》，《华夏考古》1996年第1期。
④ （清）张廷玉等：《明史》卷七十四《志第五十·职官三》，中华书局，1974年，第23页。
⑤ 《明太祖实录》卷三四"洪武元年八月甲戌"条，"中央研究院"历史语言研究所，1962年，第602页。
⑥ 《明太宗实录》卷二〇七"永乐十六年十二月丙子朔"条，"中央研究院"历史语言研究所，1962年，第2113页。
⑦ 胡道静、陈耀庭、林万清：《藏外道书》（第32册），巴蜀书社，1994，第828页；《明太宗实录》卷一二九"永乐十年六月戊午朔"条，"中央研究院"历史语言研究所，1962年，第1597页。
⑧ 《明太宗实录》卷一四〇"永乐十一年六月戊申朔"条，"中央研究院"历史语言研究所，1962年，第1686页。
⑨ 《明太宗实录》卷二〇七"永乐十六年十二月丙子朔"条，"中央研究院"历史语言研究所，1962年，第2113页。

修建了大量的宫观。同时，朱棣还对五龙宫进行了大规模的扩建和修缮，并赐额"兴圣五龙宫"[①]，设立了正六品提点四名，"除李素希身具全真法脉之外，其余从外地调来的三位，道录司右正一李时中、龙虎山法师吴继祖、苏州府玄妙观法师施渊净，皆是正一道士"[②]。或许是受到皇室的影响，昭王同样崇敬以符箓和斋醮科仪为主要修行方式的正一派，其符牌以符箓为主，风格上也更偏向于正一派。

第三节 衣物配饰类

一、佩　　饰

佩饰　5件（套）。包括乌纱帽、金镶木带銙、串（缀）饰等。

金镶木带銙　1条。GC：2（棺：1），出土于昭王腰部。《阅世编·冠服》载："腰带用革为质，外裹青绫，上缀犀玉、花青、金银不等，正面方片一两，傍有小辅二条，左右又各列三圆片，此带之前面也。向后各有插尾，见于袖后，后面连缀七方片以足之，带宽而圆，束不著腰，圆领两胁，各有细钮贯带于巾而悬之，取其严重整饬而已。"[③]明代的玉带大多"束不著腰"，可见其更多是身份地位的象征而不具有实用的意义。昭王随葬的金镶木带銙与鲁荒王墓出土的金镶灵芝纹白玉带，除了腰带镶嵌物不同，带銙金饰部分基本一致（图5-33[④]、图5-34[⑤]）。形制上还可参见湘献王墓出土的玉革带，由21块玉板组成，每块玉板的背面及四周皆以铜片包裹（图5-35[⑥]）。昭王带銙金饰中，镶嵌有黄金的部分，为切割整齐的黄金薄片，采用铆接、锤合、焊接等工艺方法制作。《正字通》"銙"字条："明制革带前合口处曰三台，左右排三圆桃，排方左右曰鱼尾，有辅弼二小方。后七枚，前大小十三枚。"[⑦]这样每条玉革带就由20块玉带銙组成，前面正中的内弧角方形与左右的弧形组成"三

---

① 《明太宗实录》卷二〇七"永乐十六年十二月丙子朔"条，"中央研究院"历史语言研究所，1962年，第2113页。
② 王闯：《元代及明初武当山五龙宫全真道的传承》，《宗教学研究》2017年第2期。
③ （清）叶梦珠：《阅世编》卷八，中华书局，2007年，第196页。
④ 图片来源：武汉市博物馆馆藏。
⑤ 图片来源：李栋：《明初礼仪制度管窥——以鲁荒王墓出土文物为例》，《文物天地》2020年第1期。
⑥ 图片来源：荆州博物馆：《湖北荆州明湘献王墓发掘简报》，《文物》2009年第4期。
⑦ （明）张自烈撰，（清）廖文英辑：《正字通》卷十四《戌集上·金部》，故宫博物院藏康熙二十四年刻本，第16页。

图5-33　楚昭王墓出土金镶木带铐（GC∶2）　　图5-34　鲁荒王墓出土金镶灵芝纹白玉带

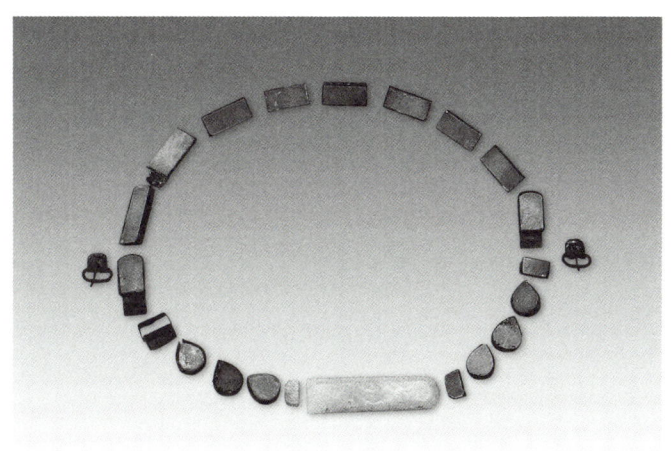

图5-35　湘献王墓出土玉革带

台"，两侧各3块小"圆桃"，往上两侧是辅弼和带尾，后侧为7块长方形排方。《明史·舆服志》载：永乐三年更定皇帝常服，"带用玉，靴以皮为之"[①]。又载：洪武二十六年（1393年）定文武官公服，"腰带：一品玉，或花或素；二品犀；三品、四品金荔枝；五品以下乌角"[②]；洪武三年规定文武官常服，"其带，一品玉，二品花犀，三品金钑花，四品素金，五品银钑花，六品、七品素银，八品、九品乌角"[③]；洪

---

① （清）张廷玉等：《明史》卷六十六《志第四十二·舆服二》，中华书局，1974年，第1620页。

② （清）张廷玉等：《明史》卷六十六《志第四十三·舆服三》，中华书局，1974年，第1636页。

③ （清）张廷玉等：《明史》卷六十六《志第四十三·舆服三》，中华书局，1974年，第1637页。

武二十四年（1391年）又定"公、侯、伯、驸马束带与一品同"①。

明初规定只有皇帝、皇后、妃嫔、皇太子、亲王、郡王、公、侯、驸马、伯以及文武一品官和少数特赐的人才可使用玉带。昭王的身份完全符合明代亲王使用的玉带规格，但可能受明太祖在位时崇尚节俭的影响，昭王本人也并不奢靡，因此他并未使用金镶玉带，而用金镶木来替代。

图5-36　玛瑙纽扣（GC∶3）

值得注意的是在宁献王墓葬中发现20件玉片，玉片均位于死者腰部，同时还出现一些木片，形状与玉片相似，也应是腰带上的饰物②，这些木片的性质是否与楚昭王的镶木相同还需探讨，同时也有学者认为昭王带銙的镶嵌物可能是其他易于朽烂的材质，是否为木，仍应存疑③。

玛瑙纽扣　1件。GC∶3，出土于棺内。不透明红玛瑙石。整体圆形，为舵盘状，镂空有6个扣眼。总外径1.2、内径0.6、厚0.5厘米（图5-36）。

二、丝绸、金丝线

10件。均已残损，或炭化。

第四节　模型明器类

一、铅　锡　器

共72件。均出自北龛，大部分已残朽。器类有执壶、瓶、罐、爵、豆、匜、盘、碟、洗、温锅、托盏、灯台、烛台、匕、箸、勺、鼎、香炉、盒、器盖、残器口沿等。

---

① （清）张廷玉等：《明史》卷六十六《志第四十三·舆服三》，中华书局，1974年，第1637页。

② 陈文华：《江西新建明朱权墓发掘》，《考古》1962年第4期。

③ 汪磊：《明楚昭王朱桢带銙金饰构件简考》，《东方收藏》2022年第8期。

均为明器，器形较小，多素面，部分器表鎏金。采用的制作工艺主要为打制与焊接。

据发掘简报介绍，昭王北龛内的明器均为铅锡器，但郢靖王、湘献王、鲁荒王、辽简王、宁献王的同类明器则皆为锡器。依制，同期亲王的明器都应由工部委所司制造，因此，昭王的也应为锡器才较合乎情理。锡制品在空气中容易被氧化，表面通常会呈现淡黄色或发黑的现象。铅锡制品氧化后的颜色变化主要取决于其氧化物的种类。氧化铅（PbO）通常呈现黄色，有时也被称为铅黄或黄丹，二氧化铅（PbO_2）则是一种深褐色的粉末。锡的氧化物包括氧化亚锡（SnO）和二氧化锡（SnO_2）。氧化亚锡通常是棕黑色的粉末，颜色可能因制法不同而有所变化，可呈暗绿色、紫色或红色等。而二氧化锡则是白色或微灰色的粉末。作为随葬品，制作工艺本就与日用品有所区别，又经历了较为漫长的时间洗礼和复杂的环境变化，若仅从昭王随葬品的器物颜色上判断其为铅锡器或是锡器并不准确，还需进一步通过科学取样进行检测。本章节暂沿用简报称呼，以铅锡器对昭王随葬模型明器部分进行介绍说明。

楚昭王、湘献王、辽简王墓中均有大量的锡制明器，这与明代锡器入葬仪，并形成一定的葬制有关。见《明史》载："洪武二年，敕葬开平王常遇春于钟山之阴，给明器九十事，纳之墓中……水罐、甲、头盔、台盏、杓、壶、瓶、酒甕、唾壶、水盆、香炉各一，烛台二，香盒、香匙各一，香箸二，香匙箸瓶、茶钟、茶盏各一，箸二，匙二，匙箸瓶一，碗二，楪十二，橐二，俱以锡造，金裹之……后定制，公、侯九十事者准此行之。余以次减杀。"[①]

昭王墓随葬明器中的铅锡器表多采用鎏金工艺，可对比郢靖王、湘献王、宁献王墓中出土的锡器也都采用了类似工艺，湘献王墓中锡器多数是先髹红漆后贴金箔或不髹漆而直接鎏金，宁献王墓锡器器表均鎏金。

以上亲王墓随葬锡器类中的壶、罐、瓶、爵、盘、灯台等，在形制上都较为一致。从已公布的发掘资料来看，器表鎏金的工艺仅见于亲王墓葬，而次一级的郡王墓葬末则见。鎏金器的使用也从另一个角度表明了墓主生前的身份等级。

下文重点补充介绍发掘简报未曾公布的器物及相关信息。

执壶又称注子、注壶、偏提或汤瓶，是一种古代酒器。其基本造型包括敞口、溜肩、弧腹和平底或带圈足，流口和执柄通常位于壶的肩腹部。

执壶 5件。BK：1（北：15-1），小口，短束颈，管状流，流与壶身之间以云板相连，曲柄，垂腹，平底，喇叭状矮圈足。器表鎏金。口径2.7、流长6.1、腹径6.1、圈足高0.8、底径3.9、高9.3厘米（图5-37，左）。BK：2（北：15-2），小口，长束颈，管状流，流与壶身之间以云板相连，曲柄，肩部微折，平底。器表鎏金。口径2.8、流

---

① （清）张廷玉等：《明史》卷六十《志第三十六·礼十四》，中华书局，1974年，第1486页。

图5-37　铅锡执壶（BK∶1、BK∶2）

长5.2、肩径5.4、底径3.2、高8.4厘米（图5-37，右）。BK∶3，小口，圆唇，短束颈，颈为圆柱体，管状流，流与壶身之间以云板相连，拱形把手，扁腹，腹部饰有凸起鸡心图案，矮圈足。器表鎏金，脱落严重。口径1.3、流长2.7、腹宽3.8、厚1.2、圈足高0.3、高5.1厘米（图5-38）。BK∶4，子母口承盖，盖直壁平顶，一侧有环纽，套圆环与把手相连。壶身直口，短颈，广肩，圆腹，腹肩两侧饰有拱形把手和流注，下腹内敛，平底。器表鎏金，脱落严重。盖直径1.9、高0.9厘米，壶口径1.7、流长1.7、肩径3.8、底径2.7、通高3.9厘米（图5-39）。

图5-38　铅锡执壶（BK∶3）

图5-39　铅锡执壶（BK∶4）

长颈瓶在明代常见于瓷器造型，其特点在于颈部较长，广泛用于官窑和民窑的生产中。

长颈瓶　4件。除环耳外，形制基本相同。小口，颈细长而直，扁方腹，喇叭状矮圈足。器表鎏金。BK∶5、BK∶6，口径0.8、瓶颈长5、腹径5、底径3.5、圈足高2.4、通高7.4厘米（图5-40）。BK∶7（北∶5-1）、BK∶8（北∶5-2），颈上有2个对称衔环耳，环耳还另套有一圆环。口径2、瓶颈长4.3、腹径5.6、底径4.4、圈足高3.4、通高7.8厘米（图5-41）。

昭王随葬的铅锡瓶和玉壶春瓶有相似之处，从整体造型来看，明代初期的玉壶春瓶通常具有撇口、束颈、溜肩、鼓腹和圈足的特点。这种造型使瓶显得敦厚沉稳，

图5-40　铅锡长颈瓶（BK：5、BK：6）　　　图5-41　铅锡长颈瓶（BK：7、BK：8）

颈部粗长，腹部重心偏低，则给人以质朴、庄重之感。

瓶　3件。其中BK：9与BK：10瓶身形制相似，口微敞，短束颈，斜肩，垂鼓腹，圈足略微外撇。BK：9，口径1.4、腹径3、底径1.7、圈足高0.5、高4.7厘米（图5-42）。BK：10，瓶带盖，盖面微拱，盖面顶心有一宝珠纽。盖直径1.8、纽高0.7、高1.4厘米，瓶口径1.6、腹径2.7、底径1.6厘米、圈足高0.4，通高5.2厘米（图5-43）。BK：11，喇叭口，细束颈，斜肩，圆腹下垂，底近平。口径2.1、腹径3.1、底径1.7、高5.1厘米（图5-44）。

图5-42　铅锡瓶（BK：9）

图5-43　铅锡瓶（BK：10）　　　　　　　图5-44　铅锡瓶（BK：11）

图5-45　铅锡匕箸瓶（BK：12）

匕箸瓶在宋代的用途主要与焚香相关，用于盛放火箸和香勺等工具。而在明代，匕箸瓶作为陪葬品出现，其具体功能可能与祭祀或日常饮食有关。

匕箸瓶　1件。BK：12（北：23），卷沿，圆唇，长直颈，颈上两侧对称有一贯耳，圆鼓腹，喇叭形圈足。口径1.3、颈长2、腹径2.4、底径2.8、圈足高0.5、通高4.3厘米（图5-45）。瓶内还插有铜匕1件、铜箸1支（另1支佚）。

提梁壶通常用于盛放酒或水，提梁的设计更便于携带。

提梁壶　2件。形制近似，大小有别。子母口承盖，盖为母口，盖顶后侧有纽以圆环将盖与把手相连。壶直口，短颈，斜肩，肩部两侧有拱形把手和流注，鼓腹，平底，提梁衔接环耳。器表鎏金。BK：13（北：18），盖直径3.4～3.5、高0.4厘米，壶口径3.2、流长2.5、腹径5.6、底径4.7、提梁高3厘米，通高6.2厘米（图5-46，左）。BK：14（北：19），盖直径4.2、高0.8厘米，壶口径4、流长3、腹径5.7、底径4.9、提梁高3.3厘米，通高6.8厘米（图5-46，右）。

明代的盖罐从器型整体上来看，口沿多见直口，短颈，下腹向内斜收，圈足稍外撇。这种设计不仅美观，而且实用，便于使用和保存物品。

罐　9件。器型有荷叶盖罐、提梁罐、盖罐三类。

荷叶盖罐　2件。形制近似，惟大小有别。子母口承盖，盖为子

图5-46　铅锡提梁壶（BK：13、BK：14）

口，盖边波状翘起形同荷叶，盖顶有螺蛳状纽。罐直口，短颈，圆肩，圆腹，下腹壁内收，底端外撇，假圈足，平底。器表鎏金（图5-47）。BK：15（北：9），盖外径6、内径4.1、纽高0.6厘米，罐口径4.4、腹径6.6、底径4.7厘米，通高7.4厘米（图5-47）。BK：16（北：33），盖外径5.3、内径3.2、纽高0.7厘米，罐口径3.6、腹径5.7、底径4.5厘米，通高6厘米。

此款荷叶盖罐在郢靖王墓（图5-48[①]）、鲁荒王墓都有出土，其中鲁荒王墓的荷叶盖罐为瓷罐。存世的瓷质荷叶盖罐较早可见于北宋时期[②]，宋元时期已经较为流行，还见绘于元代墓葬壁画中[③]，瓷质荷叶盖罐在明清时期作为贵族阶层日常生活中贮酒（水）器物[④]。

图5-47　铅锡荷叶盖罐（BK∶15）　　　图5-48　郢靖王墓出土锡荷叶盖罐（XBK∶61）

提梁罐　1件。BK∶17，盖缺失。直口，短颈，折肩，圆腹，下腹壁内收，平底。肩部焊接有拱桥形提梁。器表鎏金。口径3.4、领高0.6、腹径6.3、底径4、提梁高2.9、残高5厘米（图5-49）。

盖罐　6件。BK∶18、BK∶19形制近似。子母口承盖，盖顶饰有圆纽。罐平口，直颈，弧肩，鼓腹，下腹壁内收，平底。器表鎏金。BK∶18，盖纽缺失。盖直径1.7~1.8、高0.4厘米，罐口径1.4、领高0.35、腹径2.4、底径1.5厘米，通高2.6厘米（图5-50）。BK∶19，盖高1.4、直径3.8、纽高0.7厘米，罐口径3.5、领高0.7、腹径5.6、底径4.1厘米，通高6.1厘米（图5-51）。BK∶20，罐盖缺失。罐直口，短颈，弧肩，圆腹，平底。口径1.7、领高0.3、腹径3.1、底径1.9、残高2.3厘米（图5-52）。BK∶21，子母口承盖，器盖圆拱，盖沿较宽，盖顶饰有宝珠纽。罐直口，短颈，弧肩，鼓腹，下腹壁内收，平底。盖外径4.8、内径3.5、纽高0.7、盖高2.2厘米，罐口径3.7、领高

---

① 图片来源：湖北省文物考古研究所、荆门市博物馆、钟祥市博物馆：《郢靖王墓》，文物出版社，2016年，彩版121。

② 陕西省考古研究院：《大临大雅——蓝田吕氏家族墓出土文物精粹》，文物出版社，2008年，第120页。

③ 山西省考古研究所、长治市文物旅游局、长治市博物馆等：《山西屯留县康庄工业园区元代壁画墓》，《考古》2009年第12期。

④ 刘光博：《明清时期荷叶盖罐用途与定名考》，《文物鉴定与鉴赏》2023年第14期。

图5-49 铅锡提梁罐（BK：17）

图5-50 铅锡盖罐（BK：18）

图5-51 铅锡盖罐（BK：19）

图5-52 铅锡盖罐（BK：20）

0.6、腹径6.4、底径3.2厘米，通高6.6厘米（图5-53）。BK：22，子母口承盖，器盖圆拱，盖沿较窄，顶饰有宝珠纽。罐直口，短颈，圆肩，圆腹，下腹壁微内收，平底。盖外径4.3、内径3.6、纽高0.7、盖高2.3厘米，罐口径4.3、腹径5.9、底径2.7厘米，通高6.3厘米（图5-54）。BK：47，子母口承盖，盖顶为二级拱起，顶较平，喇叭口，束颈，弧肩，鼓腹较扁，下腹内收，平底。器表鎏金。盖顶直径2.5、底直径4.2、盖高1.4厘米，瓶口径4、腹径5.6、底径4、瓶高5.5厘米，通高6.4厘米（图5-55）。

爵最初是一种用于盛酒的青铜器，在祭祀和宴享时使用，盛行于殷商和西周时期。其基本形制包括前有流槽（倾酒的流槽），后有尾，中为杯体，一侧有把手，下有三足，流与杯口之间有立柱。

图5-53 铅锡盖罐（BK：21）

图5-54 铅锡盖罐（BK：22）

爵 1件。BK：23（北：21），敞口，口部呈前尖后圆状，浅弧腹，微圜底，口侧有对称的2个菌状柱，下附3个截面为三角形的高足。口长3.4、口宽1.3、柱高0.8、足高1.6～1.7、通高3.5厘米（图5-56）。

图5-55 铅锡盖罐（BK：47）

图5-56 铅锡爵（BK：23）

豆是一种古代的盛食器和礼器，其历史可以追溯到新石器时代，盛行于春秋战国时期。豆通常用来盛放腌菜、肉酱等调味品或食物，在祭祀和宴飨时使用。

豆 5件。均为卷沿，敞口，深弧腹，平底，圈足，盖面顶心有一宝珠纽。BK：24（北：26-1）、BK：25形制大小基本一致。盖面较平，矮圈足。盖直径2.8、纽高0.6、盖高1.2厘米，豆口径2.6、圈足高0.7、底径1.8～2.2厘米，通高3.2厘米（图

5-57)。BK：26（北：25），盖面微拱，高圈足。盖直径2.2、纽高0.5、盖高1厘米，豆口径2.2、圈足高1.4、底径2.1厘米，通高3.6厘米（图5-58）。

图5-57　铅锡矮圈足豆（BK：24、BK：25）

图5-58　铅锡高圈足豆（BK：26）

碟在古代主要用于盛装物品或陈设布列。

碟　15件。器形相似，大小不一。敞口，斜壁，平底。

小碟　5件。平折沿。内壁鎏金，脱落较为严重。BK：27-1～BK：27-5，口径2.3～2.7、沿宽0.2～0.3、底径1.2～1.7、高0.35厘米（图5-59）。

中碟　7件。内壁鎏金。BK：28-1～BK：28-7（北：49），口径4.4～5.4、底径2.9～3.4、高0.5～0.6厘米（图5-60）。

图5-59　铅锡小碟（BK：27-1～BK：27-15）　　　图5-60　铅锡中碟（BK：28-1～BK：28-7）

大碟　3件。内壁鎏金。BK：29-1～BK：29-3，口径6.1～6.2、底径4.1、高0.6厘米（图5-61）。

洗在古代是一种盥洗用的器皿，主要用于清洁或作为文房用品。昭王随葬的洗应是仿日常中用于盥洗的用具。

洗　2件。器形一致，大小略有不同。平折沿，沿面较宽，斜壁，平底。内壁鎏金。BK：30，口径8.2、沿宽0.7、底径6、高1厘米（图5-62，左）。BK：31，口径

图5-61　铅锡大碟（BK：29-1~BK：29-3）

图5-62　铅锡洗（BK：30、BK：31）

7.6、沿宽0.8、底径5.3、高1.1厘米（图5-62，右）。

温锅在古代是一种用于加热和保温食物的器具。

温锅　2件。均为内外双层套锅，带盖，盖面顶心有一宝珠纽，外锅为敛口罐形，圆鼓腹平底，口沿下两侧有对称的衔环耳，锅壁较厚。内锅卷沿直腹，圜底，锅壁较薄。BK：32（北：27-1），盖直径2.3、高0.9厘米，外套锅内口径2、腹径2.7、底径1.9厘米，内胆口径1.8、底径1.2、高1.05厘米，通高2.7厘米（图5-63）。BK：33（北：27-2），盖直径2.2、高1.2厘米，外套锅内口径1.7、腹径2.8、底径1.6厘米，内胆口径1.5、底径1.2、高1厘米，通高2.8厘米（图5-64）。

图5-63　铅锡温锅（BK：32）

图5-64　铅锡温锅（BK：33）

托盏又称盏托或茶托，是古代用于承托茶盏的器物，通常与茶盏配套使用。其主要功能是防止饮用热茶时烫手，并具有一定的装饰性。

托盏　2件。器形、大小基本一致。盏盘方唇，宽平折沿，浅腹，平底。盘中心立有一直口筒形的盏托，盘底为喇叭形高圈足。BK：34（北：28-1）、BK：35（北：28-2），盘径3、底径2.4、圈足高0.7厘米，盏直径1.2、高0.4厘米，通高1.5厘米（图5-65）。

灯台不仅用于日常生活中的照明，还常用于宗教仪式和祭祀活动中。

灯台　3件。有单层和双层两种。

单层式灯台　2件。浅盘，斜壁，平底，盘中心有一圆孔与底座相通，底座为上小下大的筒形，为储油用。器表鎏金。BK：36（北：62），盘径5.6、孔径0.4、底径

4.7、底座高2、通高2.4厘米（图5-66，右）。BK：37（北：32），盘径5.8、孔径0.6、底径4.7、底座高3.2、通高3.4厘米（图5-66，左）。

图5-65　铅锡托盏（BK：34、BK：35）

图5-66　铅锡灯台（BK：36、BK：37）

图5-67　铅锡烛台（BK：38）

烛台是用于插放蜡烛以提供照明的器物。

烛台　1件。BK：38，台盘平折沿，浅盘，斜壁，平底，下附喇叭形高圈足，盘心竖一空心柱体。器表鎏金。盘径5.8、柱体高2.3、底径3.9、圈足高2.8、通高6厘米（图5-67）。

香炉的主要用途是焚香，用于祭祀、熏衣以及日常生活中净化空气。香炉的种类繁多，从用于大殿前供信众燃香祈福的大型香炉，到摆放在神案上的小型香炉，还见更小型的把件小手炉。此外，根据不同的宗派和地域风俗，香炉的设计和使用方式也有所不同。

香炉　1件。BK：39，侈口，卷沿，长束颈，朝冠耳对称立于肩部两侧，鼓腹，平底，三弯曲圆管足。器表鎏金。口径4.2、颈长1.5、腹径5、足高1.5、通高6.6厘米（图5-68）。

盒是一种由底盖相合的盛器。其形式多样，功能各异，涵盖了从日常生活用品到艺术品等多个领域。

明代沉船"南澳Ⅰ号"出水的一批金属器物中包括了锡盒（图5-69①），通常由三块锡片分别制作口沿、腹和底，再通过锤打和錾合工艺制成。其形制与昭王的铅锡盒（图5-70）近似。明代嘉靖、万历年间的实物记录显示，锡作为茶道用品已经非常普

---

①　图片来源：国家文物局考古研究中心官网，《"南澳Ⅰ号"明代沉船出水器物系列——金属》，http://www.uch-china.com/content.thtml?cid=265.

及，锡罐有良好的密闭性和保鲜功能，使得储藏的茶叶不变色、不易潮、无异味。昭王的铅锡盒应是仿日用器盒，其用于何种物品的储藏还需进一步讨论研究。

盒　5件。有平底和三足两种。

平底盒　1件。BK：40，扁圆柱体，子母口承盖，直壁，平底平顶。器表鎏金。盖直径4.8、高0.8厘米，盒口径4.6、底径5厘米，通高2.1厘米（图5-69）。

三足盒　4件。形制相同。BK：41-1～BK：41-4，子母口承盖，盖顶为二级拱起，顶平，器身弧壁，下腹内收，平底，下置三弯曲圆柱足。器表鎏金。盖顶直径3、盖底直径6、高0.9厘米，盒口径5.8、底径4.2、足高1.2～1.3厘米，通高4.8厘米（图5-71）。

图5-68　铅锡香炉（BK：39）

图5-69　"南澳Ⅰ号"出水锡盒

图5-70　铅锡平底盒（BK：40）

图5-71　铅锡三足盒（BK：41-1～BK：41-4）

二、铜　　器

共58件。器类有炭盆、匙、箸、匕、提梁炉、火箸、熨斗、瓢、勺、镜、剪、秤盘、匕、锁、杂件等，均为明器，形体较小。采用的制作工艺主要有浇铸、打制与焊接等。

炭盆是一种古代贵族用来烧炭取暖的器物，也可用于煎烤食物和熏香。其形制多样，装饰精美，有些还配有座架共同使用。

炭盆　4件。出土时置于北龛内，有带足和不带足两种。BK：42（北：10），盆宽平折沿，弧腹较浅，圜底近平，盖为平折沿，拱顶，顶中心铆一圆纽，盖面镂空，以棱均分为六区，每区镂空成近似缠枝纹图案，每条棱上装饰凸起圆纽7枚，盖口沿装饰有云纹。盖直径7.7、沿宽0.35、纽高0.8、盖高4.1厘米，盆直径8.4、沿宽0.8、底径6、高1.2厘米，通高5.1厘米（图5-72）。BK：43，盆宽平折沿，弧腹较浅，圜底近平，下置弯曲四扁足。外径8.7、内径5.2、沿宽1.1厘米，盆高1、足高2.2厘米，通高3.1厘米（图5-73）。

图5-72　铜炭盆（BK：42）

图5-73　铜炭盆（BK：43）

铜箸，即以铜为原料制成的筷子。铜匙，以铜为原料制成勺，不仅用于日常生活中的饮食，还可能用于其他用途，如有些铜匙被用作化妆品匣的调羹，或作为调制胭脂、香料等的工具。铜匕是中国古代的一种食器，主要用于从盛器中拨取食物，如把取牲肉、舀取饭食或捞取羹食等。

箸与匙或匕　保存较完整的有3组。BK：44、BK：45，为箸与匙组合，出土时置于炭盆（BK：42）内。BK：44，细长体，分为上、中、下三部分，火箸头呈柱状，箸尾呈方形体，中间为竹节形。两箸用铜链在竹节处相连，链体"8"形，共7节。箸直径0.1~0.2、箸长7、链长2.8厘米。BK：45，匙体扁平呈圆形，匙柄焊接于匙体下方，柄体微弯曲斜向上翘，如意云头形尾端。柄长5、厚0.1、勺口直径1.1、通长6.5厘米（图5-74）。ZS：22、ZS：23，为箸与匙组合，出土时置于石供桌上。ZS：22（主：14），细长体，分为上、中、下三部分，箸头呈柱状，箸尾呈方形体，中间为竹节形。两箸用铜链在竹节形处相连，链体"8"形，共7节。头

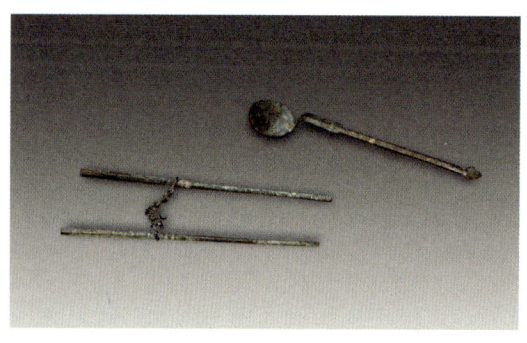

图5-74　铜箸（BK：44）、铜匙（BK：45）

径0.25、尾径0.4、箸长18.8、链长4.8厘米。ZS：23（主：13），匙体扁平呈圆形，匙柄焊接于匙体一端，柄体斜直，前宽后窄，尾端为扁桃形。匙体直径5.1、厚0.5、尾端扁桃形最宽处2.4、柄长13.7、宽0.4~1.2、厚1.5、通长19.5厘米（图5-75）。BK：48、BK：49，为箸与匕组合，出土时置于铅锡匕箸瓶（BK：12）内。BK：48，细长体，仅剩一支。直径0.1、长5.1厘米。BK：49，椭圆形平勺，长柄，尾端圆形。柄长4.1、宽0.1~0.3、勺长1.3、宽0.8、通长5.4厘米（图5-76）。

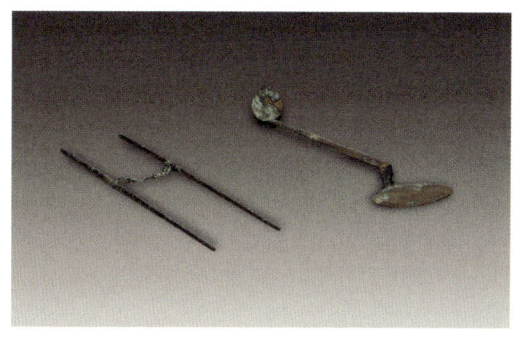
图5-75 铜箸（ZS：22）、铜匙（ZS：23）

图5-76 铜箸（BK：48）、铜匕（BK：49）

提梁炉是一种多功能的器具，既有实用功能（如取暖），也有装饰和文化意义，如宗教仪式中用于熏香。

提梁炉　1件。DK：2（东：7-1），出土时置于东龛内。由器盖、炉器身组成。炉盖呈斗笠状，为二级拱顶，顶中心铆一环纽。炉身呈圆筒状，口部为平沿敛口，中间外鼓，炉身圆筒形，炉身中间对称地分布有四道附加乳钉纹，腹部设一小炉门，门外有承板。炉底呈浅盘状，下附弯曲的四足，由四片扁铜片弯曲而成，与炉身铆接。炉身外壁有4条对称的垂直护板和3条对称的铜链，铜链由细铜条卷成"8"字形相连，链条汇总处共衔一环，该炉附一双火箸。口径9.4、通（链）高23.4厘米（图5-77）。

图5-77 铜提梁炉（DK：2）

同类型提梁炉还见于郢靖王墓（图5-78①）、湘献王墓、辽简王墓（图5-79②），只

---

① 图片来源：湖北省文物考古研究所、荆门市博物馆、钟祥市博物馆：《郢靖王墓》，文物出版社，2016年，彩版139。

② 图片来源：荆州地区博物馆：《江陵八岭山明代辽简王墓发掘简报》，《考古》1995年第8期。

图5-78 郢靖王墓出土铜火炉（DBK：16）

图5-79 辽简王墓出土铜提梁炉

是昭王墓随葬的提梁炉尺寸上略大一些。

火箸是一种金属制的筷子，主要用于夹取炭火等高温物体，火箸通常由铁、铜等金属制成。这些材料能够耐高温且不易燃烧。此外，火箸的设计也有多种多样，包括圆形、方形、八角形等不同形状，以适应不同的使用需求和审美偏好。

火箸 1件。DK：6（东：7-2），与提梁炉同出。细长体，火箸呈柱状，箸头尖，两箸用铜链在近箸尾处相连，链体"8"形，共4节。直径0.2～0.4、长11、链长4.8厘米（图5-80）。

熨斗的功能不仅限于熨烫衣物，还有医疗、熏香、烫纸、护书等用途。例如，在宋代词人秦观的《淮海词》中就有"睡起熨沈香，玉腕不胜金斗"的描述。

熨斗 1件。BK：54，斗敞口，深直腹，平底，腹侧有一长柄，柄的横截面为椭圆形。柄长3.7、宽0.4～0.6厘米，斗口径

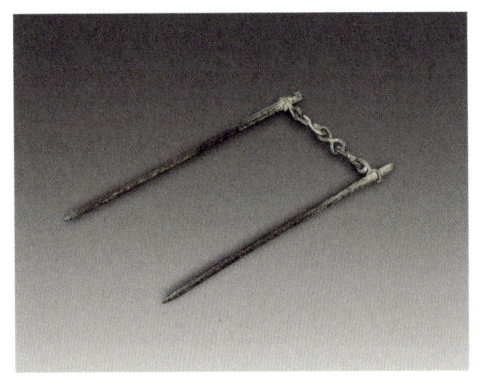

图5-80 铜火箸（DK：6）

3.6、底径3、高1.2～1.7厘米，通长7.3厘米（图5-81）。

瓢主要用于日常生活中的盛水、饮水等。

瓢 1件。BK：55，瓢敞口，深斜腹，平底，腹一侧有一长柄与瓢内侧焊接，柄长且扁平。柄长4.1、宽0.4～0.5厘米，瓢口径3、底径2.1、高1厘米，通长7.4厘米（图5-82）。

勺常用于从盛酒器中取酒并注入饮酒或温酒器中。

第五章　出土器物

图5-81　铜熨斗（BK:54）

图5-82　铜瓢（BK:55）

勺　1件。BK:56，长柄圆勺，勺柄微弯曲向上翘起，柄体扁平，尾端圆形。柄长5.2、宽0.2～0.5厘米，勺直径1.9厘米，通长7.1厘米（图5-83）。

古代，镜除了用于照面饰容外，还具有驱邪、礼物赠送、婚姻象征等多种用途。

镜　2件。出土时置于北龛内。镜面圆形，镜柄为短方形，镜正面平滑，背面有凸起的宽缘。BK:50（北:59），镜背外径11.3、内径10、柄长3、柄宽2.25、缘厚0.35厘米（图5-84，左）。BK:51，镜背外径7.2、内径6.4、柄长2.2、柄宽0.9、缘厚0.3厘米（图5-84，右）。

图5-83　铜勺（BK:56）

图5-84　铜镜（BK:50、BK:51）

剪是一种用于切割材料的工具，通常由手柄和刀片两个主要部分组成。

剪　1件。BK:52（北:36-1），出土时置于北龛内。尖锋平刃，刃部窄长挺直，刃部以圆垫片及圆轴铆合，握手部呈"S"形。把宽4.1、通长8.4厘米（图5-85）。

秤盘是古代度量衡工具的重要组成部分，其主要功能是装载被称量的物品。根据不同的历史时期和使用需求，秤盘的材质、形状和制作工艺都有所不同。

秤盘　2件。器形、大小一致。敞口，斜腹较浅，在盘口沿处钻有对称4组共8个用于穿线的小孔。BK:53，口径5、底径4.8、高0.6厘米（图5-86）。

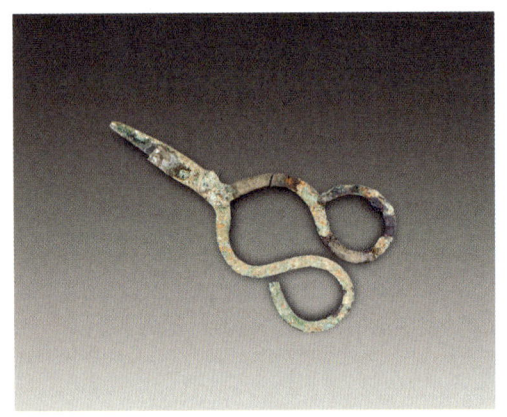 

图5-85 铜剪（BK∶52）　　　　　图5-86 铜秤盘（BK∶53）

三、铁　器

共129件。出土时均锈蚀严重。可辨器型有炉、锁、剪、钉、杂件等五类。

第六章 昭王祔葬

第一节 昭王王妃及夫人

明廷对于藩国亲王婚娶有相应规定，历朝根据情形变化作适当修订。王妃册封程序是，由王府奏请，朝廷核准后派遣专使册封，赐予册命冠服。亲王若正配早故，无论有无子嗣，均可以选取继配，但不授册命冠服。纳妾是亲王到一定年龄之后，元配无出的情况下，可娶其他配偶，但妾媵的身份与地位远远不如王妃或继妃，一般称呼为"夫人"①。《朱氏宗谱》未见王氏妃葬地记载，谱中《楚昭王寝附庄宪康靖端愍恭贺八寝图》显示：昭园内未见妃子墓标记，东西两侧各有一个妃子墓标记，但未标明墓冢数量。

《明史》载："（昭王朱桢）娶定远侯王弼女生子孟烷。"②《明太祖实录》载："（洪武十二年二月）庚子册大都督府都督佥事王弼女为楚王桢妃。"③《明太祖实录》载："（洪武三十年）十一月己酉朔楚王桢妃王氏薨。"④由此可知昭王元妃王氏，即大都督府都督佥事、后封为定远侯的王弼长女，洪武十二年（1379年）二月册立，洪武三十年（1397年）十一月卒。

《明英宗实录》所记：朱桢有一妃三夫人，即昭王妃王氏，为楚庄王孟烷⑤、寿昌王孟焯生母；三夫人是潘氏⑥（崇阳王孟炜生母）、李氏（通山王孟烯生

---

① （明）申时行等：《大明会典》卷五十五《礼部十三·王国礼一》，《续修四库全书》，上海古籍出版社，2002年，第136页。

② （清）万斯同：《明史》卷一百五十二《列传三》，中国基本古籍库，第2112页。

③ 《明太祖实录》卷一二二"洪武十二年春正月庚子"条，"中央研究院"历史语言研究所，1962年，第1974页。

④ 《明太祖实录》卷二五五"洪武三十年十一月己酉"条，"中央研究院"历史语言研究所，1962年，第3686页。

⑤ "壬寅，楚王孟烷薨，王，楚昭王嫡长子，母妃王氏。"《明英宗实录》卷五八"正统四年八月壬寅"条，"中央研究院"历史语言研究所，1962年，第3167页。

⑥ "乙亥，楚府崇阳王孟炜薨，王，楚昭王第五子，母潘氏。"《明英宗实录》卷一六三"正统十三年二月乙亥"条，"中央研究院"历史语言研究所，1962年，第3167页。

母）①、华氏（通城王孟灿生母）②。巴陵王孟熄、永安王孟烱、景陵王孟焰、岳阳王孟燔、江夏王孟炬五人生母未见记载。

另《龙泉山历史文化资源及其开发价值》③一书提到，2012年6月6日，在中国书法网书法篆刻交流区，有用户发布了一组楚昭王王姓元妃的圹志图片（图6-1~图6-3）。根据图片该圹志疑似砖质底座，石碑下有榫头，碑面上部约1/5部分，中刻篆文"楚妃王氏圹志"6个字，竖排，两行一列，左右刻有云纹点缀的凤图，各占1/3位置，四周边框浅刻缠枝纹；经识读碑文，并作如下断句：

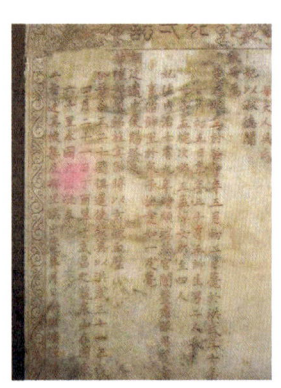

图6-1　楚妃王氏圹志　　　　图6-2　楚妃王氏圹志　　　　图6-3　楚妃王氏圹志

　　　妃姓王氏，世为凤阳人。父王弼以开国勋累封定远侯。母夫人吴氏。妃以淑德闻，钦赐为楚王妃，生于癸卯年五月初二日，薨于洪武三十年十一月初五日，享年三十有五。所生男二人，长世子孟烷，次郡王孟炜，女郡主四人。妃佐内治十有九年，靖顺端庄，宫闱整肃，服用质素，□事备饰，至于众子，抚爱如一。及薨，朝廷遣中使，赐祭，勃礼部□铭旌冥器，赙以玄□白璧，秦晋各王二十国俱遣使致奠。以洪武三十一年戊寅四月二十一日丁酉，葬于武昌之龙泉山，国之东南六十里。本国之臣敬奉王旨，述其梗概，及乡里族□、□葬月日，纳诸圹，谨志。

涂明星认为此碑文存在诸多疑点：第一，王姓元妃生育二子之名。"楚妃王氏圹志"称王氏为朱孟烷、朱孟炜生母，但《明太祖实录》记朱孟烷、朱孟焯"母妃王氏"，

---

① "楚府通山王孟烯薨，王，楚昭王庶第六子，母李氏。"《明英宗实录》卷一一八"正统九年七月乙卯"条，"中央研究院"历史语言研究所，1962年，第2378页。

② "楚府通城王孟灿薨，王，楚昭王第七子，母华氏。"《明英宗实录》卷二六〇"景泰六年十一月壬辰"条，"中央研究院"历史语言研究所，1962年，第6575页。

③ 涂明星：《龙泉山历史文化资源及其开发价值》，武汉大学出版社，2017年，第85页。

朱孟炜生母为潘氏。宗藩子孙的生育、命名由宗人府实时记载，并载入《明实录》。第二，葬地犯了地名古今沿革之忌。"葬于武昌之龙泉山"是"楚妃王氏圹志"穿帮的致命疑点。从地理沿革来看，其一，当时应称"灵泉山"，"龙泉山"是明末清初以后的称呼。其二，"灵泉山"属于武昌府江夏县，即便称"武昌灵泉山"，亦显突兀。从明藩墓葬记载来看，未见"武昌之灵泉山"之说。当时通常的说法是"江夏灵泉山"。《大明楚王圹志》明示，朱桢葬地称谓是"国之东南灵泉山之原"。由《楚藩八代国君继妃张氏墓志》可知，张继妃葬处是"灵泉之长寿山"。第三，王妃"世为凤阳人"之说不确切。王姓元妃乡贯的问题，《明史》载王妃之父王弼"其先定远人，后徙临淮"。洪武初年，临淮先后由钟离、中立改置而来。中立府更名凤阳府，下设凤阳县。若言"凤阳府人"也未免有些牵强。凭此可鉴，王姓元妃入葬"龙泉山"的"圹志"存有破绽。

结合以上信息，经查阅资料，认为该圹志真实性可进一步商榷，主要有以下几点分析：

第一，该圹志图片在社交网络曝光的时间为2012年6月，根据盗掘楚昭王元妃墓的犯罪嫌疑人交代，该团伙盗掘时间为2001年，该事件发生的先后顺序在时间上合理。

第二，对于墓志的造假，有记者通过访谈墓志研究方面的专家、市场调研等手段，得出一些可参考的观点[1]。虽然墓志造假的情况确实存在，但在墓志内容上造假其实很难，而且容易识破，且目前石刻文物造假的主流以翻刻为主，如对颜真卿等书法名家所留真迹墓志造假以追求不法利益，显然对于楚昭王元妃王氏墓志造假的动机不足。并且对昭王及其元妃王氏圹志的外观形制和碑面布局进行对比，两者相似度极高，进一步佐证了楚妃王氏圹志的真实性。

第三，《明实录》作为明代官修的编年体史书，是以皇帝为核心，其中有关楚藩内容的记载存在较多错讹之处，该观点已有学者撰文进行考证[2]。例如有关封妃记载的错误，《明英宗实录》卷一九载："（正统元年闰六月）丙寅，遣官持节册楚府典簿傅凤女为武陵王季堄妃，武昌府知事谢本女为黔阳王季埱妃，良医副王志学女为东安王季㙔妃，武昌护卫百户蔡瑢女为岳阳王季境妃。"考实录所载，楚王孟烷第二子季埱与第三子季㙔于正统二年五月壬辰日才分别被封黔阳王与东安王，故《明英宗实录》"正统元年闰六月丙寅"条史料所载的封黔阳王妃与东安王妃的内容明显错误。所以该圹志中记载"次郡王孟炜"为元妃王氏所生可能为事实，《明英宗实录》中记载的崇阳王孟炜母为"潘氏"有错录的可能性。

---

[1] 单颖文：《新出墓志知多少》，《文汇报》2015年7月10日第T06版。
[2] 喻俊虹：《〈明实录〉楚藩记载的文本内容及特点》，《明楚王墓与明代藩王文化学术论文集》，科学出版社，2024年，第73页。

第四，江夏"龙泉山"并非明末清初之后才有的称呼。元末明初人管讷，生于至元五年（1339年），卒于永乐十九年（1421年），于洪武九年以秀才征拜楚藩王府纪善，在任四十余年，留有诗文《过龙泉山》[①]，楚昭王妃王氏薨于洪武三十年，可见"龙泉山"之名在该时期楚府内已有传播。其子管延枝同为楚府纪善，后为楚昭王碑篆额。

第五，《明史》载王妃之父王弼"其先定远人，后徙临淮"，该圹志记载王妃"世为凤阳人"之说并无不妥，此处"凤阳"并非仅指凤阳县，洪武七年（1374年）明太祖朱元璋改中立府为凤阳府，定远、临淮两县在明一代均未脱离凤阳府管辖。

第二节 祔 葬 墓

一、元 妃 墓

昭王元妃王氏之墓于20世纪八九十年代的考古工作中发现。该墓冢依地势而建，为南北向小山丘，墓冢顶部地理坐标为北纬30°24′42.224″，东经114°30′49.280″。墓冢地表现被茂密植被覆盖，有巡山土路连接外部。西距西外城垣约120米，北距北外城垣约80米（图6-4）。

2023年4月11日，徐州市公安局派干警至明楚王墓调查盗墓案件，根据抓获的盗墓团伙交代，该团伙于2001年曾盗掘位于昭王茔园内的楚王元妃墓，盗走了包含金器、墓志在内的珍贵器物，该案件还在进一步办理当中。

昭王神道碑文载：王姓元妃与朱桢"合葬灵泉山之原"，在昭王地宫考古发掘工作仅发现朱桢单具遗骨。根据相关研究，并结合落网盗墓团伙的供词，昭王墓冢西南40余米处的墓冢应是昭王元妃王氏墓，表明"合葬"并非开圹同葬，而是相邻埋葬。

根据昭王墓发掘情况，推测王妃墓与之相类，为带封土堆的砖室墓。昭王墓室由砖石垒砌，其上有三合土层、木炭层作为防护层，上部有厚达数米的夯土层构成封土堆。在元妃王氏墓冢顶部可见一处东西向椭圆状坑洞，长约2、宽约1米，坑洞略有塌陷。坑洞东侧的坡地上，发现青砖若干，青砖表面附着有三合土，推测为墓砖。该坑洞位于墓冢中部，封土堆顶部，其下应为王妃墓室地宫。结合地形地势、周边遗落青砖等情况，初步判断该坑洞为盗墓活动形成的盗洞。

---

① （明）管讷《过龙泉山》："夹口青山四面来，山重拱抱水萦回。千年胜地龙泉涌，一日佳城凤穴开。佛子岭头云拥树，仙人石迹雨生苔。岳灵应为长呵护，五色光生紫翠堆。"

图6-4 昭王袱葬墓位置关系图

二、夫 人 墓

根据《武昌龙泉山明代楚昭王墓发掘简报》一文，昭王茔园外东西两侧共有5座明墓（东3、西2），西侧2座已发掘，其中一座可能为楚昭王第五位夫人程氏墓，详细资料未发表。

经查阅其他资料，1981年武昌县文物部门参与发掘了昭王茔园西侧一座大型砖石墓，墓主为程氏，女性，扬州人，年三十八卒。该墓早先已被盗掘，但仍出土有金凤冠、金香包等近百件随葬品，这与昭王墓随葬品极少金银的情况形成反差。

据当地老人反映昭王茔园外东西两侧均有"妃子墓"，但都已"打开"。

经对昭王茔园外东西两侧夫人墓进行了实地调查，发现西侧有夫人墓3座，东侧有夫人墓1座，现将调查情况形成如下。

（一）东侧夫人墓

昭王茔园外东侧调查发现一座砖室墓，墓葬保留有墓冢（封土堆），墓冢顶部距离昭王茔园外城垣东墙约45米，该墓处于密林之中，地表被杂草和落叶覆盖，少有人前往。

墓冢为一高出周围地势约3米的土堆，其平面近圆形，直径约24米。墓冢南部已塌陷，暴露出墓室的上部砖砌券顶，墓室朝向与昭王茔园基本一致（图6-5）。

在墓冢周围地表发现有绿釉龙纹瓦当等建筑材料，瓦当龙纹为"五爪龙"，与昭王茔园出土龙纹瓦当基本一致（图6-6）。另在该墓冢以南约10米有大型青石块，石块表面侵蚀、剥落严重，但细看可见人为加工痕迹，根据位置及石块形状，推测可能为墓冢前的石供台，综合判断该墓葬原本地面有建筑物或围墙。

图6-5　东侧夫人墓　　　　　　　　　图6-6　东侧夫人墓地表龙纹瓦当

继续扩大对墓冢周围的调查范围后，墓冢周围地势北高南低，在墓冢东侧发现有砖石围墙基础（图6-7），呈东北至西南走向，以墙基为界，南北地势落差约有1米，沿断断续续保留的墙基及地势落差走向踏查，基本确定了围墙走向及分布。

结合无人机载激光滤波测绘形成的数字高程模型，可以确定墓葬周围原有一圈围墙，呈南北向长方形，围墙东南部及东北部基础保存稍好，东西阔约47米，围墙北部因农业活动平整土地破坏较为严重，南北长度应在64米左右（图6-8）。该围墙院落朝向为144°，与昭王茔园朝向基本一致，墓冢位于围墙院落内的西南角，结合东侧这座墓葬暴露的墓室朝向，三者均在同一朝向，基本可以确认东侧墓葬为昭王的夫人墓。

从墓冢塌陷处观察，墓室内积水严重，深度超过1米，塌陷的砖土倾向墓室内部形成斜坡状。

经深入至墓室进行简单测量，该墓葬为一座长方形单室券顶砖石墓，墓室呈西北至东南向，方向为145°，宽度约3米，长度依据砌砖数量及用砖规格，估测有7米以上，高度应不超过3米，略小于墓室宽度（图6-9）。

墓室内壁满涂一层三合土，长期浸泡在水中的墓壁三合土基本已脱落，墓室后壁

图6-7　东侧夫人墓冢周围砖石墙基

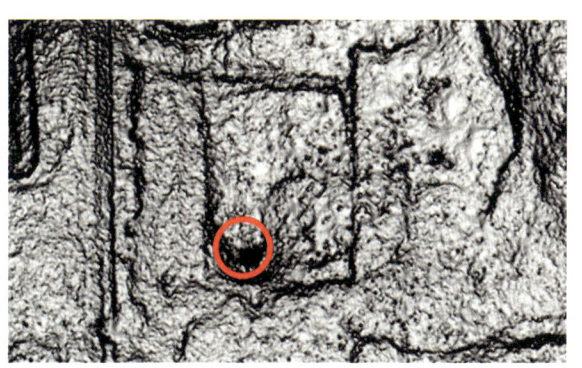

图6-8　东侧夫人墓区域数字高程模型

图6-9　东侧夫人墓内情况

砖墙有部分倒塌，暴露出后部墙体，可见砖体间均用三合土黏合，墓室后壁砖墙为多层结构。

根据塌陷的墓室券顶截面观察，墓壁由内至外分为两层结构，一层为青灰砖错缝竖砌而成的内壁，砖厚约0.1米，砖层外为一层厚约0.4米的三合土层。

另在墓室前部券顶发现有一圆形洞，直径约有1米，应是盗洞，推测该墓早年已被盗掘，而后墓内积水，长期的雨水冲刷浸泡导致墓室前部垮塌对其造成了二次破坏（图6-10）。

因墓室内积水严重，墓内其他结构无法测量，是否有壁龛未可知，但从已发掘的昭王墓室及西侧夫人

图6-10　墓室前部盗洞

墓墓室推测，该墓也应有头龛及东西侧龛。从现场情况来看，墓内随葬品情况不容乐观。

从墓冢所处围墙内位置及朝向分析，该墓冢应并非围墙院落内唯一设施，围墙院落占地面积超过3000平方米，已发现的该墓冢仅占院落面积不足四分之一，且位于围墙院落内的西南一角，在该墓冢东北可能存在其他遗迹，不排除为其他夫人墓的可能性。

（二）西侧夫人墓

根据考古资料，昭王茔园西侧夫人墓于1981年进行了考古发掘，其中一座砖石墓出土墓志等随葬品，可以确认墓主为昭王第五位夫人程氏，但相关考古资料尚未发表。

西侧夫人墓墓冢顶部距离昭王茔园外城垣西墙约110米，西临灵泉寺的东南角。

根据数字高程模型，墓冢平面形状近椭圆形，所处地势北高南低，顶部高出周围地势约有5米，墓冢长约38、宽约28米，依照墓冢顶部形状，又可分为三个东西并列的长条状小冢，推测应是三座并列埋葬的墓葬（图6-11）。

经过现场调查，墓冢地表长满植被，未发现盗洞。三座墓冢中最西侧墓葬已经被挖开，应是1981年所发掘的夫人程氏墓。墓冢南部部分封土应考古发掘工作需要已被取走，暴露出墓室门，考古发掘工作完成后未进行回填，现场已由管理部门建起围墙。围墙内可见北侧为一座墓室的墓门，该围墙应是考古发掘工作完成后管理部门为文物保护工作而建，并非原有墙基复原（图6-12）。

在墓冢前部发现有门槛石、铺地砖、筒瓦、板瓦等建筑材料（图6-13~图6-15），筒瓦及板瓦与昭王茔园建筑材料基本一致，推断墓冢原本应有围墙院落。围墙墙基保

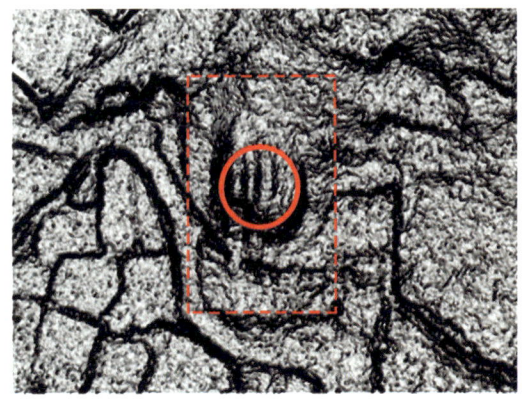

图6-11 西侧夫人墓区域数字高程模型

图6-12 西侧夫人墓现状

图6-13　西侧夫人墓地表筒瓦及板瓦

图6-14　西侧夫人墓冢围墙门道

存较差，仅发现墓冢前部部分门槛石及散落的陶瓦。根据门槛石位置及周围地势落差，可以大致测量原有围墙院落。

院落为南北向长方形，朝向145°，东西阔约48、南北进深约78米，门槛石为围墙院落南门遗存，且正对墓冢中部，墓冢位于院落内中部，整体布局呈中轴对称，进一步肯定了该墓冢为并列三座小冢的推断。

进入围墙院内，即可见墓室的墓门（图6-16）。墓向为144°，与围墙院落、昭王茔园的朝向基本一致。墓门所在即为墓室南壁，为三个并列的长方形石质墓门，两侧墓门略小于中门。三个墓门结构一致，由门楣、立颊及门槛构成。中门洞宽0.73、高1.04米；两侧门洞宽0.68、高0.94米。两侧墓门外侧平齐

图6-15　西侧夫人墓冢前门槛石

门洞为一面砖砌墙，砖墙用平砖错缝顺砌，砖墙后为两扇内开石门，石门后即连接墓室内部，这点与昭王玄宫石门内外均有砖墙的做法不同。中门保存现状为开放式，可直接进入墓室内部，但通过中门门槛后两侧的门枕石判断，原本中门应与两侧一致，均有外侧砖墙与石门（图6-17）。

石质墓门上部用平砖错缝顺砌形成墓室的拱形南壁，南壁上部砖墙应是多层实体结构，内面砌砖方式一致。南壁砖墙外为墓室的券顶，从墓室外观察，券顶为三层"一平一竖"丁砌结构，厚度约0.98米。砖砌券顶外为一层三合土层，厚度为0.4～0.5米。

图6-16 西侧夫人墓墓门

图6-17 西侧夫人墓中门门槛内两侧门枕石

从中门进入墓室内部，三座石门门道进深一致，约1米（含门槛）。门道内外形状不一致，外门道为长方形，内门道为拱形。墓门构筑方式为先在墓底铺设石板，后在石板基础上用石材搭建而成，中门门楣使用整块石材修整而成，而两侧门楣使用两块石材从中间拼接而成，中门与侧门相邻的立颊共用一块石材，但修整为阶梯状，中门立颊略高出0.06米，门道内壁两侧及顶部均向外凿约0.1米（图6-18）。

墓室为平面呈长方形的券顶单室，墓室内部长7.97、宽3.28、高2.85米。在墓室东、西、北壁各有一拱形龛（图6-19）。

图6-18 西侧夫人墓墓室内南壁

图6-19 西侧夫人墓墓室内部（南—北）

墓室地面采用0.38米的方砖错缝平铺而成，铺地砖厚度未能测量，各龛除龛门底部使用条石，龛内地面同样采用该规格方砖平铺。

墓室东、西壁主要采用平砖错缝顺砌的方式砌筑而成，龛顶部拱形使用了部分楔形砖，方砖长0.43、宽0.22、厚0.11米，楔形砖厚度为0.1~0.14米。

西龛呈拱形，进深0.8、宽约1.2、高0.92米，底部砖厚0.12米。砖砌龛门中部留出门洞，门洞高0.55、宽0.44米，门洞上额使用一块条石修整而成，顶部缝隙使用残砖及三合土填充。龛顶使用三层楔形砖"一平一竖"丁砌而成，与墓室券顶砌筑方式一致（图6-20）。

东龛规格与西龛一致，龛门已不存，结合龛内有残砖及龛内壁的三合土黏合痕迹，判断原本应有龛门，与西龛一致。东龛砖壁有火烤痕迹，应是近现代所致（图6-21）。

图6-20　西侧夫人墓西龛　　　　　　　　图6-21　西侧夫人墓东龛

头龛（北龛）进深1.36、宽度3.28、高1.7米，与墓室同宽，底砖厚0.2米。龛门采用单层平砖错缝顺砌而成，中部留有门洞，门洞高0.64、宽0.55米，门洞上额采用一块条形石，长1.1、厚0.22米，石质与西龛门楣条石一致（图6-22）。

墓室内仅存一具棺床，棺床位于墓室中部偏北，长3.11、宽1.76、高0.34米，底座略大于床面。棺床位置距离墓室东、西壁均为0.74米，距离北壁0.87米。棺床由5块条形石材拼接而成，床头及床尾各一块，中部由三块并列拼接。石块拼接处留有约2.5厘米缝隙，可能起到排水作用（图6-23）。

图6-22　西侧夫人墓头龛　　　　　　　　图6-23　西侧夫人墓棺床

总体来看，昭王茔园祔葬情况经实地调查确认了昭王元妃墓及依附于昭王茔园外的夫人墓（西3、东1）。元妃王氏墓位于昭王茔园内部，邻近昭王地宫，未经考古发掘，经抓获盗墓嫌疑人供述，元妃墓早年已被盗掘，墓内出土了金器、墓志铭等随葬品。东、西各有一座夫人墓可窥见内部结构，均为长方形单室砖室墓，西侧夫人墓由挡土墙、封门墙、主室、头龛、西龛和东龛构成，墓壁外层为三合土层，与昭王地宫结构及营造方式基本一致，只是规格稍小。

第七章　昭王相关问题的整理与研究

第一节　藩王制度

一、藩王分封

（一）分封制度

"国事之极大者，莫如宗室。天下之大可忧者，亦莫如宗室。"①为拱卫大明王朝的长治久安，明朝建立之初，朱元璋就开展了一系列的政治改革。关于宗法制度，他认为"先王封建，所以庇民，周行之而久远，秦废之而速亡，汉晋以来，莫不皆然，其间治乱不齐，特顾施为何如尔！要之为长久之计，莫过于此"②。于是，效仿古代分封制，建藩屏，将诸子分封到边防重镇和名都大邑，以达到"上卫国家，下安生民"的目的。

分封制的核心是以宗法制为基础的嫡长子继承制。《皇明祖训》规定：皇帝嫡长子立为皇太子，次嫡子、庶子封为亲王；皇太子嫡长子立为皇太孙，次嫡子、庶子年及十岁封为郡王；亲王嫡长子年及十岁立为王世子，次嫡子、庶子年及十岁封为郡王；郡王子封为镇国将军，孙封为辅国将军，曾孙封为奉国将军，玄孙封为镇国中尉，五世孙封为辅国中尉，六世孙及以下皆封为奉国中尉。皇太子、亲王授以金册、金宝，郡王授以镀金银册、银印。女性宗室也有封爵，皇帝的姑母封为大长公主，皇帝的姊妹封为长公主，皇帝之女封为公主，亲王之女封为郡主，郡王之女封为县主，郡王孙女封为郡君，郡王曾孙女封为县君，郡王玄孙女封为乡君（图7-1）。自公主以上授以金册，郡主以下授以诰命③。

明朝的宗室不仅坐拥丰厚的俸禄，宫室的营造、陵园坟墓的修建、婚丧册封等

---

① （明）俞汝楫：《礼部志稿》卷四十九，四库全书本，第19页。
② 《明太祖实录》卷五一"洪武三年四月辛酉"条，"中央研究院"历史语言研究所，1962年，第999页。
③ （明）朱元璋：《皇明祖训》，明洪武礼部刻本，第34页。

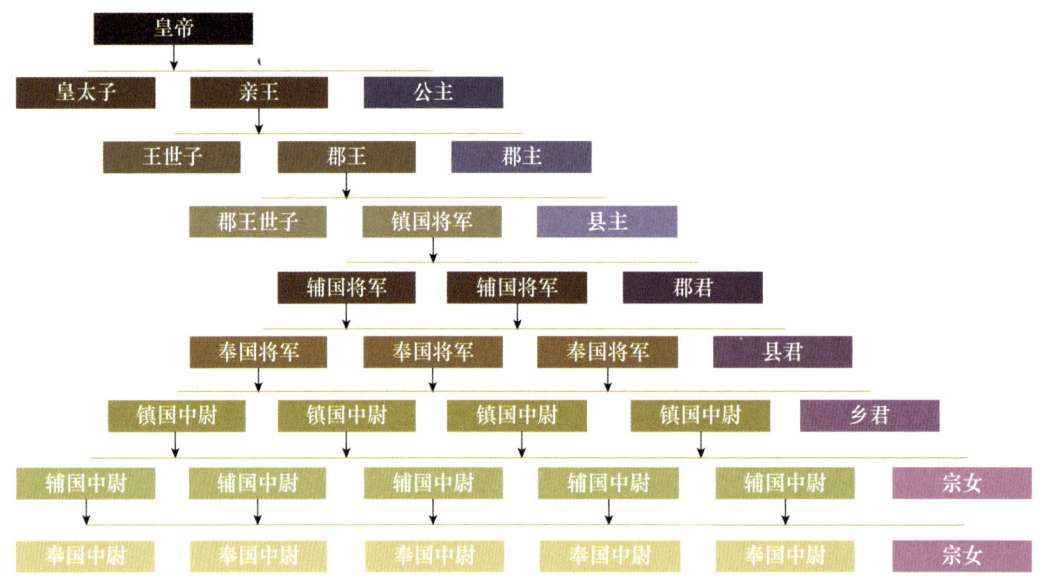

图7-1 明代分封制图

也基本由朝廷开支。明初,宗室成员相对较少,且大多遵纪守法,乐善好施,又能参与到地方管理和对外征战,确实起到了"藩屏帝室"的作用。为加强中央集权,建文帝、永乐帝先后推行削藩政策。此后,藩王的军权、地方政权逐步被剥夺,皇族宗室既不能入仕参政,又不能从事士农工商等产业,成为名副其实的"寄生虫",加之宗室人口的急剧增长,仅宗室的禄米就给国家财政造成了极大的负担。不少宗室还依仗皇族特权在地方巧取豪夺,滋事扰民,严重扰乱了社会安定。最终的结果是,藩王分封制不仅没有按照朱元璋的美好愿景发展,反而拖垮了朝廷,导致大明王朝的彻底覆灭。

(二)藩王权力

藩王是皇权在地方的代表,身份尊贵,地位显赫。《皇明祖训》规定:"凡朝臣奉旨至王府,或因使经过见王,并行四拜礼。虽三公、大将军,亦必四拜。王坐受之。若使臣道路本经王国,故意迂回躲避,不行朝王者,斩。凡王府文武官,并以清晨至王府门候见。其王所居城内布政司、都指挥司,并卫、府、州、县杂职官,皆於朔望日至王府门候见。"①藩王的冕服、车旗、邸第等也仅下天子一等。

---

① (明)朱元璋:《皇明祖训》,明洪武礼部刻本,第17页。

洪武年间，藩王不仅能够干预地方政事，还手握重兵，享有极大的军事特权。其一，王府设有护卫指挥使司，"每王府设三护卫，卫设左、右、前、后、中五所，所千户二人、百户十人，又设围子手二所，每所千户一人"①，供王府调遣的护卫甲士"少则三千人，多者至万九千人"②。洪武二十年（1387年），楚府被调征云南的护卫兵就有六千人③。其二，藩王具有实际的军事指挥权，藩王不仅可以操练军士，还可以领兵作战。楚王朱桢就藩武昌后，多次受命参与西南军事活动。其三，藩王还能够节制、监督地方守镇兵。守镇兵虽然由朝廷指派的守镇官执掌，但守镇兵的调遣既要有朝廷文书，也要有藩王的指令。特殊情况下，如遇紧急情报，藩王也可以直接调遣守镇兵④。

为将功臣宿将的军权转移到朱氏宗族手上，朱元璋不断强化藩王的军事权力。朱允炆继位后，因惧怕藩王手中的权力开始削藩，燕王朱棣因常年征战四方且手握重兵而取得"靖难之役"的胜利，成功夺权。朱棣称帝后，削藩政策以"欲夺先予"的方式延续了下来，藩王逐渐丧失军权、政权，宗室也逐渐沦为"分封而不锡土，列爵而不临民，食禄而不治事"的寄生阶层。

（三）藩王爵禄

明代藩王不仅府邸、坟茔、婚配、丧葬等大额支出由朝廷负担，每年还可以从朝廷领取丰厚的宗禄，即岁禄。洪武九年，初定亲王的岁禄为"米五万石，钞二万五千贯，锦四十匹，纻丝三百匹，纱、罗各百匹，绢五百匹，冬夏布各千匹，绵二千两，盐二百引，茶千斤，皆岁支。马料草，月支五十匹，其段匹，岁给匠料，付王府自造"⑤。当时，受封的藩王还只有九位。到洪武二十四年，藩王人数已增加到二十四位。随着宗室人口的不断繁衍，未来还有更多的郡王、镇国将军、辅国将军、奉国将军、镇国中尉、辅国中尉、奉国中尉等宗室成员（包括女性宗室成员）从朝廷支取禄米。正是意识到了潜在的财政负担，洪武二十八年，朱元璋又重新制定了宗室岁禄标准，为"亲王万石，郡王二千石，镇国将军千石，辅国将军、奉国将军、镇国中尉以二百石递减，辅国中尉、奉国中尉以百石递减。公主及驸马二千石，郡主及仪宾八百

---

① （清）张廷玉等：《明史》卷七十六《志第五十二·职官五》，中华书局，1974年，第1865页。
② （清）张廷玉等：《明史》卷一百十六《列传第四·诸王一》，中华书局，1974年，第3557页。
③ 《明太祖实录》卷一八六"洪武二十年十月甲子"条，"中央研究院"历史语言研究所，1962年，第2788页。
④ （明）朱元璋：《皇明祖训》，明洪武礼部刻本，第40、41页。
⑤ （清）张廷玉等：《明史》卷八十二《志第五十八·食货六》，中华书局，1974年，第1999页。

石，县主、郡君及仪宾以二百石递减，县君、乡君及仪宾以百石递减"①。即便如此，伴随着宗室人口的快速繁衍，宗室禄米的支出也呈几何倍数增长。嘉靖八年（1529年），礼部尚书梁材在《会议王禄军粮及内府收纳疏》中指出，"湖广初封楚府一王，岁支禄米一万石；今增郡王、镇、辅、奉国等将军、中尉、郡、县等主、君并仪宾等至五百八十七位、员，共岁支禄米二十五万九千八百三十石"②。面对巨额的宗室禄米，地方有司已经入不敷出，不堪重负，拖欠宗室禄米现象也是屡见不鲜。据《明世宗实录》记载，嘉靖元年（1522年），"湖广抚按等官以常赋拖欠，蠲免数多，宗藩禄米官军俸粮不足，请动支库贮营建余银，收取武昌盐船商税，借留荆州府抽分料价、太和山香钱各二年，并挈回安庆等处借拨粮米，暂停操备戍守军余月粮，户部覆议，悉许之"③。

岁禄之外，藩王其他的合法收入主要来自皇帝的赏赐，有赐田，也有直接赏赐银钱、实物的。楚昭王因战功卓著、仁厚爱民，在洪武、永乐年间受到了大量封赏。洪武五年（1372年），"以安庆、武昌二府湖池鱼课岁米赐吴、楚、靖江三王，各三千八百石"④。洪武二十二年（1389年），"诏赐楚府、湘府钞各五万锭"⑤。洪武三十五年（1402年），楚王桢辞归，赐"彩币二十表里，钞二万五千锭。其从官赐钞有差"⑥。同年，又赐"周、楚、齐、蜀、代、肃、辽、庆、宁、岷、谷、韩、潘、安、唐、郢、伊、秦、晋、鲁、靖江二十一王各黄金百两，白金千两，彩币四十匹，锦十匹，纱罗各二十匹，钞五千锭"⑦。永乐十四年（1416年），赐楚王"马百匹，鞍辔一副，钞三万锭，纻丝三百定，纱罗各百定，绢千定，胡椒千斤，椰子千个，红白兜罗锦五十二条及红撒哈剌狮子尾等物，赐其从官钞有差"⑧。

---

① （清）张廷玉等：《明史》卷八十二《志第五十八·食货六》，中华书局，1974年，第2000页。
② （明）陈子龙：《皇明经世文编》卷九十九，明崇祯平露堂刻本，第2017页。
③ 《明世宗实录》卷一四"嘉靖元年五月丁卯"条，"中央研究院"历史语言研究所，1962年，第485页。
④ 《明太祖实录》卷七五"洪武五年七月辛未"条，"中央研究院"历史语言研究所，1962年，第1386页。
⑤ 《明太祖实录》卷一九七"洪武二十二年八月庚申"条，"中央研究院"历史语言研究所，1962年，第2955页。
⑥ 《明太宗实录》卷一〇"洪武三十五年七月己亥"条，"中央研究院"历史语言研究所，1962年，第165页。
⑦ 《明太宗实录》卷一〇"洪武三十五年七月乙巳"条，"中央研究院"历史语言研究所，1962年，第169、170页。
⑧ 《明太宗实录》卷一八三"永乐十四年十二月庚申"条，"中央研究院"历史语言研究所，1962年，第1969页。

二、明代宗藩

(一) 明代藩王

据《明史》等记载，有明一代，共册封亲王65位，其中4位亲王登上帝位，即燕王朱棣（明成祖）、郕王朱祁钰（明代宗）、裕王朱载垕（明穆宗）、信王朱由检（明思宗），20位亲王无子承袭除国，6位亲王因事被废，4位亲王在明末清初被杀或不知所踪，其余均有子嗣承袭爵位，且大多延续至明朝灭亡。若加上后裔袭封，有明一代共册封亲王286位[①]（表7-1）。

表7-1　明代藩王分封概况表[②]

世系	齿序	始封王	封爵	传袭情况	封地	备注
太祖	次子	朱樉	秦王	11世15王	陕西西安	
	三子	朱棡	晋王	12世11王	山西太原	
	四子	朱棣	燕王	1世1王	北京	登基称帝
	五子	朱橚	周王	11世11王	河南开封	
	六子	朱桢	楚王	8世9王	湖北武昌	
	七子	朱榑	齐王	1世1王	山东青州	以罪除国
	八子	朱梓	潭王	1世1王	湖南长沙	无子除国
	九子	朱杞	赵王	1世1王	—	早夭除国
	十子	朱檀	鲁王	10世10王	山东兖州	
	十一子	朱椿	蜀王	10世13王	四川成都	
	十二子	朱柏	湘王	1世1王	湖北荆州	无子除国
	十三子	朱桂	代王	12世11王	山西大同	
	十四子	朱楧	肃王	9世9王	甘肃兰州	
	十五子	朱植	辽王	7世8王	湖北荆州	
	十六子	朱㮵	庆王	10世11王	宁夏银川	
	十七子	朱权	宁王	5世4王	江西南昌	
	十八子	朱楩	岷王	10世10王	湖南武冈	
	十九子	朱橞	谷王	1世1王	河北张家口	以罪除国
	二十子	朱松	韩王	12世11王	甘肃平凉	
	二十一子	朱模	沈王	9世8王	山西长治	

[①] 追封亲王及南明册封的亲王不统计在列。
[②] 本表根据《明代藩王陵墓的考古学研究》整理补充，封地为最后封地。

续表

世系	齿序	始封王	封爵	传袭情况	封地	备注
太祖	二十二子	朱楹	安王	1世1王	甘肃平凉	无子除国
	二十三子	朱桱	唐王	9世10王	河南南阳	
	二十四子	朱栋	郢王	1世1王	湖北钟祥	无子除国
	二十五子	朱㰘	伊王	6世7王	河南洛阳	
惠宗	三弟	朱允熥	吴王	1世1王	—	被废除国
	四弟	朱允熞	衡王	1世1王	—	被废除国
	五弟	朱允熙	徐王	1世1王	—	被废除国
成祖	二子	朱高煦	汉王	1世1王	山东惠民	谋反除国
	三子	朱高燧	赵王	11世9王	河南安阳	
仁宗	二子	朱瞻埈	郑王	7世7王	河南沁阳	
	三子	朱瞻墉	越王	1世1王		无子除国
	五子	朱瞻墡	襄王	7世8王	湖北襄阳	
	六子	朱瞻堈	荆王	11世10王	湖北蕲春	
	七子	朱瞻墺	淮王	8世9王	江西鄱阳	
	八子	朱瞻垲	滕王	1世1王	—	无子除国
	九子	朱瞻垍	梁王	1世1王	湖北钟祥	无子除国
	十子	朱瞻埏	卫王	1世1王	—	无子除国
宣宗	二子	朱祁钰	郕王	1世1王	—	登基称帝
英宗	二子	朱见潾	德王	7世7王	山东济南	
	四子	朱见淳	许王	1世1王	—	子早夭除国
	五子	朱见澍	秀王	1世1王	河南驻马店	无子除国
	六子	朱见泽	崇王	7世6王	河南汝南	
	七子	朱见浚	吉王	8世7王	湖南长沙	
	八子	朱见治	忻王	1世1王	—	早夭除国
	九子	朱见沛	徽王	4世4王	河南禹县	
宪宗	四子	朱祐杬	兴王	1世1王	湖北钟祥	长子早夭、次子即帝位
	五子	朱祐棆	岐王	1世1王	湖北安陆	无子除国
	六子	朱祐槟	益王	7世7王	江西南城	
	七子	朱祐楎	衡王	6世7王	山东青州	
	八子	朱祐枟	雍王	1世1王	湖南衡阳	无子除国
	九子	朱祐橒	寿王	1世1王	湖北安陆	无子除国
	十一子	朱祐梈	汝王	1世1王	河南卫辉	无子除国
	十二子	朱祐橓	泾王	1世1王	山东临沂	子早夭除国
	十三子	朱祐枢	荣王	7世6王	湖南常德	
	十四子	朱祐楷	申王	1世1王	—	无子除国

续表

世系	齿序	始封王	封爵	传袭情况	封地	备注
世宗	三子	朱载坖	裕王	1世1王	—	登基称帝
	四子	朱载圳	景王	1世1王	湖北安陆	无子除国
穆宗	四子	朱翊镠	潞王	2世2王	河南卫辉	
神宗	三子	朱常洵	福王	2世2王	河南洛阳	
	五子	朱常浩	瑞王	1世1王	陕西汉中	明末被杀
	六子	朱常润	惠王	1世1王	湖北荆州	清初被杀
	七子	朱常瀛	桂王	2世3王	湖南衡阳	
熹宗	五弟	朱由检	信王	1世1王	—	登基称帝
思宗	三子	朱慈炯	定王	1世1王	—	明末失踪
	四子	朱慈炤	永王	1世1王	—	清初被杀

（二）湖北藩王

明初，湖北属湖广行省。洪武九年，又改置湖广承宣布政使司。今湖北全境基本属于湖广布政使司，境内有武昌府（今武汉市武昌区①）、汉阳府（今武汉市汉阳区）、黄州府（今黄冈市蕲春县）、承天府（今荆门市钟祥市）、德安府（今孝感市安陆市）、荆州府（今荆州市荆州区）、襄阳府（今襄阳市襄城区）、郧阳府（今十堰市郧县）等8府。

湖北凭借得天独厚的自然条件和交通优势，成为明朝分封藩王最多的省份之一。有明一代，湖北地区首封藩王13位，其中实封藩王12位，追封藩王1位。明太祖朱元璋分封藩王4位，为楚昭王朱桢、湘献王朱柏、辽简王朱植、郢靖王朱栋。明仁宗朱高炽分封藩王3位，为襄宪王朱瞻墡、荆宪王朱瞻堈、梁庄王朱瞻垍。明宪宗朱见深分封藩王3位，为兴献王朱祐杬、岐惠王朱祐棆、寿定王朱祐榰。明世宗朱厚熜分封、追封藩王各1位，为景恭王朱载圳、岳怀王朱厚熙。明神宗朱翊钧分封藩王1位，为惠王朱常润。加上后裔袭封和追封，湖北地区明代藩王总共有48位②。藩王封地分别位于武昌府、荆州府、承天府、襄阳府、黄州府、德安府等地。

1. 武汉地区

明朝，武汉全境属湖广布政使司，长江左岸属汉阳府、黄州府，长江右岸属武昌

---

① 府治所在地，后同。
② 本统计数据不含南明所封藩王。48位藩王中，有5位为追封，即岳怀王朱厚熙、襄恭王朱见淓、襄惠王朱祐楬、荆王朱见溥、荆庄王朱载墭。

府，其中武昌府署所在的武昌城还是楚王府、湖广三司、江夏县署所在地，是湖广地区的政治、文化中心。初封于武汉的藩王仅有一位，为太祖第六子楚昭王朱桢，楚藩一脉传八代九王至明末，基本与明朝相始终。

楚王

楚藩首封王为明太祖朱元璋第六子朱桢。生于元至正二十四年。洪武三年，封为楚王。洪武十四年，就藩武昌。永乐二十二年，薨，谥号"昭"。楚藩共存262年，传八世九王，其序为昭王朱桢、庄王朱孟烷、宪王朱季堄、康王朱季塛、靖王朱均鈋、端王朱荣㴋、愍王朱显榕、恭王朱英㷿、定王朱华奎。九王陵寝均位于武汉东湖新技术开发区的龙泉山。

为配合龙泉山的旅游资源开发利用，1990年12月～1991年1月，湖北省文物考古研究所、武汉市博物馆、武昌县博物馆联合对楚昭王墓进行了考古发掘，出土封册、墓志、瓷器、铜镜、铅锡明器等随葬品318件[①]。2019～2020年、2022～2023年，为配合明楚王墓国家考古遗址公园建设，武汉市文物考古研究所对楚愍王茔园进行了考古发掘，基本探明了愍王茔园的建筑结构。

明楚王墓于1956年公布为第一批湖北省文物保护单位，2001年公布为第五批全国重点文物保护单位，2021年公布为首批湖北省文化遗址公园，2022年获批国家考古遗址公园立项。

2. 荆州地区

荆州是楚文化、三国文化的重要发祥地。明朝，荆州基本属湖广布政使司下辖的荆州府。有明一代，初封荆州的藩王有三位，分别是太祖子湘献王朱柏、辽简王朱植和神宗子惠王朱常润。其中辽藩传七世八王，湘藩和惠藩仅传一世。

（1）湘王

湘藩首封王为明太祖朱元璋第十二子朱柏。生于洪武四年。洪武十一年（1378年），封为湘王。洪武十八年（1385年），就藩荆州。建文元年，被诬陷谋反，因惧怕降罪而纵火自焚。惠帝赐谥号"戾"，成祖改谥为"献"，在荆州太晖观旁建衣冠冢。无子除国。

1998年，因墓被盗，荆州博物馆对湘献王墓进行了抢救性发掘。湘献王陵地面建筑基本被毁，仅存一件石碑座和一件须弥座石筵几。封土直径25、高3米。为带墓道的长方形竖穴土坑砖石墓。墓室由门厅、前室、前室左右耳室、中室、后室、后室左右

---

① 湖北省文物考古研究所、武汉市文物考古研究所、武汉市江夏区博物馆：《武昌龙泉山明代楚昭王墓发掘简报》，《文物》2003年第2期。

耳室等组成。出土封册、冠带佩饰、漆木俑、兵器、仪仗用具、锡质明器等随葬品883件（套）[①]。

1956年，湘献王墓被公布为第一批湖北省文物保护单位。

（2）辽王

辽藩首封王为明太祖朱元璋第十五子朱植。生于洪武十年。洪武十一年，封为卫王。洪武二十五年（1392年），改封辽王。洪武二十六年，就藩辽宁北镇。建元年间，改封荆州。永乐二十二年，薨，谥号"简"。辽藩王系共传七世八王，其序为简王朱植、辽王朱贵烚、肃王朱贵煃、靖王朱豪墭、惠王朱恩鐋、恭王朱宠㳛、庄王朱致格、憨王朱宪㸅。除憨王谪死凤阳外，其余七王均葬在荆州西郊的八岭山。

1987年，因多次被盗扰，荆州博物馆与江陵县文物局考古工作人员联合对辽简王墓进行了抢救性发掘。辽简王墓残存东、北、西三面土围墙，占地面积约80亩。封土呈圆形，直径60、高4.5米，为带墓道的砖石墓。墓室长21.8、宽10.6米，由前室甬道、前室、中室甬道、中室、中室左右耳室、后室甬道、后室等组成。出土金银器、铜器、铁器、漆木器、陶器、锡器等120余件[②]。

1956年，八岭山明代王墓群被公布为第一批湖北省文物保护单位。1988年，作为八岭山古墓群的一部分，被公布为第三批全国重点文物保护单位。

（3）惠王

惠王为明神宗朱翊钧第六子朱常润。生于万历二十二年（1594年）。万历二十九年（1601年），封为惠王。天启七年（1627年），就藩荆州。崇祯十五年（1642年），李自成袭破荆州后四处逃亡。顺治三年（1646年）被清廷杀害，享年五十二岁，葬处不明。

3. 钟祥地区

正德十六年（1521）年，明武宗朱厚照驾崩。因死后无嗣，由其堂弟朱厚熜承袭皇位，为明世宗。嘉靖十年（1531年），明世宗取"祥瑞钟聚"之意，将其出生地赐名为"钟祥"，升安陆州为承天府，与北京顺天府、南京应天府并为明朝三大直辖府。有明一代，分封在钟祥的藩王有三位，分别是太祖子郢靖王朱栋、仁宗子梁庄王朱瞻垍、宪宗子兴献王朱祐杬，三藩均只传一世。此外，还追封藩王一位，为明世宗长兄岳怀王朱厚熙。

[①] 荆州博物馆：《湖北荆州明湘献王墓发掘简报》，《文物》2009年第4期。
[②] 荆州地区博物馆、江陵县文物局：《江陵八岭山明代辽简王墓发掘简报》，《考古》1995年第8期。

（1）郢王

郢王为明太祖朱元璋第二十四子朱栋。生于洪武二十一年。洪武二十四年，封为郢王。永乐六年（1408年），就藩钟祥。永乐十二年，薨，享年二十七岁，谥号"靖"。永乐十三年（1415年），与王妃郭氏合葬城东宝鹤山，位于今钟祥市十里回族乡三岔河村。与王妃育有四女，无子除国。

2005年，因屡遭盗扰，湖北省文物考古研究所、荆门市博物馆、钟祥市博物馆等单位联合对郢靖王墓进行了抢救性发掘。郢靖王陵园建筑基本毁坏无存，仅发现部分围墙基址、碑亭基址、棂星门基址、享殿基址和陵园东北角基址。墓冢封土呈椭圆形，长约40、宽约20、高约6~8米。为带墓道的砖石墓，地下玄宫由前室、中室墓门、中室、东西甬道、东西配室、后室墓门、甬道、后室、后室东西壁龛等组成。出土金器、银器、铜器、铅锡器、铁器、玉石器、瓷器、陶器、漆木器等随葬品400余件，其中元青花四爱梅瓶是一件极其珍贵的艺术瑰宝[①]。

2002年，郢靖王墓被公布为第四批湖北省文物保护单位。

（2）梁王

梁王为明仁宗朱高炽第九子朱瞻垍。生于永乐九年（1411年）。永乐二十二年（1424），封为梁王。宣德四年（1429年），就藩钟祥。正统六年（1441年），薨，享年三十岁，谥号"庄"，葬钟祥市长滩镇大洪村。育有两女，无子除国。

2001年，因屡遭盗扰，湖北省文物考古研究所、荆门市博物馆、钟祥市博物馆等单位对梁庄王墓进行了抢救性发掘。梁庄王墓原有内外茔园，现仅存北半部基址。封土直径约25、高约9米。地宫为带斜坡墓道的崖洞砖室墓。墓室分前、后室，前、后室各有一条甬道和一道双扇门。墓内全长15.4、宽7.88、高5.3米。梁庄王墓是一座王、妃合葬墓，随葬金器、银器、玉器、瓷器、铜器、铁器、宝石等5100余件，其中金、银、玉器就多达1400余件，在明代藩王墓中十分罕见[②]。

2008年，梁庄王墓被公布为第五批湖北省文物保护单位。

（3）兴王

兴王为明宪宗朱见深第四子、明世宗朱厚熜生父朱祐杬。生于成化十二年（1476年）。成化二十三年（1487年），封为兴王，封地位于河南卫县。弘治四年（1491年），改封钟祥。弘治七年（1494年），就藩钟祥。正德十四年（1519年），薨，享

---

① 湖北省文物考古研究所、荆门市博物馆、钟祥市博物馆：《郢靖王墓》，文物出版社，2016年。

② 湖北省文物考古研究所、荆门市博物馆、钟祥市博物馆：《湖北钟祥明代梁庄王墓发掘简报》，《文物》2003年第5期。

年四十四岁，谥号"献"，葬松林山。育有两子四女，长子朱厚熙早夭，次子朱厚熜为明世宗。

朱厚熜登基后追封兴献王为"知天守道洪德渊仁宽穆纯圣恭俭敬文献皇帝"，庙号"睿宗"，并按照帝陵规制对陵寝进行升级改建，陵号为"显陵"。世宗皇帝生母圣章皇太后蒋氏病逝后，南祔显陵。整个陵园由纯德山碑、敕谕碑、外明塘、下马碑、新红门、旧红门、御碑楼、望柱、石像生、棂星门、九曲御河、内明塘、祾恩门、陵寝门、双柱门、方城、明楼、前后宝城等组成。显陵不仅是明代帝陵中最大的单体陵墓，"一陵两冢"的陵寝结构在历代帝陵中也是绝无仅有的。

1956年，明显陵被公布为第一批湖北省文物保护单位。1988年，公布为第三批全国重点文物保护单位。2000年，被联合国教科文组织列为世界文化遗产名录。

（4）岳王

岳王为兴献王朱祐杬长子、明世宗朱厚熜长兄朱厚熙。生于弘治十三年（1500年）六月十二日，出生五天即夭折。嘉靖三年（1524年），世宗皇帝追封为"岳王"，谥号"怀"，葬城东清平村双桥山。

4. 襄阳地区

明朝，襄阳基本属湖广承宣布政使司下辖的襄阳府。有明一代，初封襄阳的藩王仅有一位，为仁宗子襄宪王朱瞻墡，传七世八王至明末。

襄王

襄藩首封王为明仁宗朱高炽第五子朱瞻墡。生于永乐四年（1406年）。永乐二十二年，封为襄王。宣德四年（1429年），就藩湖南长沙。正统元年（1436年），移藩襄阳。成化十四年（1478年），薨，享年七十二岁，谥号"宪"。襄藩王系共传七世八王，其序为宪王朱瞻墡、定王朱祁镛、简王朱见淑、怀王朱祐材、康王朱祐楬、庄王朱厚颎、靖王朱载尧、忠王朱翊铭。另庄王朱厚颎追封其祖朱见淓为襄恭王，其父朱祐楬为襄惠王。

据《明襄王墓调查》[①]，除忠王墓、末王墓不详，简王墓在襄城隆中山外，其他六王陵墓均在谷城、南漳交界处的山脉间，其中宪王墓、怀王墓在谷城，定王墓、康王墓、庄王墓、靖王墓在南漳。襄王墓均有祭台、享堂、神道，但大部分被毁。封土堆尚存，残高4~15米，但墓室多被盗扰，随葬品、葬具、人骨基本无存。

1992年，襄宪王墓、襄定王墓被公布为第三批湖北省文物保护单位。

---

① 襄阳市考古队、谷城县博物馆、南漳县博物馆：《明襄王墓调查》，《江汉考古》1999年第4期。

5. 蕲春地区

明朝，蕲春先后属蕲州府、黄州府，为府衙治所。有明一代，分封在蕲春的藩王仅有一位，为仁宗子荆宪王朱瞻堈，传十世十一王至明末。

荆王

荆藩首封王为明仁宗朱高炽第六子朱瞻堈。生于永乐四年（1406年）。永乐二十二年，封为荆王。宣德四年，就藩江西南城。正统十年（1445年），移藩蕲春。景泰四年（1453年）薨，享年四十八岁，谥号"宪"。荆藩王系共传十一世十王，其序为宪王朱瞻堈、靖王朱祁镐、荆王朱见潚、和王朱佑橺、端王朱厚烃、恭王朱翊钜、敬王朱常泴、康王朱常𣵧、定王朱由樊、末王朱慈烟。另和王朱佑橺追封其父朱见溥为荆王，恭王朱翊钜追封其父朱载墭为庄王。

蕲春境内的荆王及宗室墓大多被盗。2007年，位于蕲春县横车镇西驿村王坟山的荆恭王墓及其妻胡氏合葬墓再次被盗，公安部门追回文物84件（套）。2009年，对荆王墓进行清理发掘。封土堆高约4米。不设墓道。墓室为双室墓，单体墓内长3.25、宽1.25、高1.4米，东部为荆王墓，西部为王妃墓。

2014年，明荆王墓被公布为第六批湖北省文物保护单位。

6. 安陆地区

明朝，安陆属湖广布政使司下辖的德安府，为府治所在地。有明一代，分封于安陆的藩王有三位，分别为宪宗子岐惠王朱佑棆、寿定王朱佑榰和世宗子景恭王朱载圳，三王均无子除国。

（1）岐王

岐王为明宪宗朱见深第五子朱佑棆。生于成化十四年。成化二十三年，封为岐王。弘治八年，就藩安陆。弘治十四年（1501年）薨，享年二十四岁，归葬北京，谥号"惠"。无子除国。

（2）寿王

寿王为明宪宗朱见深第九子朱佑榰。生于成化十七年（1481年）。弘治四年，封为寿王。弘治十一年（1498年），就藩四川阆中。正德元年（1506年），移藩安陆。嘉靖二十四年（1545年）薨，享年六十四岁，还葬北京，谥号"定"。无子除封。

（3）景王

景王为明世宗朱厚熜第四子朱载圳。生于嘉靖十六年（1537年）。嘉靖十八年

（1539年），封为景王。嘉靖四十年（1561年），就藩安陆。嘉靖四十四年（1565年）薨，还葬北京，谥号"恭"。无子除封。

三、武汉楚藩

洪武三年，明太祖朱元璋第六子朱桢被封为楚王。从洪武十四年楚王朱桢正式就藩湖广武昌府，到崇祯十六年（1643年）楚王朱华奎被张献忠沉江，楚藩共存262年，传八世九王，分别是昭王朱桢、庄王朱孟烷、宪王朱季堄、康王朱季埱、靖王朱均鈋、端王朱荣㳦、愍王朱显榕、恭王朱英𤐟、定王朱华奎（表7-2）。楚王之下又封郡王十六支，分别为巴陵王朱孟熜、永安王朱孟炯、寿昌王朱孟焯、崇阳王朱孟炜、通山王朱孟爚、通城王朱孟灿、景陵王朱孟炤、岳阳王朱孟燨、江夏王朱孟炬、东安王朱季堞、大冶王朱季堧、缙云王朱荣淋、保康王朱显樟、武冈王朱显槐、宣化王朱华壁、汉阳王朱蕴钄（图7-2）。郡王之下又各封镇国、辅国、奉国将军和中尉，构成了庞大的楚藩宗室。

据《大明楚王圹志》志文，昭王薨逝时（1424年），已育有十子、九女、十五男孙、七女孙，楚藩宗室人口在五十余年间增至四十一人。嘉靖八年，礼部尚书梁材在《会议王禄军粮及内府收纳疏》中指出，"湖广初封楚府一王，岁支禄米一万石；今增郡王，镇、辅、奉国等将军、中尉，郡、县等主、君并仪宾等至五百八十七位、员，共岁支禄米二十五万九千八百三十石"①。百年后，楚藩宗室人口增长了十三倍之多。隆庆、万历之际（1572年），楚王府有"亲王一位，在省，永安等王六位，镇、辅、奉国将军一百九十八位，中尉六百四位，郡县主君四百四十七，庶人四名"②，宗室人口已繁衍至一千两百六十人。崇祯十六年，"八大王屠城之日，令楚宗亲俱灭。投诸江者六千余人，自溺者一千四百余人，释放仆人千余，以助贼势。幸而免者，只有我宗四人而已"③。

考虑到子孙繁衍可能出现的重名问题，朱元璋亲自制定了取字命名原则，即从孙子辈起取双名，双名中的第一个字为辈分字号，朱元璋为每个儿子拟定20个字的辈分字号，楚藩为"孟季均荣显，英华蕴盛容，宏才升博衍，茂士立全功"；第二个字以五行为偏旁，按照"火、土、金、水、木"的顺序拟定，循环往复。

---

① （明）陈子龙：《皇明经世文编》卷九十九，明崇祯平露堂刻本，第2017页。
② （明）王世贞：《弇山堂别集》卷一，中华书局，1985年，第6页。
③ （清）汤铭新、汤盘：《（道光）灵泉志》，湖北人民出版社，2022年，第208页。

表7-2 楚藩亲王世系表

	第一世（第一任）	第二世（第二任）	第三世（第三任）	第三世（第四任）	第四世（第五任）	第五世（第六任）	第六世（第七任）	第七世（第八任）	第八世（第九任）
姓名	朱桢	朱孟烷	朱季堄	朱季埱	朱均鈋	朱荣诚	朱显榕	朱英燿	朱华奎
生年	元至正二十四年（1364年）	洪武十五年（1382年）	永乐十一年（1413年）	永乐二十一年（1423年）	景泰元年（1450年）	成化八年（1472年）	正德元年（1506年）	嘉靖二十年（1541年）	隆庆五年（1571年）
受封/袭封	洪武三年（1370年）	永乐二十二年（1424年）	正统五年（1440年）	正统九年（1444年）	天顺八年（1464年）	正德七年（1512年）	嘉靖十四年（1535年）	嘉靖二十九年（1550年）	万历八年（1580年）
卒年	永乐二十二年（1424年）	正统四年（1439年）	正统八年（1443年）	天顺六年（1462年）	正德五年（1510年）	嘉靖十三年（1534年）	嘉靖二十四年（1545年）	隆庆五年（1571年）	崇祯十六年（1643年）
在位	54年	15年	3年	18年	46年	22年	10年	21年	63年
谥号	昭王	庄王	宪王	康王	靖王	端王	愍王	恭王	定王

第七章　昭王相关问题的整理与研究

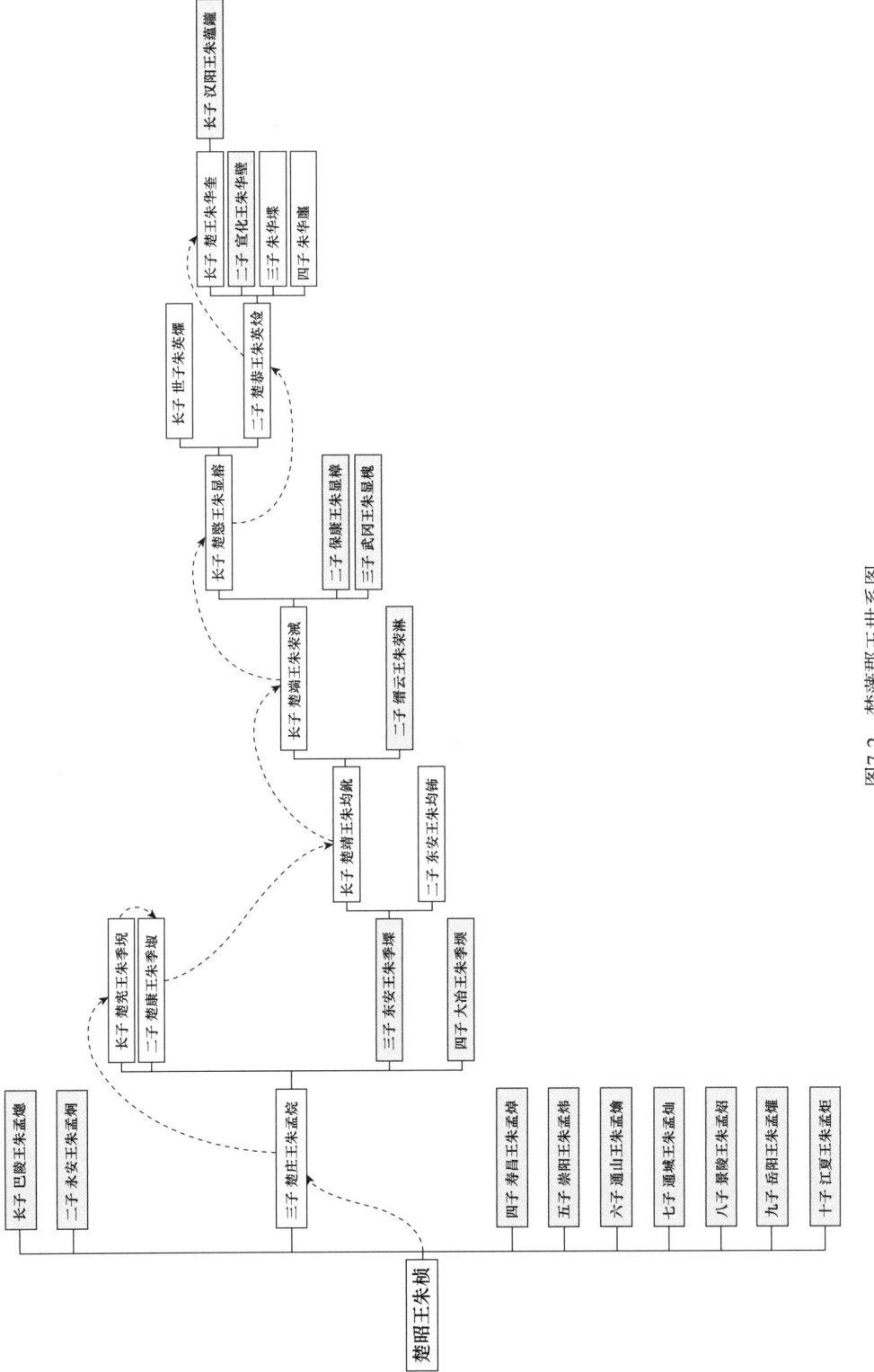

图7-2　楚潘郡王世系图

第二节 昭王生平

一、昭王生卒

（1）出生

朱桢是明太祖朱元璋第六子，也是庶长子，生母为昭敬太充妃胡氏。元顺帝至正二十四年三月初三，生于应天府（今江苏南京）。至正二十三年（1363年），朱元璋在鄱阳湖大战中大败陈友谅，陈友谅中箭身亡，其子陈理退守武昌。朱元璋调兵围追至武昌，以长围久困的方式，于翌年兵不血刃拿下武昌。陈理出降的捷报刚至，又得报六皇子降生，朱元璋大喜，当即决定"子长，以楚封之"[①]。

（2）册封

为巩固朱氏统治，朱元璋在建立明朝后，就推行了分封制，将其子分封到军事重镇世袭镇守。在讨论诸王封地和封号时，朱元璋最初准备将朱桢封为齐王，但金宝铸造了三次都没有成功。后来，朱元璋突然想到，攻破武昌时，曾许诺将楚地封给朱桢，于是又改封楚王，金宝一次就铸成了[②]。洪武三年四月七日，时年七岁的朱桢正式被册封为楚王，授金册金宝。

（3）之国

洪武十四年二月，朱元璋"诏楚王桢之国，赐银二万两、黄金一千六百两、钞二十万锭，其护卫官军赐钞二千二百锭"[③]。四月二十二日，十八岁的朱桢携王妃正式之国湖广武昌[④]。

（4）薨逝

永乐二十二年二月二十二日，朱桢因病薨逝于武昌，享年六十一岁，享国五十四年，以"昭德有劳"，赐谥号"昭"，于同年五月二十八日葬龙泉山[⑤]。按照明朝丧

---

① （清）张廷玉等：《明史》卷一百十六《列传第四·诸王一》，中华书局，1974年，第3570页。

② （清）陈元京修，汪知松、陈正烈纂：《（乾隆）江夏县志》卷五《祠庙》，清乾隆五十九年刻本，第12页。

③ 《明太祖实录》卷一三五"洪武十四年二月丙寅"条，"中央研究院"历史语言研究所，1962年，第2146页。

④ 《明太祖实录》卷一二二"洪武十二年正月庚子"条，"中央研究院"历史语言研究所，1962年，第1974页。

⑤ 据《大明楚王圹志》志文，楚昭王于"永乐二十二年二月二十日以疾薨……于本年五月二十八日葬于国之东南灵泉山之原"。

礼，"亲王丧，辍朝三日"①。但《明太宗实录》和"大明楚王圹志"记载的都是"辍视朝七日"②，足见昭王与成祖的兄弟情深。

二、昭王功业

（一）征战西南

太祖朱元璋在给予藩王尊贵身份、崇高地位和巨大权力的同时，也十分注重诸王个人能力的培养，特别是军事才能。十一岁，朱桢就与皇太子、秦王、晋王、靖江王出游中都，讲武事。十二岁，又与秦王、晋王、燕王、吴王、齐王前往凤阳练兵。昭王碑文言其"文史之余，兼精武事"，史书上也记载了昭王的赫赫战功。十八岁就率领江夏侯周德兴平定了散毛诸洞的叛乱，初露锋芒。二十二岁又率领开国名将信国公汤和、江夏侯周德兴先讨思州蛮叛，又进兵古州，破上黄诸洞，拔擒吴面儿，俘蛮僚四万余人，威震诸蛮③。汤和也向朱元璋称赞其有谋略④。二十四岁率军征讨云南，活捉阿鲁秃，朱元璋赐其"秦马二十匹，黄牛二千头，牦牛一千头，羊九千只，并陕西草场一处"⑤。此后，昭王又多次统帅大军征战，先后平定了西藩、道州、全州、桂阳、卢溪、黔阳、古州等地的叛乱（表7-3）。

表7-3 楚昭王朱桢征战年表

时间	年龄	事件
洪武十四年（1381年）	18岁	率江夏侯周德兴讨散毛诸洞
洪武十五年（1382年）	19岁	讨大庸诸洞
洪武十八年（1385年）	22岁	与信国公汤和、江夏侯周德兴讨思州蛮叛，靖州上黄诸贼、古州五开蛮

---

① （清）张廷玉等：《明史》卷五十九《志第三十五·礼十三》，中华书局，1974年，第1466页。

② 《明太宗实录》卷二六九"永乐二十二年三月癸巳"条，"中央研究院"历史语言研究所，1962年，第2438页。由楚宪王奏请、翰林院撰文、楚康王所立的《楚昭王碑文》记录为"辍视朝三日"，推测是因为碑文撰写于正统年间，撰文者对楚昭王的丧仪情况不甚了解，依据明朝"亲王丧，辍朝三日"的丧葬礼制写作"辍视朝三日"。

③ （清）张廷玉等：《明史》卷三《本纪第三·太祖三》，中华书局，1974年，第42页。

④ 《昭王碑文》记述："十八年夏六月庚子，上命率汤和陶靖州上黄诸贼兵。事竣奏捷，上喜甚。曰：汤和言尔有谋略，真吾子也。"张高荣：《新编灵泉志》，武汉出版社，2006年，第311、312页。

⑤ （明）王世贞：《弇山堂别集》卷六十七，中华书局，1985年，第1270页。

续表

时间	年龄	事件
洪武二十年（1387年）	24岁	讨云南阿鲁秃
洪武二十四年（1391年）	28岁	征西番
洪武二十七年（1394年）	31岁	平道州杜回子、全州叛乱
洪武二十八年（1395年）	32岁	平桂阳山寇
洪武二十九年（1396年）	33岁	平卢溪、黔阳诸洞叛乱
洪武三十年（1397年）	34岁	讨古州叛蛮、黔阳诸蛮

洪武年间，楚王朱桢手握重兵，坐镇武昌，通过一次次的军事行动，平定了诸蛮叛乱，稳定了西南地区的动荡局面，有力地巩固了明朝的统治。太祖朱元璋薨逝后，继任的建文帝、永乐帝或明或暗地推行削藩政策，而削藩政策的核心就是消除藩王的军权，昭王再也没有了征战四方的机会。即便如此，昭王仍心系朝廷社稷安危，永乐七年，与辽府、宁府抽调七千护卫随英国公征剿交趾叛寇①；永乐十五年（1417年），又主动进贡两千匹马，替朝廷分忧②。

（二）仁爱治国

太祖出身贫寒，深知民间疾苦与创业艰难，不仅建大本堂，延请四方名儒教导诸子，还敕撰《宗藩昭鉴录》《永鉴录》等书籍，取前朝藩王善恶事迹，以示法戒。昭王谨遵太祖教导，谨守藩辅之礼，就藩武昌后，曾抄录御注《洪范》《大宝箴》置于座案右侧，时常观之，自警自省。昭王爱恤国人，收成不好之时，自请将禄米减半，缓解农民的压力；听闻山中有虎为患，百姓绕道而行，昭王就亲率卫兵前往驱逐射杀③。在昭王的管理下，境内护卫军也遵纪守法，不敢侵越地方百姓。昭王"恭慎畏事，执守礼法，始终一心，在国四十余年不非理取于民"④，深受地方百姓爱戴。太祖和成祖都称其为贤王。永乐八年，成祖召见楚府文武官，谕曰："朕即位以来，楚王

---

① 《明太宗实录》卷八七"永乐七年正月辛未"条，"中央研究院"历史语言研究所，1962年，第1158页。
② 《明太宗实录》卷一九五"洪武十五年十二月甲午"条，"中央研究院"历史语言研究所，1962年，第2048、2049页。
③ （明）管时敏：《蚓窍集》卷七《射虎行》，明永乐刊本，第3页。
④ 《明太宗实录》卷二六七"永乐二十二年三月癸巳"条，"中央研究院"历史语言研究所，1962年，第2439页。

未尝有越礼踰分之事，能府中间有一二小人作过，悉是其下所为，王无预焉。王素性乐善，秉德奉法，可为贤王，尔等为其官属与有荣矣。"①

永乐二十二年，昭王病重，弥留之际，仍不忘叮嘱诸子守祖宗成法，惟命是从。对世子朱孟烷交代道："太祖皇帝得天下至难，吾保有楚国至今日亦不易，汝勉图忠孝以无忝祖父。"随后，又对其他众子说道"家有宗，国有统。世子，尔曹之宗统也，必与之同心，毋为异同，庶几永保之道。"②在昭王的言传身教下，其子庄王朱孟烷"性敏好学，小心敬慎，始终如一"③，其孙宪王朱季堄"天性明敏，克勤问学，孝友谦恭"④，也得到了地方百姓的尊敬和爱戴，以及朝廷的认可和嘉奖。

三、昭王足迹

（一）武昌城

武昌城是经三国东吴夏口城、南朝宋郢州城、唐宋鄂州城发展而来。洪武三年，朱桢被册封为楚王，封地在湖广武昌府。翌年，江夏侯周德兴奉旨修筑楚王府。因楚王府选址在蛇山中峰高观山南麓，而此前城中的军事行政机关多在蛇山山脊和山北，楚王府理应居于武昌城的中央区域，于是周德兴又奏请朝廷拓建武昌城⑤。扩建后的武昌城"周围三千九十八丈，城垣东南高一丈阔二丈五尺，西北高三丈九尺阔九尺。壕堑周围三千三百四十三丈，深一丈九尺，阔二丈六尺，垛眼四千一百六十八箇，城铺九十三座，城楼一十三座。门曰：大东，小东，新南，平湖，汉阳，望山，保安，竹簰，草埠共九门"⑥（图7-3）。20世纪20年代，武昌城被拆除，仅保留了具有纪念意义的起义门（中和门）。据光绪三十四年（1908年）《湖北省城内外详图》，武昌城的大致范围在

---

① （明）雷礼：《皇明大政纪》卷七，明万历刻本，第35页。
② 《明太宗实录》卷二六七"永乐二十二年三月癸巳"条，"中央研究院"历史语言研究所，1962年，第2439页。
③ 《明英宗实录》卷五八"正统四年八月壬寅"条，"中央研究院"历史语言研究所，1962年，第1123页。
④ 《明英宗实录》卷一〇二"正统八年三月乙丑"条，"中央研究院"历史语言研究所，1962年，第2058页。
⑤ 明代武昌城始修时间有洪武四年、洪武六年两说。《嘉靖湖广图经志书》卷一载："本朝洪武四年，江夏侯周德兴因旧城增筑之。"《明太祖实录》卷八四载：洪武六年，"从江夏侯周德兴所请，筑武昌城"。
⑥ （明）薛刚纂修，吴延举续修：《（嘉靖）湖广图经志书》卷一《司志》，嘉靖元年刻本，第14页。

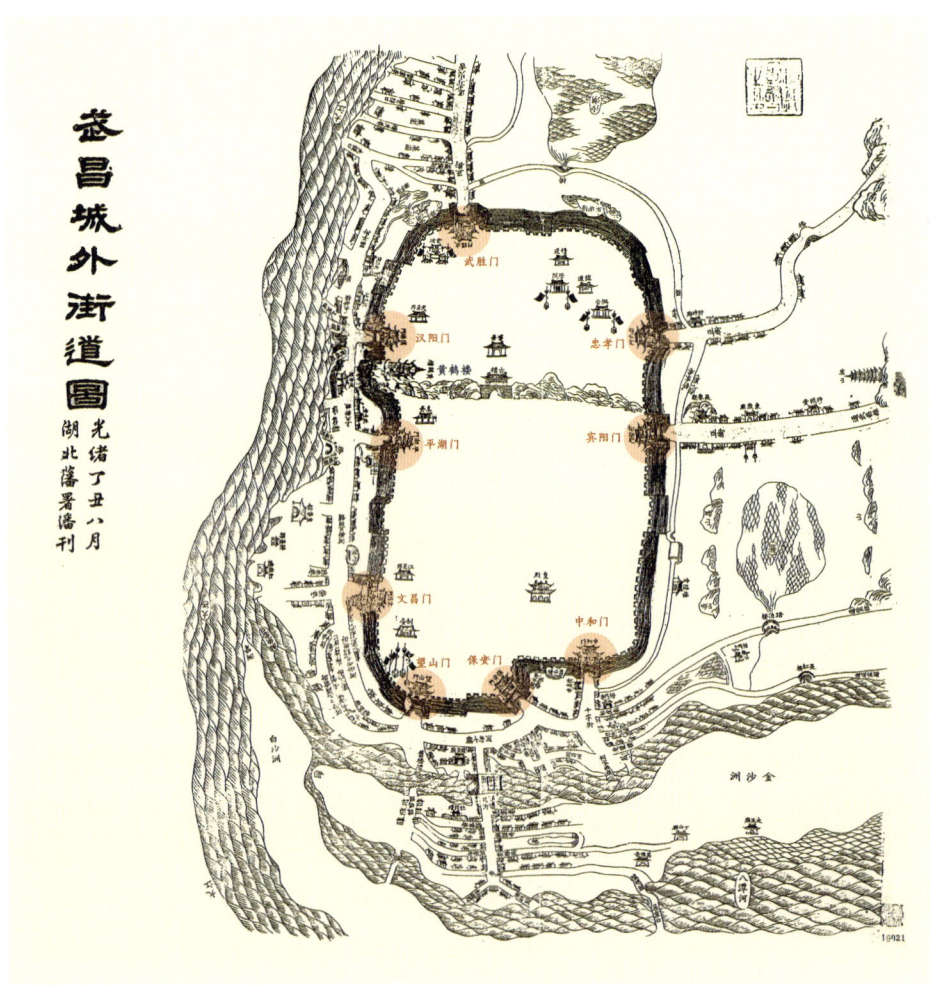

图7-3 清代《武昌城外街道图》

今中山路以南、以西,津水路以北,临江大道以东。

因湖广三司、武昌府、江夏县三级衙门的治所都在武昌城,武昌城又有"湖广会城"之称。此外,它还是楚王府邸、各郡王府邸所在地,府学、县学、贡院、文庙、书院等文化机构,城隍庙、铁佛寺、武当宫等宗教建筑也都在城内。

2006年,在武昌区津水路道路扩建工程中,于起义门外发现古城墙遗迹,经发掘清理,揭露出起义门的瓮城城墙,瓮城呈南窄北宽的梯形,南墙长37、厚3~3.5米,北墙长38.5米,东墙长15、厚5.7米,西墙长14.5、厚3米。南墙中间的城门宽7米[①]。2017年,在武汉地铁5号线昙华林站与和平大道南延(中山路—张之洞路)建设项目

---

① 武汉市文物考古研究所:《武昌起义门前的城墙发掘与清理》,《武汉文博》2007年第4期。

的民房拆除工程中武胜门遗址被发现。经武汉市文物考古研究所发掘清理，武胜门瓮城东西宽59、南北进深53米，为内外包砖结构（图7-4）。2023年，武汉市文物考古研究所在武昌船厂及周围地块开展考古调查、勘探，发现了文昌门城墙及护城河遗址。

图7-4　武胜门遗址正射影像图

（二）楚王府

楚王府是楚王在藩国内居住的官邸。洪武三年朱元璋分封诸王数月后，即命令工部尚书张允自翌年起营建诸王府。经八年营造，楚王府于洪武十二年建成①。

明代亲王府的规模、形制、装修标准等都有明确的规定。据《明史》记载："亲王府制。洪武四年定，城高二丈九尺，正殿基高六尺九寸，正门、前后殿、四门城楼，饰以青绿点金，廊房饰以青黛。四城正门，以丹漆，金涂铜钉。宫殿窠栱攒顶，中画蟠螭，饰以金，边画八吉祥花。前后殿座，用红漆金蟠螭，帐用红销金蟠螭。座后壁则画蟠螭、彩云，后改为龙。立山川、社稷、宗庙于王城内。七年定亲王所居殿，前曰承

---

① "十二年，诸王府告成。"（清）张廷玉等：《明史》卷六十八《志第四十四·舆服四》，中华书局，1974年，第1670页。

运、中曰圆殿，后曰存心；四城门，南曰端礼，北曰广智，东曰体仁，西曰遵义……九年定亲王宫殿、门庑及城门楼，皆覆以青色琉璃瓦。又命中书省臣，惟亲王宫得饰朱红、大青绿，其他居室止饰丹碧。十二年，诸王府告成。其制，中曰承运殿，十一间，后为圆殿，次曰存心殿，各九间。承运殿两庑为左右二殿，自存心、承运，周回两庑，至承运门，为屋百三十八间。殿后为前、中、后三宫，各九间。宫门两厢等室九十九间。王城之外，周垣、西门、堂库等室在其间，凡为宫殿室屋八百间有奇。"①

地方志也载有楚王府的相关情况。《（嘉靖）湖广图经志书》云："楚王府，在司东南一里，洪武三年建府，周围甃以砖城，城下为池，外为红墙。为四门，南曰端礼，东曰体仁，西曰遵义，北曰广智。"②《（乾隆）江夏县志》载："楚王故宫，在高观山下，前临大朝街，左阅马厂，右长街。宫广二里，袤倍之，瓦石为城，内二山，东曰紫金，西曰梅山。明季兵燹，殿寝池馆俱为灰烬，所传旧制仅正阳、端礼、东华、西华、后宰诸门及梳妆台而已。"③由此推测，楚王府的具体位置大致在今蛇山以南、复兴路以北、阅马场以西、解放路以东区域。楚王府有内外两重城垣，内城称王城，为砖墙结构，设东南西北四门，分别为体仁门、端礼门、遵义门、广智门。王城内宫殿为"前朝后寝"的中轴对称布局，主殿为承运殿，其后为圆殿、存心殿。宫殿后为寝殿，依次为前、中、后三宫。外城称红墙或萧墙，为夯土墙，也设有四门，南门为灵星门，其余三门同王城门名。

楚王府是明朝武昌城的绝对中心，也是历任楚王活动的核心区。崇祯十六年，张献忠攻占武昌，楚王府被毁。如今，楚王府仅存梳妆台、八卦井、双眼井等几处遗迹。

（三）楚望台

楚望台位于武汉市武昌区津水路、起义门东侧的梅亭山上。元末，朱元璋攻占武昌，曾驻扎于此，朱桢降生，又逢陈理投降，大喜之下的朱元璋当即许诺"子长，以楚封之"。洪武三年，朱元璋正式分封朱桢为楚王，在梅亭山上立"分封御制碑"，建"封建亭"。朱桢就藩武昌后，不忘父恩，常在此遥望帝都，故名"楚望台"。

---

① （清）张廷玉等：《明史》卷六十八《志第四十四·舆服四》，中华书局，1974年，第1670页。

② （明）薛刚纂修，吴延举续修：《（嘉靖）湖广图经志书》卷一《司志》，嘉靖元年刻本，第15页。

③ （清）陈元京修，范述之纂：《（乾隆）江夏县志》卷十五《古迹》，清乾隆五十九年刻本，第4页。

(四)宝通禅寺

宝通禅寺位于武汉市武昌区武珞路、洪山南麓,是武汉四大佛教丛林之一。宝通禅寺始建于南朝刘宋年间(420~479年),初名"东山寺"。唐贞观年间(627~649年)扩建,改名"弥陀寺"。南宋端平年间(1234~1236年),随州大洪山的幽济禅院迁至弥陀寺,两寺合一,朝廷赐名"崇宁万寿禅寺"。

洪武十六年(1383年),楚王朱桢奏请朝廷重建寺庙,并延请高僧龙门海禅师为住持,重开山门。为表孝心,又召集千余僧人在崇宁万寿禅寺为薨逝的马皇后做普度大会。明成化二十一年(1485年),楚靖王又奏请宪宗皇帝敕赐"宝通禅寺"。此后,宝通禅寺又几经损毁、重修、扩建,现存殿宇多为同治四年(1865年)至光绪五年(1879年)修建。目前,宝通禅寺内还保存有南宋"万斤钟"、摩崖石刻,元代洪山宝塔,明代石狮和清代藏经等文物。

(五)九峰寺

九峰寺位于武汉市洪山区九峰山狮子峰下。洪武十六年,楚昭王朱桢在崇宁万寿禅寺(今宝通禅寺)为马皇后做普度大会时结识应山宝林寺无念禅师。因仰慕其道行,为将其留在身侧,昭王许诺为其新修禅定之所。两人不谋而合看中了九峰山。九峰寺始建于洪武二十四年,洪武二十七年(1394年)落成。昭王随即迎无念禅师为住持,并时常至九峰寺与大师谈经论道。洪武二十八年,太祖朱元璋闻其名,召见了无念禅师,并赐赠金钵盂、净瓶、袈裟等器用。后又赐御制诗文一轴,赐寺名"九峰正觉禅寺"。

洪武三十年,无念高徒胜学和尚在狮子峰前的石崖上开龛,将太祖朱元璋召见无念禅师的经过和御赐的《题僧无念九岁出家》《舟归武昌》《武昌归隐》《怀僧无念物赐松实诗》《赐僧无念诗》五首诗镌刻其上,即"御制谕僧无念"石刻。永乐三年,无念禅师圆寂,其弟子又在石刻旁开龛,刻无念禅师的画像以为纪念。明末,九峰寺毁于战火,现仅存无念禅师像以及"御制谕僧无念"石刻。

(六)卓刀泉

卓刀泉位于武汉市洪山区卓刀泉路、伏虎山西南麓。相传,东汉末年,关羽在此驻兵,因天旱无水,兵干马渴,关羽情急之下,以青龙偃月刀卓地,顿时水涌成泉。

宋代，为纪念关羽，修建"御泉寺"。明初，楚昭王朱桢到此游玩，饮泉水，泉水味甘如醴，昭王心情愉悦，大为赞赏。后来，为此泉筑井台、修石栏、建井亭，并亲书"卓刀泉"三字，刻于石栏上，卓刀泉由此得名。太平天国时期，寺庙大部分建筑毁于战火。咸丰八年（1858年）重建。现存建筑多为民国时期修建。

第三节 昭王墓相关问题讨论

一、明楚昭王碑文发微

（胡　琳　张　剑　邱伟华）

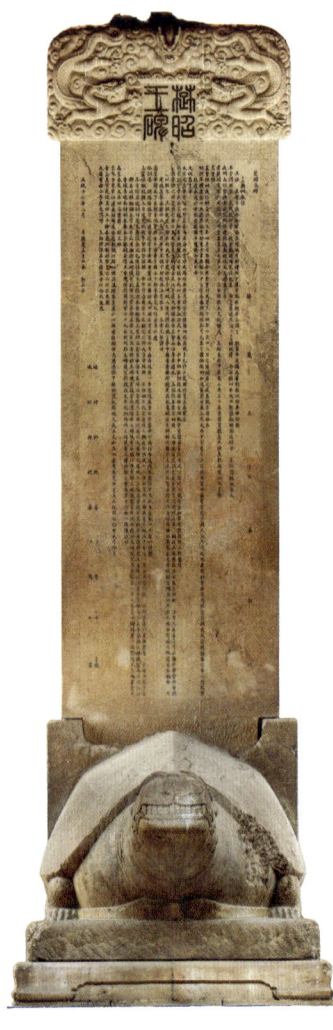

图7-5　楚昭王碑正面全景

楚昭王朱桢为明代楚藩第一任楚王，其生于元至正二十四年，洪武三年封为楚王，洪武十四年就藩武昌，薨于永乐二十二年，春秋六十有一，享国五十四年。朱桢于洪武朝镇守湖广、以藩屏国，于靖难之役时保持中立、明哲保身，于永乐朝忠事朝廷、治国一方，明太祖朱元璋、明太宗（成祖）朱棣皆称之为贤王。至明英宗正统朝，由其孙楚宪王朱季埱向朝廷奏请为其"立碑表扬先德"，朝廷允之，开明朝建国以来后世藩王为先王立碑颂德之先河。后世文献和当今学者对楚昭王碑多有记载和研究，但关于楚昭王碑文的记载偶有错漏，也有错误引用廖道南所作《楚纪》之《楚昭王》篇为昭王碑文，甚至有昭王碑文共两篇且分别錾刻于碑身正面和背面之说。

2023年，武汉市文物考古研究所对楚昭王碑（图7-5）做了全景数字化三维扫描，经逐一辨认碑身文字，加之与历史文献相印证，最终整理出楚昭王碑全文。本节拟考证昭王茔园立碑始末，结合碑文记载分析楚昭王朱桢生平事迹和楚藩对灵泉山的经营，并将楚昭王碑文和《楚纪》中关于楚昭王的记载内容完整记录，以便于专家学者开展后续研究工作。

（一）立碑始末

按《明英宗实录》所载，楚昭王碑为第三任楚王朱季埱向明英宗奏请且经朝廷准许所立之功德碑，开明朝建国以来之先例。在此之前，第三任靖江庄简王朱佐敬于明正统二年向朝廷奏请，为其父（第二任靖江悼僖王）朱赞仪立碑，朝廷不允。

> 乙亥，书复靖江王佐敬曰："得奏欲为悼僖王立碑，以彰懿行，具见王之孝诚。因命礼部稽洪武、永乐间例，皆无亲王及郡王立碑者。故不敢从王所请，王其知之。"①

明英宗以未有先例，驳回了靖江王朱佐敬为其父朱赞仪"立碑以彰懿行"之举，但楚宪王于正统七年向朝廷奏请为其祖昭王、其父庄王立碑以"表扬先德"时，明英宗却欣然允之。

> 仰惟太祖高皇帝封建楚国，昭王、庄王世有令德。宗藩之贤，楚为首称。叔自袭封，恭谨茂著。兹以孝闻，谅足匹休前人，仪式宗藩②。
> 丙戌，楚王季埱奏欲于昭园、庄园立碑，表扬先德。上从之，复书曰："此孝子慈孙当然之义，叔文学迈众，且素得于侍下，目见者最详，且实于自撰述为宜，或授事实于府中儒臣，俾之代述，亦皆宜也。"③
> 礼部尚书胡濙等言："曩者，楚王季埱奏欲立昭、庄二园碑。朝廷令王自述，或府中儒臣代王述。今王复言：'臣与本府儒官俱学浅才疏，制作不足以表扬先德，乞请名儒撰文。'"上曰："文令翰林院代撰，碑令王自立。"④

英宗以未有先例，禁止了靖江王朱佐敬为其父朱赞仪立碑，却认为楚宪王朱季埱

---

① 《明英宗实录》卷三七"正统二年十二月乙亥"条，"中央研究院"历史语言研究所，1962年，第718页。
② 《明英宗实录》卷八九"正统七年二月乙卯"条，"中央研究院"历史语言研究所，1962年，第1798页。
③ 《明英宗实录》卷九四"正统七年七月丙戌"条，"中央研究院"历史语言研究所，1962年，第1903页。
④ 《明英宗实录》卷九九"正统七年十二月甲辰"条，"中央研究院"历史语言研究所，1962年，第1997页。

为昭王、庄王立碑是"孝子慈孙当然之义"。与靖江王藩系相比，楚藩为明太祖朱元璋亲支，且经楚昭王、楚庄王在楚地两代辛苦经营，朝廷对楚藩印象极佳。加之楚宪王朱季埄也是一代贤王，明英宗也多次对其进行嘉奖。因此，当楚宪王朱季埄奏请为昭王立碑之时，得到了明英宗的首肯，并认为楚宪王文学出众，且常伴昭王左右，对昭王功绩所见最为详实，建议由其亲自撰文或由府中儒臣代撰。而楚宪王甚是谦恭，表明自己和府中儒臣均才疏学浅，请求由朝廷名儒撰文。英宗遂让翰林院选人撰文，而碑则由楚宪王自立。

正统八年三月初十日，楚宪王朱季埄去世，享年31岁。朱季埄无嗣，正统九年（1444年）四月，其弟黔阳王朱季塛以"兄终弟及"的方式进封楚王。当年九月，翰林院终于写好了楚昭王和楚庄王两代楚王茔园的碑文。

> 甲子，书复楚王季塛曰："承喻宪王尝请立昭园、庄园碑，已命儒臣代撰文，并碑额附去，可量宜砻石镌刻，叔其亮之。"①

当朝廷将楚昭王碑文撰好后，并与碑额一齐遣人送达，让楚王"量宜砻石镌刻"之时，请旨立碑的楚宪王朱季埄已经薨逝，楚昭王碑终于在正统十二年由第四任楚康王朱季塛树成。为避讳帝陵"神功圣德碑"置于神道中轴线上之规制，楚昭王碑地处昭园外神道东侧，位于楚昭王茔园正门东南约30米处。

（二）楚昭王碑录文

楚昭王碑

孙楚王季塛奉敕撰

季塛无似永惟，王祖、王考至德令行，昭园、庄园未有树碑，昕夕靡宁。敬述梗概，上闻于朝，冀于文儒为著，刻辞以贻来世。仰荷玉旨，谓：国家先代陵碑，皆后圣亲述，用克详也。爰命季塛，自述其词。臣季塛俯伏膺命，不敢以不文不勉，谨序昭园之碑曰：

王祖讳桢，姓朱氏，大明太祖、圣神文武钦明启运俊德成功统天大孝高皇帝、孝慈昭宪至仁文德承天顺圣高皇后之第六子，生母昭敬太充妃胡氏。王祖生于甲辰岁三月三日，英资伟质，聪慧出伦，天性端重，幼而喜学，皇

---

① 《明英宗实录》卷一二〇"正统九年八月甲子"条，"中央研究院"历史语言研究所，1962年，第2427、2428页。

曾祖、皇曾祖妣咸所钟爱。洪武三年四月七日，受金册、金宝封为楚王，十四年四月廿二日之国湖广之武昌。既至，惓惓奉祖训，率礼度。留心典籍，靡他嗜好。书十事座侧，旦夕自警。恭慎俭约，恒存省己。直言谠论，听纳如流。鉴前古藩王之失，府中官属，皆出廷授，未尝外通宾客。爱恤国人，恒恐伤之。地产之利，率推畀民，不受贡献。岁歉，尝减禄米之半以纾民。军校遵奉戒约，毋敢侵越。国中怀德，如戴父母。

太祖高皇帝、太宗文皇帝皆称曰贤王。名马及海外贡珍之赐，殆无虚月。时宗室诸藩洲地商税多已停止，楚国仍旧，盖嘉宠尔。仁宗昭皇帝在春宫，敬爱之厚，每湖广三司官辞，必戒以善事贤叔。洪武中，屡奉命率师征铜鼓及安福古州叛蛮。宏谟睿略，所至成功。岁时入觐，褒赉加厚，及其从臣，并荷荣赐。太宗常谕之曰："楚国之安，由王之贤。岂资辅导？若庇汝等获久于禄，亦由王贤。而汝等幸遇也。"

王祖性至孝，自幼侍父母。遇有疾，恒色忧。居丧，哀毁踰礼。忠事朝廷，夙夜惟敬。治家严整，训励王考兄弟及季埛等，必务于学，尝作家训以贻之。

王祖文史之余，兼精武事，不惑于邪。全州妖人进所撰经忏，言梦中无量寿佛所授。虑其乱众，械送京师斩之。国中文武之臣，贤者礼之终身，虽死犹恤其家。长史管时敏有辅翼功，其病也，两命驾视之。既没，哀之恸，命王考视其葬。

永乐廿二年二月甲子，不豫。丁卯，起沐浴更衣，召王考兄弟谕曰："高皇帝得天下良艰，吾保楚国亦不易。吾享国五十余年，无毫发玷。若等必遵祖训，忠朝廷，务保守之道。苟违吾言，吾死有灵，必不尔佑。"又曰："国必有君，家必有长，而后齐一。吾没后，庶事必咨禀世子，而行勿违。"戊辰，薨，语不及他事，春秋六十有一。

讣闻，上震悼，辍视朝三日，遣丰城侯李贤赐祭，谥"昭"。命有司治丧，宗王及朝之公卿大臣皆致祭。王祖妣王氏，定远侯王弼之女。洪武十二年正月四日册为楚王妃，三十年十一月五日薨。今从王祖，合葬江夏县灵泉山之原。

子男十：长王考讳孟烷，嗣封楚王，薨，谥"庄"。次巴陵悼简王孟熜，次永安懿简王孟烱，次寿昌安禧王孟焯，次崇阳王孟炜，次通山王孟㷏，次通城王孟灿，次景陵王孟炤，次岳阳悼惠王孟爚，次江夏王孟炬。女九：长华容郡主，嫁仪宾马注。次沅江郡主，次临湘郡主，皆先卒。次清湘郡主，嫁仪宾耿琇。次云梦郡主，亦先卒。次安乡郡主，嫁仪宾魏宁。次傂阳郡主，嫁仪宾张鉴。次兴宁郡主，嫁仪宾葛隆。次祁阳郡主，嫁仪宾李澄。

孙男二十五：长季坦，今嗣封楚王。次黔阳王季埱，东安王季堁，季堧未封。嗣永安王季塾，嗣岳阳王季境。余镇国将军。女十九：长新化郡主，嫁仪宾刘献。次先卒。次湘乡郡主，嫁仪宾王谦。余县主。曾孙男十六，女八。

敬陈诗曰：高皇奉天，大正四海。肃肃昭王，维皇之子。茫茫江汉，爰初赐履。秉德执诚，以绥以理。温温靖恭，翼翼小心。维孝颙颙，维忠湛湛。临下维和，莅祀维钦。允武且文，如玉如金。奕奕楚邦，实奠南纪。时叙物丰，风厚俗美。帝嘉其贤，民被其祉。五十余年，愍终犹始。灵泉之山，瑶琨在园。大君有命，小子无文。呜呼王祖，陟降在天。锡监垂祚，裕我后昆。

正统十二年三月日，孙楚王季埱奉勅立石。迪功郎纪善，臣管延枝篆额。迪功郎纪善，臣马纯书。

以上为昭王碑全文1200余字，由笔者分析释读，并做断句。

（三）《楚纪》载《楚昭王》原文

楚昭王

昭王讳桢，太祖高皇帝第六子也。母昭敬充妃胡氏，生王于甲辰三月三日。王天资凝重，英睿夙成，高皇后特钟爱之。洪武三年夏四月乙丑，上命封为楚王。四年春二月甲子，入大本堂读书。九年冬十月丁卯，之国武昌。皇太子率诸王公、文武群僚饯于龙江。十一年春，随皇太子往谒皇陵于凤阳。十二年夏四月丁酉，上赐经史国籍，王诵而有得，乃录《御注洪范》及《大宝箴》于座右，以时玩警。是岁十二月，随皇太子入文华殿，听儒臣进讲。

十四年五月丁未，上命率江夏侯周德兴讨散毛诸洞蛮夷。十五年春正月丙午，复讨大庸诸洞蛮夷。十八年夏六月庚子，命率汤和讨靖州上黄诸蛮夷吴回儿等，事竣奏捷，上喜甚，曰：汤和言尔有谋略，真吾子也。二十年秋九月甲戌，上赐《祖训录》。冬十月，往讨云南阿鲁秃，遁走武关，至廊州擒之。二十二年肇建宗人府，上命王署之。二十四年，往征西番。二十七年道州杜回子叛，命讨平之。是年，复讨全州叛贼。二十八年复讨桂阳山寇，平之。二十九年八月丁亥，卢溪黔阳诸洞蛮夷叛，王出师自沅州伐山逾阻，至天柱山，深入苗塞平之。三十年三月壬午，荧惑入太微，上敕曰："自古及今，有土有国者，务谨身心，观天道，察人事，罔敢自暇自逸。盖人事作于下，则天道应于上，可不谨哉！吾谕尔久矣。周天列宿，五星出入，洞烛休咎，以修人事。近荧惑入太微，况太微居翼轸，楚分野也。太微为天庭，五星无故而入，灾必甚焉。且荧惑径入而东往，犹之可也。今顺入而逆出，已八十日矣。在内庭十日，占有妨君者，有妨后者，有妨相者，矧八十日乎。尔冢子悼简王忽因疾云逝，天象岂虚示哉！尔其省愆慎德，以回天意。"王受命惟谨惴焉，不敢自懈，乃书十事曰：尊朝廷，守祖训，敬神明，作藩屏，顺人心，友兄弟，防边境，练军士，谨钱谷，畜马乘，以无忘高皇之光训。五月乙卯，命同湘王征古州蛮林小厮，敕曰："近蛮夷倡乱，尔能与民同忧，率护卫军马亲往征之，岂不称为贤王？夫尊居王位，安享富贵，凡宫室、衣服、舆马，皆民力所供，若能奋威武，除民患，山川鬼神亦将助顺矣！尔其钦承。"七月辛巳，复命征清平黔阳诸蛮，平之。

三十二年五月庚寅，封王嫡子孟烷为楚世子。永乐元年春正月戊戌，成祖召王为宗人府左宗正。二十二年春正月戊辰，王薨。上遣丰成侯李贤赐祭葬，谥曰昭。

嗣孙宪王撰碑系以诗曰："高皇奉天，大正四海。肃肃昭王，维皇之子。茫茫江汉，爰初赐履。秉德执诚，以绥以理。温温靖恭，翼翼小心。维孝颙颙，维忠湛湛。临下维和，莅众维钦。允武允文，如玉如金。奕奕楚邦，实奠南纪。时叙物丰，风厚俗美。瑶崐在园，帝嘉其贤。民受厥祉，嘏祀有愆。呜呼祖考，陟降在天。锡监垂祚，裕我后昆。"①

以上为《楚纪》卷六《国基内纪后篇》中关于楚昭王的记载，全文800余字，由笔者分析释读，并做断句。文中"九年冬十月丁卯，之国武昌"记载有误，或为作者记述错误，此文不考。

（四）缘何有两篇楚昭王碑文

按龙泉山风景区管理处所藏《朱氏宗谱》记载，楚昭王碑文共两篇。一篇为楚宪

---

① （明）廖道南：《楚纪》卷六《国基内纪后篇·楚昭王》，中国国家数字图书馆影印本，第1~4页。

王朱季堄所撰《楚昭王碑文》，主要记载昭王的德行和朝廷对昭王的褒扬与赏赐，文后还有大量篇幅记录楚藩世系①。另一篇为《昭王碑文》，主要记载昭王出生、母妃、受封、性格、军功、薨逝、谥号等事迹，文中用大量篇幅记载昭王对外军事征战活动和明太祖朱元璋对昭王的告诫②。两篇碑文亦同时收录于张高荣主编的《新编灵泉志》之中③。楚宪王朱季堄所撰《楚昭王碑文》现刻于楚昭王碑身之上，且收录于清《（康熙）湖广武昌府志》之中④。据笔者所考，另一篇《昭王碑文》最早见于明嘉靖二十五年廖道南所作《楚纪》卷六《国基内纪后篇·楚昭王》，亦收录于《（康熙）湖广武昌府志》之中⑤，而后《朱氏宗谱》对其进行录入，最后被收录于《新编灵泉志》之内。

楚宪王朱季堄所撰《楚昭王碑文》记录在《（康熙）湖广武昌府志》卷十一《艺文·碑》篇，开篇即写"楚昭王碑文，在灵泉山，楚王季堄撰"。廖道南所作《楚纪》卷六《国基内纪后篇·楚昭王》未收录在《（康熙）湖广武昌府志》卷十一《艺文·碑》篇中，却收录于卷二《封建志》之中，主要讲昭王受封建国之事。按《（康熙）湖广武昌府志》所载，楚昭王碑仅楚宪王朱季堄所撰一篇碑文，《朱氏宗谱》和《新编灵泉志》所载《昭王碑文》，其源于廖道南《楚纪》对楚昭王的生平记述，而不是楚昭王碑文。

由此可知，现传世的楚昭王碑文仅宪王朱季堄所撰《楚昭王碑文》一篇，那史载明英宗已令翰林院撰好的楚昭王碑文又是何内容呢？从《楚纪》的记录内容，或可推知一二。

《楚纪》由明代廖道南所撰，共60卷，约90万字，书成于嘉靖二十四年，主要记载明代湖广地区从远古直至明代嘉靖时期的史事。廖道南为正德十六年进士，授经筵日讲同修、国史奉直大夫、翰林院侍讲学士，其"法从编摩史馆者凡二十年，供奉讲筵者又十六年"⑥。职务之便为其编纂《楚纪》提供了有利条件，其编写明代的史事主要参考了明代各朝国史。《楚记》卷六《国基内纪后篇》开篇即记录楚藩自建藩到嘉靖中期的昭王、庄王、宪王、康王、靖王、端王、愍王等七任楚王生平事迹。《国基内纪后篇·楚昭王》主要记载了楚昭王讨诸洞蛮夷、剿灭靖州上黄诸蛮夷吴回儿、擒云南阿鲁秃、平杜回子、征剿古州蛮林小厮⑦等十次藩屏国家的军事行动，同时也着重

---

① 《朱氏宗谱》卷一《楚昭王碑文》，龙泉山风景区管理处藏，第13~17页。
② 《朱氏宗谱》卷一《昭王碑文》，龙泉山风景区管理处藏，第17~19页。
③ 张高荣：《新编灵泉志》，武汉出版社，2006年，第308~313页。
④ （清）裴天锡：《（康熙）湖广武昌府志》卷一一《楚昭王碑文》，第79~81页。
⑤ （清）裴天锡：《（康熙）湖广武昌府志》卷二《封建志》，第4~5页。
⑥ （明）廖道南：《楚纪》卷六〇《感遇》，中国国家数字图书馆影印本，第42页。
⑦ 《明太祖实录》卷二五三"洪武三十年五月乙卯"条，"中央研究院"历史语言研究所，1962年，第3648页。

描绘了明太祖朱元璋告诫楚昭王朱桢"省愆慎德，以回天意"①之事，而以上叙事在《明太祖实录》中均有详细记载。

《国基内纪后篇》介绍完楚藩七任楚王后，紧接着即为《湘献王》篇。《湘献王》篇记录了朱柏的出生、母妃、受封、建国、个性、军功、文学素养、薨逝、谥号等方面情况，最后以明成祖朱棣命学士解缙撰碑之词结尾，其中大量篇幅描写湘献王朱柏的军事征战活动，此记载内容与《湘献王神道碑》②碑文记载内容基本一致。《楚昭王》篇与《湘献王》篇所载内容相仿，亦用了大量篇幅来叙述楚昭王朱桢的军功。楚宪王朱季堄所撰《楚昭王碑文》主要描述朝廷对昭王的褒扬和赏赐，同时记录了昭王对楚藩家族的谆谆教诲和楚藩世系，而此记载却未收录在《楚纪》所载的《楚昭王》篇中。站在朝廷的角度，若以翰林院学士来撰写楚昭王碑文，极大程度上应与解缙撰写的《湘献王神道碑》相类似，会用大量篇幅来记录楚昭王朱桢的军事征战、藩屏国家的行为，而此行文标准应与朝廷为地方藩王立碑颂德之举措相对应。《楚纪》载《湘献王》篇与《湘献王神道碑》内容基本一致，同理可推明英宗命翰林院撰写的楚昭王碑文，或与嘉靖朝翰林院侍讲学士廖道南所作《楚纪》的《楚昭王》篇内容相近。

那为何楚昭王碑文未用朝廷撰写的碑文，而用楚宪王朱季堄所写的碑文呢？

（五）"倒提年月"与"矫诏立碑"考

楚藩历昭王朱桢、庄王孟烷、宪王季堄、康王季埱、靖王均鈋、端王荣㳦、愍王显榕、恭王英㷿和定王华奎共八世九位楚王，凡270余年与明王朝相始终。楚藩终明一代皆生活于武昌城内，在武昌府、德安府等地拥有大量的庄田、鹅鸭田以及课税权。同时楚藩在灵泉山历多年经营，终将其地辟为楚藩茔园，楚藩八代九王皆葬于此，是明代保留最完整的"同藩诸王同兆域"的藩王茔园。按《新编灵泉志》记载，楚藩为开辟灵泉山为藩王茔园多有占地之举，同灵泉山当地樊、李、张、沈、邹、曾、杜、董等八大家官司不断。而楚藩与当地乡绅的占地斗争，始于正统年间。

> 勘得正统年间以王庄三百石，拨换张、李二宅坟山住基。二姓不愿得三百石之产，而失祖宗之坟，以致构怨数十年。楚府今年上本，明年上疏，

---

① 《明太祖实录》卷二五一"洪武三十年三月壬午"条，"中央研究院"历史语言研究所，1962年，第3635页。

② 详见荆州湘献王朱柏墓前《湘献王神道碑》。

未免借事生风也。张、李今年叩阍，明年待罪，岂肯顾子失母也①。

至嘉靖、万历年间，《新编灵泉志》所载《劾楚藩本稿》《杨慎、邹守益上言复勘楚藩奏疏稿》首次提出昭王立碑是"倒提年月"，实为"矫诏立碑"之举。

> 楚藩臣朱季垠，位一国之尊，纲常名教所由系，序王人之上，法制禁令所当先，未有窃号改年，矫旨树碑（如湖广江夏所属地名灵泉山昭陵一碑）为可骇也……祖茔住基，以为陵寝，又立丰碑。忽题其上曰："正统十二年三月某日朱某立。"又称"大学士李贤具疏，奉旨请题"……臣思藩臣即不请旨，而竟自立碑，世孰得而非之也；即用本年，而不须改年，人乌得而议之也；不假枢臣李贤，而任人撰文，世又谁得而訾之也。惟其并未请旨，而诬为请旨，则矫旨之罪，谁认其咎。今非正统，而诡提正统，则改统之罪，谁执其咎。疏非出于李贤之手，而诬之曰李贤。李贤实非正统之人，而矫之曰正统……今大学士李贤，日侍皇上之侧……臣揣藩臣之意，我既夺官产，又恐人心不甘其侮夺，不如矫旨立碑，以为请旨以压服之，亦为久远以朦混之……②

> 臣私访灵泉昭寝，见高碑约有二丈，上镌正统十二年朱季垠立，实系倒提年月。按宪王季垠，薨于正统八年，今又勒石其上，是矫诏立碑、越占官产可知矣③。

按此两篇书稿所载，昭王碑为楚宪王朱季垠倒提年月、矫诏所立，其目的是为了将其所占田产合法化。按其说法，楚宪王朱季垠薨于正统八年，碑上又镌正统十二年朱季垠立，实为倒提年月之举。又云昭王碑为大学士李贤奉旨请题，而李贤非正统年间之人，实为矫诏立碑。

《新编灵泉志》此书已有部分学者对其进行研究，如张小也在《何为"来历"：从〈灵泉志〉看明清时期土地权利的"证据"》一文中，认为在明清时期土地权利的主张中，"墓碑"也是对土地所有权的一种表现形式。楚藩伪造了对自己有利的历史，以此证明自己在与灵泉八大家的占地斗争中拥有对灵泉山土地的合法性，因此认

---

① 《陈嘉言回奏稿》，《新编灵泉志》，武汉出版社，2006年，第66、67页。
② 高桂：《劾楚藩本稿》，《新编灵泉志》，武汉出版社，2006年，第69～71页。
③ 《杨慎、邹守益上言复勘楚藩奏疏稿》，《新编灵泉志》，武汉出版社，2006年，第71、72页。

为楚藩"倒提年月、矫诏立碑"之事为真①。而田宝中在《明代楚藩的经济状况与宗室斗争》一文中，指出《新编灵泉志》是民间文献，内容有颇多失于史实，或前后矛盾之处，文本叙事的可靠性和可信度十分值得怀疑，楚藩"倒提年月、矫诏立碑"之说为无稽之谈②。

1. "倒提年月"考

按《明英宗实录》所载，楚宪王朱季堄向朝廷奏请为昭王立碑，到朝廷回复可由宪王或楚府儒臣自撰碑文，再到宪王再次谦恭向朝廷奏请由名儒撰文，而后由朝廷命翰林院撰碑额及碑文送达楚府，适时宪王季堄薨逝，由康王季埱承接朝廷关于楚昭王立碑的旨意，楚藩为昭王请旨立碑事件的时间脉络十分清晰。而《劾楚藩本稿》所载楚宪王朱季堄薨于正统八年，碑上又镌正统十二年朱季堄立，确为无稽之谈。昭王碑清楚记录碑文抬头为"孙楚王季堄奉敕撰"，而碑文落款为"正统十二年三月日，孙楚王季埱奉勅立石"。可知为楚昭王立碑是由楚宪王朱季堄首倡，由楚康王朱季埱最终树碑，实无倒提年月之举。

2. "矫诏立碑"考

关于矫诏立碑之说，《劾楚藩本稿》记载昭王碑为"藩臣即不请旨，而竟自立碑"，又假借昭王碑是大学士李贤奉旨请题，而李贤非正统年间之人，所以认定昭王碑为矫诏所立。"藩臣即不请旨，而竟自立碑"此说法是子虚乌有，据《明英宗实录》可知，整个请旨立碑过程事实清楚。昭王碑文记载清楚，"讣闻，上震悼，辍视朝三日，遣丰城侯李贤赐祭，谥'昭'"，此李贤为丰城侯李贤，《劾楚藩本稿》记载李贤为大学士李贤。丰城侯李贤为初代丰城侯李彬之子，于永乐二十年（1422年）嗣侯位③。而《劾楚藩本稿》成文的万历元年（1573年），据考证文献，实无大学士李贤其人，因此也不存在"今大学士李贤，日侍皇上之侧"一说。由此观之，似矫诏立碑之说也不成立。按前文所述，昭王立碑的史实和时间脉络清晰，楚藩"倒提年月、矫诏立碑"应是灵泉山当地氏族为抵制楚藩占据灵泉山而作的伪文。按《明英宗实录》，朝廷同意楚宪王朱季堄为楚昭王朱桢立碑以"表扬先德"，最终由楚康王朱季埱树碑，整个过程无可厚非。然则事实果真如此吗？

---

① 张小也：《何为"来历"：从〈灵泉志〉看明清时期土地权利的"证据"》，《江汉论坛》2012年第9期。
② 田宝中：《明代楚藩的经济状况与宗室斗争》，武汉大学硕士学位论文，2021年，第33页。
③ （清）张廷玉等：《明史》卷一百五十四《列传第四十二·李彬传》，中华书局，1974年，第4233~4236页。

《楚昭王碑文》篇首即为"孙楚王季埱奉敕撰",首段碑文也以第一人称的口吻表述为:仰荷朝廷玉旨,国家先代陵碑,皆由后人亲述,以便记录的更为详细,其遵守朝廷诏命,而做了此篇昭王碑文。碑文末尾也记载碑额由楚府迪功郎纪善管延枝篆,最终由楚府迪功郎纪善马纯书碑文之于碑身。然而按《明英宗实录》记载,楚宪王朱季埱于正统七年向朝廷奏请由儒臣撰写碑文,英宗令翰林院撰文,再到正统九年英宗告知楚康王朱季塛昭王碑文已经命人撰写好,并连碑额一齐遣人送达,让楚康王镌刻立碑。若楚藩奉诏,应将朝廷撰写的碑文和碑额刻于楚昭王碑,由此观之,楚康王于正统十二年为楚昭王树碑确为奉诏而立,然则楚昭王碑文和碑额却未用翰林院儒臣所作,因此楚藩为楚昭王立碑确有"矫诏立碑"之嫌疑。昭王碑弃用朝廷所撰碑文,而用楚宪王朱季埱所撰碑文,此举也确与楚藩对灵泉山占地经营的举措有关。

3. 为何矫诏

通读楚宪王朱季埱所作《楚昭王碑文》,可知其对楚昭王朱桢对外征战、藩屏国家的行为一笔带过,而用大量篇幅记录昭王之于楚国的正面形象。一是详细记录昭王对楚国的有效治理,一系列爱民之策使得楚地之民感恩戴德;二是记载明太祖、太宗、仁宗对昭王的褒扬和赏赐,从朝廷认可层面树立了昭王为贤王的形象;三是花了大量篇幅详述了楚藩的世系,从继任的楚庄王、楚宪王到各郡王、郡主及仪宾,甚至于介绍到镇国将军和县主。深入领会碑文其意,可以感知此篇碑文何尝不是楚藩借朝廷之力,表现其对楚国强势控制的一次表态。其凭朝廷的名义树碑而自作碑文,加之楚昭王朱桢确为一代贤王,以朝廷之威和昭王之荫的刚柔并济手段,刻之于碑而昭告天下,以达到对灵泉山合法的控制。

对比两篇碑文,《楚纪》的《楚昭王》篇,通篇无"灵泉"二字,楚宪王朱季埱所作《楚昭王碑文》似有意重复提及了"灵泉"二字。《楚昭王碑文》中"王祖妣王氏……今从王祖,合葬江夏县灵泉山之原",此为第一处出现"灵泉"二字。昭王元妃王氏于洪武三十年先薨而葬于他处,此时与楚昭王合葬在灵泉山。由此碑文可知楚藩是借朝廷之势,来宣告其占据灵泉山行为的合法性。再对比两篇楚昭王碑文末尾对昭王的赞诗,虽均注明为楚宪王朱季埱所作,内容基本一致却亦有微妙之处。《楚纪》所载"瑶崐在园,帝嘉其贤。民受厥祉,毖祀有愈"变成了《楚昭王碑文》所载的"帝嘉其贤,民被其祉。五十余年,毖终犹始。灵泉之山,瑶琨在园。大君有命,小子无文",此为第二处出现"灵泉"二字。按《楚昭王碑文》所载,似朝廷命昭王葬于灵泉山,并且任命楚宪王朱季埱特地为昭王碑作此篇碑文,亦是借朝廷之势来逐渐蚕食灵泉山。

按《新编灵泉志》所载从正统年间开始，楚藩为了将灵泉山辟为茔园，不断与灵泉当地百姓斗争，开始了一系列的占地手段。从楚昭王、庄王、宪王茔园布局来看，至少在宪王薨逝的正统八年，楚藩仍仅占据灵泉山小部分区域。楚藩茔园的分布大体是按照昭穆制而行的，与《大明会典》关于藩王后裔"各于始封父祖茔，序昭穆葬"①的规定相吻合。楚藩始祖昭王居中占据灵泉山风水最佳处，二代庄王居于昭王茔园之左是为昭，三代四任康王居于昭王茔园之右是为穆，二代二任宪王茔园居于昭王茔园和庄王茔园之中（图7-6②）。楚宪王与楚康王由于存在兄终弟及的继承关系，按照"尊尊"宗法制原则，兄弟应分占不同昭穆之位。按照"亲亲"的宗法制原则，楚宪王茔园居于其祖昭王茔园和其父庄王茔园的中间亦为合理。楚宪王在位四年薨逝，若其在位之时即营建其茔园，则其茔园应居昭王茔园之左，或为现楚康王茔园之地，而继任的康王茔园或处于现宪王茔园之地。以此观之，楚宪王在位时，楚藩并未占据现楚康王茔园之地。而楚宪王茔园应为继任的楚康王所建，此时楚宪王和楚康王茔园之地，尽入楚藩之手。

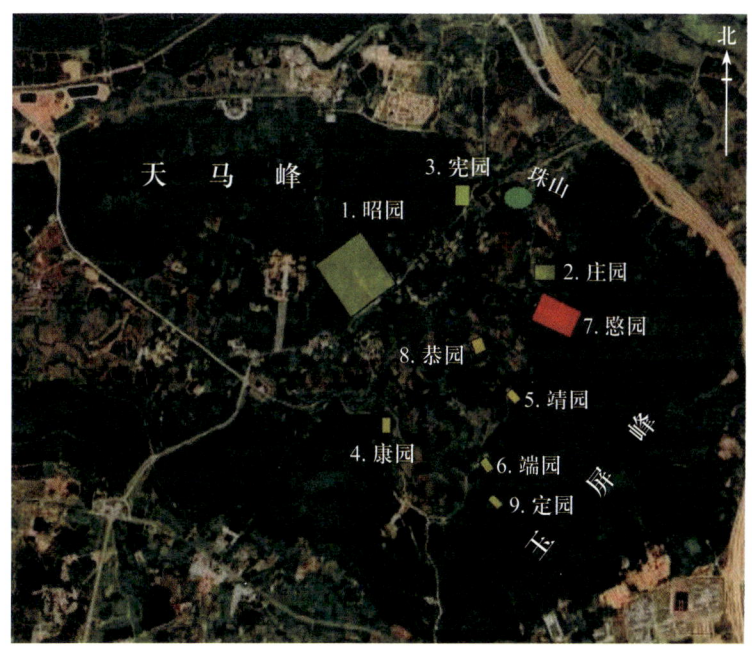

图7-6　楚藩九王茔园分布图

---

① （明）申时行等：《大明会典》卷二百三《工部二十三·王府坟茔》，《续修四库全书》，上海古籍出版社，2002年，第423页。
② 武汉市文物考古研究所宋贝制图。

楚宪王正统八年薨，楚康王正统九年进封为楚王，其于正统十二年为昭王树碑，且以朝廷名义书刻碑文，很大程度上是对楚藩在江夏灵泉山占地的背书行为。按张小也所考证，在明清时期土地权利的主张中，"墓碑"也是对土地所有权的一种表现形式。楚康王不但为始祖昭王树碑，并矫诏弃用朝廷碑文转用楚宪王所撰碑文，未尝不是一种占地手段的尝试。朝廷囿于与宗藩的亲亲之谊，或对楚藩在灵泉山"换地""占地"等一系列行为姑息纵容。《新编灵泉志》虽为地方文献，但其记载的大量楚藩与当地士绅在灵泉山的博弈事迹，可做楚藩对灵泉山经营活动的重要参考。

（六）结语

本节依托楚昭王碑的全景数字化三维扫描工作，系统记录了《楚昭王碑》全文，考证另一篇流出的楚昭王碑文源自廖道南所作之《楚纪》的《楚昭王》篇；同时分析按朝廷为地方藩王颂德的行文标准，明英宗令翰林院撰写的楚昭王碑文应与廖道南《楚纪》中的记录相差不远。

明朝建立伊始，为外御蒙古、内稳朝政，朱元璋实行了"分封就藩制"，初代藩王享有高度军事、政治自主权，意在利用血缘关系以藩屏国。楚昭王朱桢作为楚藩第一任楚王，遵祖训，忠朝廷，在中央建设和地方治理上均起到积极的作用。而随着藩禁政策的缩紧，以至于各藩最终"分封而不锡土，列爵而不临民，食禄而不治事"[①]。楚藩亦不例外，随着楚藩在军事权利和地方政务上逐渐丧失话语权[②]，也开始不断蚕食士绅小民之利，从正统年间开始在灵泉山不断占地经营以辟为楚藩茔园。朝廷有感于昭王之德行，同意楚藩为其"立碑表扬先德"，开明朝建国以来后世藩王为先王立碑颂德之先河，未成想楚藩却在昭王碑文之上做了文章。楚藩虽无"倒提年月"之过，却有"矫诏立碑"之举，其明面上奏请由朝廷派儒臣为昭王碑撰文，暗地

---

① （清）张廷玉等：《明史》卷一百二十《列传第八·诸王五》，中华书局，1974年，第3659页。
② "丙辰……平江伯陈瑄遣其子仪赍密奏言：'湖广，东南大藩，襟带湖江，控引蛮越，实交广黔蜀之会，人民蕃庶，商贾往来舟车四集。楚府，自洪武初立国，有三护卫官军，及仪卫司旗校，俱无调遣。四五十年之间生齿繁育，粮饷充积，造船以千计，买马以万数，兵强国富，他藩莫及。而卫所之官，多结为姻亲，枝连蔓引。小人乘时，或有异图，实难制驭。伏乞皇上勿以为疑虑，断自圣衷。于今无事之时，托以京师粮储不，充命重臣与湖广三司选其护卫精锐官军，给粮与船，令运至北京，因而留使操备，则剪其羽翼，绝其邪谋。王可以永保国土，而朝廷恩义两全矣。"楚庄王朱孟烷惊惧，立即上交朝廷两卫以示恭谨。《明宣宗实录》卷六四"宣德五年三月丙辰"条，"中央研究院"历史语言研究所，1962年，第1511、1512页。

里却私下撰文并刻于昭王之碑，拉朝廷之大旗以展现楚藩对楚地的强势控制权，并表明其对灵泉山占地的合法性。而地方文献《新编灵泉志》记载楚藩与灵泉八大家的斗争，虽然文献真实性和可靠性有待商榷，但也是研究楚藩对灵泉山占地的重要参考文献。

（原载《武汉文博科研论丛》（第三辑），2024年）

二、民间文献《灵泉志》中明楚昭王墓的营建

（李　贝　宋　贝　李绿雨）

《灵泉志》是一部收录江夏县灵泉山地方乡绅赋文、案稿、族谱、家训、疏文、书信等的民间文献，对补充史书、方志记载的不足具有重要价值。

明楚昭王墓，系明太祖朱元璋第六子、第一任楚王朱桢的墓葬。朱桢生于元至正二十四年，洪武三年受封楚王，洪武十四年就藩湖广武昌府，永乐二十二年因病薨逝，享年61岁，谥号"昭"，葬于江夏灵泉山[①]。自昭王始至定王终，明代楚藩八代九王毗邻葬于灵泉山，形成了"同藩诸王同兆域"的排布形式。

《灵泉志》原志所记："自汉唐而宋、而元、而明，凡湖山景色，人物仪容，与夫风俗教化之美，诗词歌赋之学，往来赠答之章，无不备载。"[②]清中晚期，江夏县人汤铭新、汤盘兄弟偶然寻得两部《灵泉志》残本，后加以考证，重辑撰成。原志已散失殆尽，现存版本为汤氏兄弟的清抄本。

《灵泉志》中关于龙泉山的自然风光、人文景观、先贤赞文等，特别是楚藩与龙泉乡绅的争斗，对补充史书、方志记载的不足具有重要价值。但民间文献本身不及史书、方志客观，《灵泉志》所记楚藩与龙泉乡绅的土地斗争又多为与楚藩有利益冲突的龙泉乡绅所写，缺乏一定的客观性和全面性，在使用时需要进行甄别。

本节以明楚昭王墓为切入点，结合历史文献、考古发现逐一对《灵泉志》中楚昭王墓选址九峰山，楚昭王并未及时茔葬、建楚昭王墓东迁樊哙墓、营建楚昭王墓强占龙泉乡绅土地等说法进行考证，还原其历史真相。

---

① 今武汉市东湖新技术开发区。汉称江夏山；唐初称夹山，唐天宝末年，宰相李磎开基造屋，凿地得泉，改称灵泉山；宋代更名为龙泉山，明清多称灵泉山。

② （清）汤铭新、汤盘：《（道光）灵泉志》，湖北人民出版社，2022年，第11页。

考证一：楚昭王墓选址九峰山

根据《灵泉志》记载，楚昭王最初看中的长眠之地是九峰山。相关记述见于邹振奇的《建李都堂盛神像》：

> 明楚昭王出猎，逐白兔于九峰狮子山，见李氏墓，竟夺其地，掘唐相李廊之棺。都堂李盛死之，英灵不昧，每与王较。王惧之，平其冢以为寺，约茶、盐二客，出赀巨万，使内官郭成功监修，埋僧人无念于上，作千佛殿以压之。李为祟不已，因修李公享殿，塑像以祀之。吁，昭王本欲得李氏之地，以为日后安身之计。岂知鬼神降祸不已，而卒废为寺场，以葬山僧，徒费心思于当年，徒遗恶名于后世。识者已知其非忠厚开国之道也，惜哉①。

有明一代，与九峰山、无念禅师有关的寺庙，当为九峰山正觉禅寺。据《九峰山正觉禅寺碑》碑文，九峰寺建于洪武二十四年，那么掘唐相李廊坟冢之事应发生在洪武二十四年或之前。此时，楚昭王不到而立之年，年富力强，着手坟茔营建之事为时尚早。况且，明朝亲王的坟茔一般是在身故后由朝廷组织修建。洪武二十八年，亲王丧礼成为定制。《明史》载："亲王丧，辍朝三日。礼部奏遣官掌行丧葬礼，翰林院撰祭文、谥册文、圹志文，工部造铭旌，遣官造坟，钦天监官卜葬，国子监监生八名报讣各王府。"②

虽然九峰寺兴建前亲王丧礼制度尚未成形，但建坟造茔此等大事，也是要奏请朝廷的。在此之前，明朝去世的藩王只有一位，为鲁荒王朱檀，卒于洪武二十二年十二月。洪武二十三年（1390年）四月，"武定侯郭英奏鲁王坟茔成，惟享堂周垣未备，请筑之。上谓工部尚书秦逵曰：'事有不急者，毋用劳民也，方当耕种之时，而英请筑堂垣，此岂使民以时之道？英武人不学，惟知筑垣为急，而不知夺农时为重也。'遂止之"③。鲁荒王已逝，太祖尚以"事有不急者，毋用劳民也"之由驳回了为其修建享堂的请求，可知，亲王生前造坟应当是不会被批准的。

---

① （清）汤铭新、汤盘：《（道光）灵泉志》，湖北人民出版社，2022年，第154、155页。汤氏兄弟所作序、批注不在本文讨论范围。
② （清）张廷玉等：《明史》卷五十九《志第三十五·礼十三》，中华书局，1974年，第1466、1467页。
③ 《明太祖实录》卷二〇一"洪武二十三年四月庚子"条，"中央研究院"历史语言研究所，1962年，第3008页。

楚昭王就藩后，时刻谨守藩礼，即使心仪九峰山，想必也不会在春秋鼎盛之年起掘朝廷命官的祖坟，私自造坟。在正史中，楚昭王一直都是安民济世的贤王形象。洪武三十年，在征讨古州叛蛮时，楚昭王因不亲莅军就遭到太祖朱元璋的严厉训斥。如若掘唐相墓、气死朝臣等恶劣行径为楚昭王所为，其势必会受到太祖的斥责，太祖也断然不会为九峰寺赐名。

从另一个方面来说，邹振奇为崇祯己卯科（1639年）举人，所述之事无疑是据其他史料或他人口述后所写。早于邹振奇《建李都堂盛神像》的官方文献中未见有相关记载，不过《灵泉志》中的另外四篇文本——沈世昌《地理闲评》、李璋《陈抄家草稿》、沈宝之《灵泉穴地总记》以及李臻生《灵泉山李氏录》却有类似叙述。

沈世昌《地理闲评》记载：

> 江夏名山，尽于九峰之狮子山。唐李邕、李暄诸墓在其上，俨然天地居尊之象也。楚藩平之以为寺，移其冢于盘龙山，李氏因以衰焉①。

李璋《陈抄家草稿》记载：

> 为矫诏抄家，冒死陈情事，臣住江夏灵泉，有祖坟一段，坐落保安里，土名九峰。先世远祖李廓，字建侯，由天宝末年举进士，官拜平章，以太子太保致仕，卒年八十，朝廷赐葬九峰狮子墩上，李善、李邕、李暄合计四墓，丰碑高堑，石马翁仲，凿凿可据，历今九朝，千百余年矣。于前岁九月内，惨遭楚府王朱，图谋风水，起掘四冢，深至丈余，弃棺抛尸，奇祸不测。臣兄李珍叩闻，蒙许其照旧安葬，是洪恩覃敷，上通九霄，下辙黄泉矣。今又于本年二月内，约同茶盐二商，出银数千斤，鸠集工匠，将山凿为平地，建为佛寺，请旨敕赐，永为施主。复矫诏文，抄没臣家，先父都堂李盛，因气身故。臣思上年圣恩，既许照旧安葬，则今日之灭族抄家，恐非皇上本意，是以奔诉阙下，重渎天听。如果出圣裁，死亦甘心。倘圣恩宽宥，赦臣不死，则矫诏欺君，罪有攸归。专候圣旨，死罪无罪，以战兢待命，为此渎陈②。

沈宝之《灵泉穴地总记》记载：

---

① （清）汤铭新、汤盘：《（道光）灵泉志》，湖北人民出版社，2022年，第59页。
② （清）汤铭新、汤盘：《（道光）灵泉志》，湖北人民出版社，2022年，第152~154页。

更观唐李善、李邕、李暄、李廓四墓，俱葬九峰狮子山后，楚昭王夺地为九峰寺，遂迁葬于前盘山①。

李臻生《灵泉山李氏录》记载：

唐相李廓，葬九峰，风水最绵远，明楚昭王掘移为寺②。

其中，沈世昌、李璋较邹振奇生活年代更早③，沈宝之推测与邹振奇同时期或更晚④，李臻生生活年代不可考。虽然四篇文本都有可能是《建李都堂盛神像》的史料来源，但四篇文本均只言夺李氏墓地建寺，并未提及营葬之事。值得注意的是，四篇文本中只有《陈抄家草稿》详细叙述了事件的过程，且《建李都堂盛神像》与《陈抄家草稿》在很多叙述细节上存在相似之处，《陈抄家草稿》或为《建李都堂盛神像》主要史料来源。

但经查阅史料，《陈抄家草稿》也有不少叙事细节的真实性、可靠性是有待商榷和推敲的，如最为关键的事件发生的时间问题。汤铭新考证的李璋为正德癸酉科举人，《（嘉靖）湖广图经志书》亦载有"李珍……李粹然、李璋俱正德癸酉科"⑤。但《（嘉靖）湖广图经志书》⑥《寰宇通志》⑦等记载的湖广江夏县人李盛却为洪武二十一年戊辰科进士。李璋、李珍与李盛生活年代相差百年，父子关系是不成立的。虽然《陈抄家草稿》也没有指明"将山凿为平地，建为佛寺"之寺就是九峰寺，但史料可查，建于九峰山狮子峰下又得朝廷敕赐的佛寺只有楚昭王为无念禅师修建的九峰

---

① （清）汤铭新、汤盘：《（道光）灵泉志》，湖北人民出版社，2022年，第176、177页。
② （清）汤铭新、汤盘：《（道光）灵泉志》，湖北人民出版社，2022年，第256页。
③ 《灵泉志》中还收录有沈世昌的《上楚愍王书》，可知沈世昌大致生活于楚愍王时期，即嘉靖年间。据汤铭新考证，李璋为正德癸酉科（1513年）举人，《（嘉靖）湖广图经志书》亦有"李珍……李粹然、李璋俱正德癸酉科"的记载，因此，李璋大致生活于正德年间。
④ 据《灵泉穴地总记》中"张公铬墓在天马峰之西，开棺，袍带依然，稍迁，今贺妃寝是也"的叙述，此文的创作时间应晚于贺妃下葬时间，而贺妃为楚藩末代王的王妃，沈宝之当生活在明末或更晚。
⑤ （明）薛纲纂修，吴廷举续修：《（嘉靖）湖广图经志书》卷二《武昌府》，明嘉靖元年刻本，第111页。
⑥ （明）薛纲纂修，吴廷举续修：《（嘉靖）湖广图经志书》卷二《武昌府》，明嘉靖元年刻本，第107页。
⑦ （明）陈循：《寰宇通志》卷五十《武昌府》，民国三十六年玄览堂丛书续集影印明景泰刻本，第21页。

寺。如此看来，《陈抄家草稿》所述强掘李氏墓地建佛寺之事似乎又可能发生于楚昭王时期。究竟事件发生于楚昭王、李盛所在的洪武年间，还是百年后李璋、李珍所处的正嘉之际呢？

《灵泉志》收录的其他文本或许可以找到答案。

按照《陈嘉言回奏稿》①的记述，灵泉山张、李二氏与楚府的夺地纠纷"数十年叠案如山，先帝并未剖决，朝臣不敢公言"，直至嘉靖年间，世宗皇帝才予以处理。陈嘉言建议，"由臣等处分，以原日拨换为据，其余八姓之坟，仍许祭扫……至于张忠文石坊庙宇，出于宋高宗敕赐，当修之以为天下后世为忠臣者劝。李宰相蓼莪祠堂，出于唐肃宗勅赐，当存之以为天下后世为孝子者劝。即此两处，断还二姓，依然子孙居住奉祀，楚藩亦不得强据，绝人宗祀"。世宗皇帝予以准奏。张𬳵递交的《参楚藩本》也提到，"嘉靖批旨，如再掘张姓冢，开棺迁葬者，按庶民例处斩"②。

张廷凤、张廷鸾的《再参楚藩本》③亦有叙述，"为违旨故掘，痛哭陈情事，上年圣旨敕谕楚府，如有再掘张姓冢，开棺迁葬，按庶民例处斩"。但楚府无视圣旨，第二年，"楚王贵宗朱三人等，又掘先朝祭酒臣辂之墓，唤石匠王成，凿洗三日"，张氏再参楚藩，"嘉靖批旨：恸恨无涯，着三法司将犯法三人拘来，亲讯杖毙"。

再看《陈抄家草稿》所记："臣思上年圣恩，既许照旧安葬，则今日之灭族抄家，恐非皇上本意，是以奔诉阙下，重渎天听。"文中所述事件的发展脉络与《陈嘉言回奏稿》《参楚藩本》《再参楚藩本》十分吻合。也有学者认为《陈抄家草稿》叙事节点与《再参楚藩本》为同一年④。

由此推测，龙泉山张、李二氏与楚府的土地官司由来已久，但直到嘉靖年间朝廷才予以剖决，下令楚藩不得强占二姓祖坟，如若再犯，依庶民例处斩。但楚藩第二年就违背了圣旨，继续强掘张氏、李氏墓地，才有了张廷凤、张廷鸾的《再参楚藩本》和李璋的《陈抄家草稿》。可能是因为时间久远，文本又有缺失，后世根据民间传说在传抄、补录过程中，将事件记录为更具故事性的楚府掘墓建九峰寺。而邹振奇在考证李珍为洪武年间人、九峰寺亦建于洪武年间后，将事件的主人公锁定为楚昭王，并由楚府与龙泉乡绅的土地纠纷源于楚王营葬之事，推测楚昭王是为了营建陵寝而强掘李氏墓地，因都堂李盛冤魂缠身，不得已才改建为九峰寺。

---

① （清）汤铭新、汤盘：《（道光）灵泉志》，湖北人民出版社，2022年，第135~137页。
② （清）汤铭新、汤盘：《（道光）灵泉志》，湖北人民出版社，2022年，第140页。
③ （清）汤铭新、汤盘：《（道光）灵泉志》，湖北人民出版社，2022年，第140~142页。
④ 田宝中：《明代楚藩的经济状况与宗室斗争》，武汉大学硕士学位论文，2019年。

虽然楚昭王没有将九峰山辟为自己的陵寝，但楚昭王无疑也是心仪九峰山的，为此将九峰寺、巴陵王墓的选址都定在了九峰山。《九峰山正觉禅寺碑》载，"因思游猎所经，去洪山东四十里许有胜处焉，师亦旧所往来，尝目识之。不谋而合，遂矩为禅定之所"①。《（乾隆）江夏县志》云："明楚昭王世子巴灵王卒，卜葬此山（九峰山），掘坎不三尺雷雨骤作，从坎中得石刻真武二将，绿苔斑驳，王异之，命建为观（真武观）。"②

可能是因为这两件事，后世在不加考证的基础上，将楚昭王为无念禅师修建九峰寺，将巴陵王葬在九峰山之事，误传为楚昭王营墓选中九峰山，后改建为九峰寺。明中后期，全国范围内宗藩侵占良田之事已屡见不鲜，楚藩也强占了李氏在九峰山的山场，不容李氏认冢。此后，故事又逐步演变为改建九峰寺，是因为楚昭王强掘了九峰山李氏墓地，气死都堂李盛，因李都堂为祟不已才平冢建寺。或许邹振奇《建李都堂盛神像》所述，已经是当时世人口口相传的版本。

楚昭王以龙泉山为陵寝，不是夺九峰山不成的另辟它地，而是龙泉山的风水更胜一筹。明洪武楚府纪善贝翱《九峰山正觉禅寺碑》描绘的九峰山："众山环绕，峰列为九。前一峰若覆盂状，后连峰又若秋涛奔涌，合沓而至。地势幽深，树石茂润。有泉漫流，左右交注，汇为大池"③。明洪武楚府长史管时敏《过龙泉山》作，"夹口青山四面来，山重拱抱水萦回。千年胜地龙泉涌，一日佳城风穴开。佛子岭头云拥树，仙人石迹雨生苔。岳灵应为长呵护，五色光生紫翠堆"④。

可见，龙泉山的风景丝毫不逊于九峰山。《朱氏宗谱》载："楚王请堪舆先生傅姓谋地，看中灵泉。"⑤《葬书》云："风水之法，得水为上，藏风次之。"⑥九峰山只有泉水汇成的大池，而龙泉山濒临梁子湖，三面环水。九峰山群峰并峙，而龙泉山山脉环绕，中间为谷地，外藏风内聚气，天马峰、玉屏峰两条山脉又相汇于珠山，形成"二龙戏珠"之势。从风水角度来说，龙泉山远胜于九峰山。

---

① （明）薛纲纂修，吴廷举续修：《（嘉靖）湖广图经志书》卷二《武昌府》，明嘉靖元年刻本，第38页。
② （清）陈元京修，范述之纂：《（乾隆）江夏县志》卷五《祠庙》，清乾隆五十九年刻本，第21页。
③ （明）薛纲纂修，吴廷举续修：《（嘉靖）湖广图经志书》卷二《武昌府》，明嘉靖元年刻本，第38页。
④ （明）管时敏：《蚓窍集》卷六二《过龙泉山》，明永乐刊本，第12页。
⑤ 《朱氏宗谱（宝善堂）》卷一。
⑥ （晋）郭璞：《葬书·内篇》，四库全书本，第6页。

考证二：楚昭王营葬龙泉山的时间

张通《上楚端王书》言："今历昭、庄、宪、康，凡四世矣，并不茔葬，今年卜地，明年卜地，凿山岗，断龙脉。"①汤铭新也认可张通《上楚端王书》所言，在《灵泉序》中写到："嗣是有术士传仙子，指灵泉为大地，因心图之，历昭、庄、宪、康四王，皆未营葬，及弘治十二年己未，竟为靖王所夺。"②虽然正史中并没有楚昭王下葬时间和地点的确切记载，但成书于景泰七年（1456年）的明朝官方修订的第一部地理志书《寰宇通志》却记有："楚昭王墓、庄王墓、宪王墓俱在府城东七十里灵泉山。"③可知，景泰七年之前，楚昭王就已经葬入龙泉山。由此，《上楚端王书》《灵泉序》所言楚昭王在楚靖王时期才茔葬的说法是不成立的。

20世纪90年代，湖北省文物考古研究所、武汉市文物考古研究所、武昌县博物馆联合对楚昭王墓进行了考古发掘，出土一方"大明楚王圹志"。据圹文，楚昭王于"永乐二十二年二月二十二日以疾薨……以本年五月二十八日葬于国之东南灵泉山之原"④，即楚昭王薨逝后三个多月就葬入了龙泉山。此外，网络上还流传有楚昭王元妃王氏的圹志。王妃薨于洪武三十年十一月，洪武三十一年四月葬入龙泉山⑤。两方墓志也足以说明，楚昭王安葬之地应该由始至终只有龙泉山，并不存在停棺待葬或迁葬的情况。

即便如此，相关质疑依旧存在，究其原因一是《灵泉志》文本内容极具故事性，经过数百年的传播，在民间已深入人心。二是据"楚昭王碑文"，楚昭王碑为正统十二年所立，《明英宗实录》也有正统年间楚宪王、楚康王请旨为楚昭王撰文树碑过程的详细记载⑥，似乎正统年间楚昭王墓还在修建。其三，也是最重要的，营葬之事涉及与朝廷之间的上通下达、用地用工、随葬器物与建筑材料的制作及运输、具体坟墓

---

① （清）汤铭新、汤盘：《（道光）灵泉志》，湖北人民出版社，2022年，第163页。
② （清）汤铭新、汤盘：《（道光）灵泉志》，湖北人民出版社，2022年，第19页。
③ （明）陈循：《寰宇通志》卷五十《湖广等处承宣布政使司》，民国三十六年玄览堂丛书续集影印明景泰间刻本，第15页。
④ 湖北省文物考古研究所、武汉市文物考古研究所、武汉市江夏区博物馆：《武昌龙泉山明代楚昭王墓发掘简报》，《文物》2003年第2期。
⑤ 涂明星：《龙泉山历史文化资源及其开发价值》，武汉大学出版社，2017年，第85页。
⑥ "楚王季埱奏欲于昭园、庄园立碑，表扬先德。上从之……"《明英宗实录》卷九四"正统七年七月丙戌"条，"中央研究院"历史语言研究所，1962年，第1903页。"书复楚王季塙曰：'承喻宪王尝请立昭园、庄园碑，已命儒臣代撰文，并碑额附去，可量宜砻石镌刻，叔其亮之。'"《明英宗实录》卷一二〇"正统九年八月申子"条，"中央研究院"历史语言研究所，1962年，第2427、2428页。

茔园修建等诸多事宜，在通讯、交通并不发达的古代，仅三个多月就完成如此浩大、繁琐的工程似乎不太可能。

关于楚昭王碑的问题，《明英宗实录》就可以解答。另据《明英宗实录》记载，正统二年，靖江王朱佐敬奏请朝廷为其父悼僖王立碑，礼部直言洪武、永乐年间没有为亲王及郡王立碑的先例，最终驳回了靖江王的立碑请求①。正统八年，梁府奉承副阮留也奏请朝廷为薨逝的梁庄王赐文立碑，英宗仍以无此先例的理由驳回②。可见，明代亲王墓一般是不立碑记的。因此，不能借由正统年间立碑之事，就推断楚昭王未及时安葬。在给楚宪王的一封信中，英宗写到"仰惟太祖高皇帝封建楚国，昭王、庄王世有令德。宗藩之贤，楚为首称。叔自袭封，恭谨茂著。兹以孝闻，谅足匹休前人，仪式宗藩"③。这或许就是英宗破例为楚昭王、庄王赐文立碑的主要原因。

关于楚昭王墓的工程时间问题，虽然楚昭王妃薨逝时间早于昭王，但当时的昭王仅三十有余，修坟建园为时尚早，最为重要的是不合礼法。如若昭王墓与前文提到的鲁荒王墓一样，为身故后先建坟安葬，享堂、周垣等地面建筑后期再逐渐完善也就可以解释了。

亲王享堂后建的情况除了鲁荒王墓，还有秦愍王墓、伊厉王墓等。秦愍王薨逝于洪武二十八年三月，而据《明太宗实录》，其享堂始建于永乐八年④。伊厉王朱㰘薨逝于永乐十二年，宣德元年（1426年），其子伊王颙炔还在上奏："父厉王坟园享堂未建，及本府宫殿年深损坏，请免护卫军士屯种，俾之用工，工毕下屯。从之。"⑤而修建享堂之事至少持续到宣德三年（1428年）⑥。《灵泉志》中之所以会有楚昭王并未营葬的叙述，可能也不完全是龙泉乡绅的臆造，而是有意将后期营建享堂、城垣等地面建筑讹传为营建坟茔，混淆视听。

---

① 《明英宗实录》卷三七"正统二年十二月乙亥"条，"中央研究院"历史语言研究所，1962年，第718页。

② 《明英宗实录》卷一〇四"正统八年五月甲子"条，"中央研究院"历史语言研究所，1962年，第2103页。

③ 《明英宗实录》卷八九"正统七年二月乙卯"条，"中央研究院"历史语言研究所，1962年，第1799页。

④ "建秦愍王享堂，命视晋恭王之制。"《明太宗实录》卷一一一"永乐八年十二月甲寅"条，"中央研究院"历史语言研究所，1962年，第1423页。

⑤ 《明宣宗实录》卷一六"宣德元年四月辛未"条，"中央研究院"历史语言研究所，1962年，第427页。

⑥ "今建父厉王享堂及修葺宫宇，止有洛阳中护卫，左右二所军旗供役，尝奏暂免下屯，工完仍旧今都司虑亏屯种子粒，坐取军旗下屯。乞仍留以毕工。"《明宣宗实录》卷一六"宣德三年五月戊辰"条，"中央研究院"历史语言研究所，1962年，第1052页。

考证三：楚昭王营墓东迁樊哙墓

张聪《灵泉樊侯墓碑》云："明弘治年，楚王营昭寝，掘出墓志，果是樊哙之墓……楚王见哙形，心惊服，许以重祭，葬之寝东，如王礼。"①但经查阅有关志书，景泰七年《寰宇通志》、天顺五年（1461年）《大明一统志》、嘉靖元年《湖广图经志书》、万历十九年（1591年）《湖广总志》、崇祯三年（1630年）《大明一统名胜志》，甚至是《（康熙）江夏县志》中均没有樊哙墓在龙泉山的记载。最早的官方材料见于《（乾隆）江夏县志》，"樊哙墓在灵泉山天马峰下，明楚庄王夺其地葬昭王，凿之才洞其窆云潇然出至半空，现哙身，王拜祝以王礼改葬迁其墓于左，每岁王祭墓必先祭樊墓"②。而《（乾隆）江夏县志》的编修"无问残碑断碣家乘野史，苟有可采，皆足以补纪载之缺"③，其内容取材于《灵泉志》原志的可能性极大。具体到樊哙墓的记载，其与张聪《灵泉樊侯墓碑》的文本内容极其相似，推测采录于《灵泉樊侯墓碑》。

关于樊哙墓址，除了龙泉山，还有陕西樊川、陕西汉中、河南舞阳、安徽六安、湖北黄冈等多种说法。作为西汉开国将领，不少学者认为樊哙更有可能同萧何、曹参、周勃等功臣贵戚一样陪葬汉高祖的长陵，南开大学刘毅教授甚至认为："樊哙葬武昌的可能性最小，颇疑樊哙迁墓之事为讹传，或由其他樊氏附会而来。"④在《明代藩王陵墓的考古学研究》一书中，刘毅先生还提到，根据当地人的讲述，移樊哙墓故事的由来，出自一方展示于楚昭王享殿里山东王某的刻字石。其内容如下：

壬丙兼亥巳｜戊申监修｜灵泉特结许多年粉黛三千云外悬｜惟有吉人获吉地山环水绕福绵绵｜壬山丙向局全真出脉峰高龙有神｜得此信然关福分慈云常护后来人｜安邑山人东山氏王化龙题｜

"壬丙兼亥巳"为风水学的一种方位布局，石碑内容也与风水有关，王化龙应为一名风水先生。石碑为戊申年监修。明朝戊申年有洪武元年（1368年）、宣德三年、弘治

---

① （清）汤铭新、汤盘：《（道光）灵泉志》，湖北人民出版社，2022年，第177~179页。
② （清）陈元京修，范述之纂：《（乾隆）江夏县志》卷十五《古迹》，清乾隆五十九年刻本，第16页。
③ （清）陈元京修，范述之纂：《（乾隆）江夏县志》，清乾隆五十九年刻本，第1页。
④ 刘毅：《明代藩王陵墓的考古学研究》，科学出版社，2023年，第178页。

元年（1488年）、嘉靖二十七年、万历三十六年（1608年）。而《灵泉樊侯墓碑》所记掘出樊哙墓志，迁樊哙墓之事发生于弘治年间。《灵泉志》很多叙事文本虽有错讹，但并不完全是无中生有，而是龙泉乡绅出于自身利益故意篡改了部分史实。这也符合民间文献既反映部分真实，又带有强烈主观色彩的特点。由此推测，王化龙题碑可能修建于弘治元年，而龙泉乡绅为了合法化在龙泉山土地的所有权，借由王化龙题碑之事，编造了楚府营建楚昭王陵寝东迁樊哙墓的故事。

考证四：营建楚昭王墓强占龙泉乡绅土地

沈宝之《灵泉八大缙绅总序》载："明楚藩昭、庄、宪、康、靖、端、愍横行肆虐于八家，毁其碑坊，掘其坟坑，夺其宅第，视其流亡，则蜂虿荼毒之余。"①。虽然楚昭王元妃王氏、楚昭王分别于洪武三十一年、永乐二十二年葬入龙泉山，楚藩与龙泉乡绅的渊源最早势必要追溯到楚昭王时期。但楚昭王时期，甚至到庄王、宪王、康王时期，楚藩与龙泉乡绅还并没有因土地问题产生纠纷。樊镛《灵泉山记》记载："国朝洪武初时，张、沈、邹、李复起为集，五十余年比宋元更有加焉。今上征市之法，虽不过钱。民力宽然有余，而绝口不言贫。市中人大抵多秉礼义，而少起争讼。岁时伏腊，具酒浆，读法律，咸遵约束，是以处华不奢，人纷不乱，而一二淳宠之风，和乐之气，浸于人心，征于里左，犹有先王遗民焉。故可嘉而可美，可述而可志也。"②樊镛为景泰庚午举人，也就是说至少到康王时期，龙泉山还是一片欣欣向荣、和睦欢乐。

洪武三十年，"晋世子济熺将葬恭王，欲得民地千一百余亩为寝园，遣使入奏。上命以八百亩为限，而以附近官地偿民，仍量地多寡给钞加赐之"③。楚昭王、庄王、宪王、康王营墓虽然占用了原来龙泉乡绅的土地，但应当也是以换地或其他和平的方式取得了土地的所有权。《朱氏宗谱》称，楚王"将外地买三亩掉一亩换出。只有沈阁老不允，与楚王面圣。皇上劝语，沈阁老推让，赐沈姓朱。掉出方城一段"④。换地、赐姓之事在《灵泉志》八大家的叙述中也可以得到印证，如沈氏"至曾孙天泓，因楚藩拨换灵泉地，迁居太平庄"⑤，"曾氏玄孙仲贤，正统初举明经进

---

① （清）汤铭新、汤盘：《（道光）灵泉志》，湖北人民出版社，2022年，第249页。
② （清）汤铭新、汤盘：《（道光）灵泉志》，湖北人民出版社，2022年，第36页。
③ 《明太祖实录》卷二五六"洪武三十一年三月己未"条，"中央研究院"历史语言研究所，1962年，第3705页。
④ 《朱氏宗谱（宝善堂）》卷二。
⑤ （清）汤铭新、汤盘：《（道光）灵泉志》，湖北人民出版社，2022年，第270、271页。

士，拨换住基于楚府"①，"又潘缙，本姓董，成化丁酉科举人，为姑母之嗣，楚府拨换灵泉里"②，"后又有沈天爵、沈天贵畏藩势，换居宅于端王。王深喜之，赐以朱姓"③等等。

关于楚藩与龙泉乡绅夺地冲突的始末，从张昌亮的《拨换灵泉山事实》④可以窥见一斑。正统十二年，居住在内山的邹元儿、邹林森将居宅换给康王，"众姓未换"。成化元年（1465年），靖王托张姓族人张钟灵向灵泉乡绅提出换地，"众亦弗许"。弘治二年（1489年），靖王亲自面谈换地之事，再次遭拒。恼羞成怒的靖王，打破自己的脑袋，以血书上奏朝廷，控告龙泉乡绅谋杀，"众姓俱走"，唯"张、李二姓挺立不移"。正德六年（1511年），端王再提换地之事，"二姓终弗许"，于是连年加害，于正德十二年（1517年）尽夺张、李二姓之地。二姓虽被逼移居，但屡告御状申诉冤情。嘉靖十五年（1536年），嗣位的愍王"尽诛二姓苗裔，将内山八名家，外山四十八户，碑坊寝庙，窜逐毁掘"。龙泉山最终被楚藩所夺，成为楚藩的私家陵园。

虽然《灵泉志》中关于楚藩占地的多篇文本，在叙事细节上存在相互矛盾之处，但总体而言，关于占地事件的发展脉络大体是一致的。正如张大友在对沈世昌《上楚愍王书》的批注中所写："倾灵泉世家者楚靖，而非楚昭也，所以靖之后至愍而绝。"⑤

楚藩占地的过程推测为：楚昭王、庄王、宪王、康王期间，楚藩以换地或其他和平的方式取得了龙泉山部分土地的所有权，随之辟为陵寝。因楚王营墓占用的土地面积越来越大，龙泉乡绅住宅、祖茔的土地被大大压缩，到康王时期，已有乡绅不愿换地，但康王并未强占。到靖王时期，因换地被拒，靖王便诬告灵泉乡绅谋杀，由此夺取了张、李二姓以外龙泉乡绅的土地。端王嗣位后，连年迫害，张、李二姓出于子孙安危考虑，也被迫迁出了龙泉山。到愍王时期，龙泉山的民众被驱逐殆尽，原有碑坊寝庙也被摧毁，龙泉山由此彻底成为历代楚王的陵寝。

结语

《灵泉志》是一部集中展示江夏灵泉山历史文化的文献资料，补充了史书、方志

---

① （清）汤铭新、汤盘：《（道光）灵泉志》，湖北人民出版社，2022年，第275页。
② （清）汤铭新、汤盘：《（道光）灵泉志》，湖北人民出版社，2022年，第276页。
③ （清）汤铭新、汤盘：《（道光）灵泉志》，湖北人民出版社，2022年，第129页。
④ （清）汤铭新、汤盘：《（道光）灵泉志》，湖北人民出版社，2022年，第129~131页。
⑤ （清）汤铭新、汤盘：《（道光）灵泉志》，湖北人民出版社，2022年，第172页。

记载的不足，对深入挖掘龙泉山历史文化资源，深化明楚王墓及楚藩与地方社会关系的研究，推动明楚王墓国家考古遗址公园建设具有不可替代的现实意义。但民间文献对历史的记忆是有选择性的，这就导致民间文献缺乏一定的客观性和全面性。《灵泉志》收录的文本大多为龙泉乡绅所写，而楚藩与龙泉乡绅之间的夺地纷争"数十年叠案如山"，志中关于楚藩的记载，在使用时需要进行甄别和筛选。

楚昭王朱桢就藩武昌后，恭慎畏事，执守礼法，对外平定了诸蛮叛乱，稳定了西南地区动荡的局面；对内爱恤国人，在国五十余年不非理取于民，深受地方百姓爱戴，太祖、成祖称其为贤王。昭王薨逝，成祖不胜哀悼，辍视朝七日，遣官赐祭，命有司治丧，葬龙泉山。

楚昭王墓的选址、茔园布局为楚后嗣八王所承袭，茔园用地的不断扩充，也激发了楚藩与龙泉乡绅的土地纠纷。虽然官方史料未有对楚昭王墓营建的详细记载，但比照其他史料，楚昭王墓从选址、用地到修建、安葬应当都是得到朝廷批准的，并不存在《灵泉志》所述强掘朝廷命官祖坟、强迁樊哙墓、因土地问题未及时安葬等情况。只是因为楚藩与龙泉乡绅的夺地纠纷愈演愈烈，为捍卫自己的利益，龙泉乡绅对事件进行了加工改造，在数百年的口耳相传中最终演变为《灵泉志》中的故事文本。

（原载《武汉文史资料》2024年第11、12期）

第八章 远景规划

第一节 作为典型大遗址的昭园

一、昭园的大遗址价值

（一）大遗址的基本概念

大遗址是我国文物保护事业中特有的一个概念。联合国教科文组织《保护世界文化和自然遗产公约》将文化遗产定义为三类：文物、建筑群、遗址。而遗址指的是从历史、审美、人种学或人类学角度看具有突出的普遍价值的人类工程或自然与人联合工程以及考古遗址等地方。

国家文物局编制的《"十一五"期间大遗址保护总体规划》对大遗址作了明确定义，指出"大遗址"主要包括反映中国古代历史各个发展阶段涉及政治、宗教、军事、科技、工业、农业、建筑、交通、水利等方面历史文化信息，具有规模宏大、价值重大、影响深远的大型聚落、城址、宫室、陵寝、墓葬等遗址、遗址群。

根据我国文物法的分类，大遗址属于不可移动文物，可分为古文化遗址、古墓葬和近现代重要史迹等三大类。

明楚王墓遗址占地面积达13平方千米（龙泉山总范围），以明楚藩八世九王茔园为核心，另有大量自汉代以来两千多年历史遗留下的丰厚文化遗存。既有大遗址之"大"，又是价值重大、影响深远的遗址。昭园为明楚王墓中规模最大、保存最完好、考古工作最深入、保护利用最扎实的茔园，无疑是大遗址之中最大的。

昭园的考古与文物保护、展示利用等工作，将依据《关于加强大遗址考古工作的指导意见》《大遗址保护利用"十四五"专项规划》等为指导，科学、合理、持续的展开。

（二）昭园的珍贵价值

大遗址的价值包括历史价值、科学价值、教育价值、社会经济价值等。

1. 历史价值

昭园的历史价值主要体现在以下几个方面：

第一，历史事件的见证者。昭园是明楚藩王祭祀活动的重要场所，直接或间接地反映了明初楚地重大历史事件和过程，如楚藩在地方上的社会、经济地位，昭王因茔园修建与龙泉山当地民众之间的关系等等。

第二，历史变迁的记录者。从昭园里可以研究出明初居住方式、生活方式以及社会结构的变化，揭示背后的文化理念、生活习俗等社会意识的流变。

第三，文化交流融合的实证。昭园充分展现了中国传统历史文化的复杂性，是在多种文化交融与互动中形成的。如昭王的陪葬品中，既有道教思想来源的灵牌等，也有源自佛教的莲花纹器物等，同时处处也体现出儒家君君臣臣父父子子的森严等级思想。

第四，历史文化传承的载体。大遗址所承载的历史信息，是构建国家和民族文化记忆、传承历史文化精神的重要依托。楚藩为明朝重藩，昭王为明初显要亲王，是湖广地区乃至全国明时期的重要文化遗存，是武汉历史文化里不可磨灭的一部分。

综上，昭园的历史价值在于其作为历史事件和过程的见证者、记录者，为后人提供了深入研究和理解历史的关键线索和实物证据，同时，它们也是传承和弘扬民族文化、增强民族自豪感和凝聚力的重要文化遗产。

2. 科学价值

大遗址通常是指具有重大历史、艺术、科学价值，且占地面积较大、文化堆积丰厚、遗存类型复杂多元的古代文化遗迹或建筑群。它们是人类文明发展的重要实物见证，承载着丰富的历史文化信息和科学研究价值，具体可以从以下几个方面来详解：

第一，昭园中出土的文物、建筑物、工程设施等反映了古代人类在科技方面（古代建筑技术、工艺技术、农业生产技术、水利等）的创新与成就。

第二，通过对昭园的研究，还可以获取关于古代环境变迁、资源利用、灾害事件等方面的科学证据。

第三，通过研究昭园，可探讨古人的宗教信仰与宇宙观、丧葬习俗和社会等级结构等。

3. 教育价值

昭园的教育价值主要体现在：

第一，历史教育。昭园作为历史的实物见证，直观地展示明时期楚藩的真实面貌。通过实地考察和学习，学生和公众可以深入了解古代人类的生活方式、社会制度、文化传统以及技术发展水平，从而深化对历史进程的认识。

第二，文化遗产保护教育。昭园是宝贵的文化遗产资源，对其进行有效保护与合理利用的过程本身就是一种生动的教育。参观者可以从中了解文化遗产保护的重要性，了解考古发掘、保护修复及遗址管理等专业知识，培养文物保护意识。

第三，科学普及教育。昭园的建筑、布局规划等蕴含着丰富的科技信息，如古建筑技艺、农业水利设施、手工艺制作技术等，通过对这些内容的解读，可以提高公众尤其是青少年群体对科学技术史的认知，激发他们探索自然奥秘和人类文明的兴趣。

第四，道德与公民教育。作为重要礼制性场所，昭园承载着关于明初道德观念、伦理准则和社会秩序的历史记忆，帮助人们理解历史上的公平正义观和社会责任意识。

第五，生态与环境教育。自然环境是人类社会活动的基础，古代人类与环境相互作用的痕迹在昭园中得以保存，为现代人提供了生态环境保护与可持续发展的历史启示。

第六，集体主义教育。昭园具有鲜明的地域性，对于增强集体自豪感、传承武汉地区优秀历史文化精神有着积极作用。

总之，昭园作为活生生的历史教科书，其教育价值不仅体现在学科知识传授上，更在于通过实地体验、情境模拟等形式，使公众能够在感知和领悟中提升人文素养，增强社会责任感，进而促进全社会对文化遗产的尊重与珍视。

4. 社会经济价值

昭园的社会经济价值主要体现在：

第一，文化旅游资源。昭园具有很高的历史文化价值和观赏性，可以转化为旅游资源。通过文化景观建设方式，吸引国内外游客，推动旅游业发展，为当地创造直接的经济效益。

第二，区域经济发展引擎。以大遗址为核心的文化旅游产业能够带动相关服务业的发展，如餐饮、住宿、交通、零售等，促进区域就业增加和产业结构优化升级。

第三，品牌效应与城市名片。昭园为龙泉山风景区的核心景观，龙泉山风景区为武汉的文化亮点。这对于提升城市知名度和形象具有重要意义，可以成为地区甚至国家的品牌象征和文化名片，增强投资吸引力，助力招商引资及重大项目落地。

第四，科研教育基地。昭园不仅是历史研究的重要基地，也是开展研学旅行、科普教育的理想场所，有助于培养人才、提高公众的历史文化素养，从而间接地对社会经济产生长远影响。

第五，遗产保护与乡村振兴结合。在昭园周边地区的保护与发展过程中，可以探索文化遗产保护与乡村振兴战略相结合的道路，利用文化遗产资源开发乡村旅游、文化创意产品等新兴产业，实现乡村经济振兴和社会福祉提升。

综上所述，昭园的社会经济价值体现在其在文化传承、产业拉动、城市品牌塑造、人才培养、乡村振兴等方面发挥的独特作用，是经济社会可持续发展的重要组成部分。通过对昭园的有效保护与合理利用，可实现文化遗产保护与经济社会发展的协调统一。

5. 艺术价值

昭园的艺术价值体现在以下几方面：

第一，形式美。昭园充分张扬了明初的王家气派，从地面建筑到出土器物都具有独特的形式美感，这包括了比例、对称性、线条、色彩、质感等元素的巧妙运用，给人以视觉上的愉悦体验。

第二，技艺表现。昭园从整体规划到建造细节，都是古代匠人精湛技艺的体现，无论是精雕细琢的工艺作品，还是宏大的建筑结构，都展示了高超的手工技艺和工程能力。

第三，时代风格。昭园集中反映了明初的审美观念，不同的历史时期有不同的艺术风格，如古典主义、浪漫主义、现代主义等，这些风格本身也是文化遗产美学价值的一部分。

第四，人与自然和谐。昭园既因山川秀美而兴，又融于山水之间，体现了人与自然共生共荣的理想状态。

二、昭园面临的困难

明楚王墓于2021年被湖北省人民政府公布为首批湖北省文化遗址公园，2022年入选第四批国家考古遗址公园立项名单。国家考古遗址公园是"以重要考古遗址及其背景环境为主体，具有科研、教育、游憩等功能，在考古遗址保护和展示方面具有全国性示范意义的特定公共空间"。它是我国将大遗址融入大众生活的一个创新。虽然明楚王墓在创建国家考古遗址公园方面取得了一些成绩，但离国家考古遗址公园挂牌仍然存在一定的差距。

（一）人才队伍短缺

明楚王墓考古遗址公园虽已建设多年，但仍处于起步阶段，人才缺乏严重。遗址公园的建设与运营需要多学科、多领域的专业人才参与，具体可以分为以下几个主要类别：

（1）文物保护专家

文物修复师：负责文物的清理、修复和维护工作。

文物鉴定师：鉴别文物真伪，评估文物的历史、科学、艺术价值。

保护技术员：应用现代科技手段进行文物保存工作。

（2）考古学家

进行考古发掘、研究工作，为遗址公园的建设提供科学依据。

编写考古报告，帮助理解遗址的历史背景和文化内涵。

（3）城市规划师/景观设计师

负责遗址公园的整体规划布局，确保公园与周边环境和谐统一。

设计景观方案，增强遗址公园的视觉吸引力。

（4）项目管理人才

项目经理：负责项目的整体协调，确保按时按质完成。

成本控制专家：管理和控制项目成本，避免超出预算。

（5）市场营销与公关人员

市场营销专家：策划推广活动，提升遗址公园的知名度。

公关专员：负责媒体关系，提高公众对遗址公园的认知度和支持率。

（6）教育与解说人员

导游解说员：向游客介绍遗址的历史文化背景。

教育专员：组织教育活动，如讲座、工作坊，提高公众的文化遗产保护意识。

（7）信息技术人才

软件开发人员：开发遗址公园的数字化展示平台。

数据分析师：利用大数据分析游客行为，优化服务流程。

（8）行政管理人员

行政专员：处理日常管理事务。

财务专员：负责财务预算、审计等工作。

（二）学术研究滞后

学术研究的滞后主要体现于三点，首先是学术成果不够丰富，其次是研究深度、广度尚有空白较多，最后是未建立常态化研究机制。

(1) 学术成果不够丰富

全省、全国范围内多有专家学者对明楚王墓及昭王墓展开了多角度的探讨研究，但研究成果依然较少，且较散乱，缺乏系统化的研究思路。

(2) 研究深度、广度空白较多

明楚王墓及昭王墓在一些基础性的学术问题上，仍有较多空白，如茔园营建年代、昭王入葬始末等。昭园的建筑布局及背后的文化内涵，仍需要大量的工作。

(3) 常态化研究机制未建立

一是专职研究机构缺乏，考古工作站目前主要作为田野考古工作的支持部门，未配备专职人员进行针对性研究工作。二是未建立常态化的学术交流机制，2023年的"明楚王墓与明代藩王文化"学术研讨会是首次举办的具有全国影响力的学术会议，为未来的交流探讨提供了宝贵经验。

（三）设施建设落后

经过多年的建设，明楚王墓已初具规模，昭园已正式开放多年，但仍有大量重要基础设施需要建设。主要有：

(1) 保护设施

保护棚：用于遮挡遗址，防止风雨侵蚀。

围栏与警戒线：划定保护区域，防止非法侵入。

监控设备：安装摄像头等监控设施，保障遗址安全。

(2) 展示设施

展览馆：用于展示遗址相关的文物、图片、模型等。

解说牌：设置信息牌，介绍遗址的历史背景和重要性。

多媒体展示区：利用视频、音频等多媒体手段展示遗址信息。

(3) 交通设施

道路与步道：建设便于游览的道路和步行路径。

接驳车：提供电瓶车等交通工具方便游客在大区域内移动。

(4) 服务设施

医疗站：应对游客可能出现的身体不适或紧急情况。

(5) 教育设施

工作坊：用于举办互动式教育活动。

教育教室：用于举办讲座、研讨会等活动。

互动体验区：让游客参与到模拟考古或其他互动活动中。

（6）环保设施

垃圾回收站：设置垃圾分类回收点，保持园区整洁。

污水处理设施：处理生活污水，保护环境。

（7）技术设施

无线网络覆盖：提供Wi-Fi服务，方便游客查询信息。

信息发布系统：电子显示屏、广播系统等用于发布信息。

智能导览系统：提供电子地图、智能导游等服务。

这些基础设施共同构成了一个功能完备、游客友好的遗址公园环境，使游客能够在享受文化和自然美景的同时，获得舒适、安全的体验。

（四）自然侵蚀严重

（1）风化与侵蚀

风、雨、地震、植物根系等自然力会导致遗址建筑结构及遗物的物理性损坏。

（2）地质灾害

如洪水、滑坡等地质灾害对遗址构成潜在威胁。

三、昭园保护与利用基本理念

（一）大遗址保护与社会发展间的关系

大遗址保护的基本理念应坚持"保护第一、加强管理、挖掘价值、有效利用、让文物活起来"的文物方针。学习文物资源与文旅产业大省陕西在长期的工作中总结的四个基本原则[①]：

首先，大遗址保护与当地经济社会发展相结合，文化遗产保护有助于提升一个地区的文化形象，从而为区域社会经济发展构建优越的文化软环境。

其次，大遗址保护与当地群众生活水平提高相结合，充分认识和理解遗址区内群众对于发展经济的强烈渴望，关注和引导当地居民实施产业结构优化调整战略，将大遗址的保护、管理工作与提高当地居民生活水平结合起来，让当地居民切实感受到实惠，从而调动和激发全社会保护文化遗产的主动性和自觉性。

再次，大遗址保护与当地城乡基本建设相结合，通过对大遗址的有效保护和合理

---

① 赵荣：《陕西省大遗址保护新理念的探索与实践》，《考古与文物》2009年第2期。

利用，彰显一个城市、一个地域的文化特色。

最后，大遗址保护与当地环境改善相结合，作为文化遗产重要组成部分的大遗址，在实施相应的保护与管理工作，应当不仅仅要注重对遗址本体的保护，还应当关注遗址所依存的生态环境、人文环境的保护，将遗址本体的保护与生态环境、人文环境改善相结合，促进区域全面协调可持续发展。

（二）文物本体的保护与展示间的关系

文物本体的保护是一切工作的基础。国际、国内均有大量的公约、准则及法规政策。其中比较重要的有：

（1）《威尼斯宪章》（Venice Charter，1964）

这是国际古迹遗址理事会（ICOMOS）制定的一份关于保护和修复历史建筑及遗址的国际性文件，首次明确提出了文物保护中的真实性、可识别性和最小干预原则。

（2）《奈良真实性文件》（Nara Document on Authenticity，1994）

在世界遗产委员会会议中通过，进一步丰富和发展了"真实性"概念，强调文化多样性以及各地区、各民族对遗产价值认知的差异。

（3）《中国文物古迹保护准则》

由国家文物局发布，结合中国实际情况，明确了我国在文物保护工作中应遵循的原则和方法，包括最小干预、真实性保护等。

（4）《实施〈中华人民共和国文物保护法〉条例》

对我国文物保护工作做出了详细规定，要求合理利用文物资源，加强文物保护科学技术研究，实行预防性保护，并鼓励社会力量参与文物保护。

这些文件共同构建了全球范围内文化遗产保护的基本框架和理念，为大遗址及其他各类文化遗产的复原与保护工作提供了理论支持和法律依据。

基于上述文件精神，昭园遗址的复原与保护理念主要坚持以下几个核心原则：

（1）最小干预原则

这是文物保护领域普遍遵循的原则之一，强调在对遗址进行任何干预时应尽可能减少对其原始状态的影响。对于大遗址来说，这意味着除非出于保护目的必要且有充分科学依据，否则不应进行大规模复原或重建。

（2）真实性与完整性保护

真实性是指保持遗址的历史信息、材料和结构的真实面貌，尽量避免过度解读或重构，以保证公众能够接触和理解其历史价值。完整性则要求尽可能维护遗址原有的空间布局和环境特征。

（3）可识别性原则

在必要的修复和展示中，应当清晰地区分原始遗存部分与后期添加或修复的部分，使参观者可以清楚地了解到哪些是原件，哪些是复制品或恢复部分，确保信息传递的准确性。

（4）科学性和可持续性

采取科学的方法和技术手段进行考古发掘、研究、记录以及保护，确保整个过程严谨可靠。同时，采用环保材料和技术，实施可持续性的保护措施，确保遗址能在未来长期保存。

（5）教育与合理利用

遗址不仅是历史文化的载体，也是重要的教育资源。通过适度展示和解说，提高公众的文化遗产保护意识。同时，提倡合理的开发利用，如设立遗址公园、开展文化旅游等，但必须在不损害遗址本体的前提下进行，并将收益反哺于遗址的保护工作。

（6）预防性保护与风险管理

强调预防性保护，即预先针对可能威胁遗址安全的因素制定管理措施，包括但不限于自然侵蚀、人为破坏、环境污染等风险。建立动态监测体系，定期评估遗址状况并及时调整保护策略。

（7）社区参与与利益共享

鼓励当地社区及民众参与到遗址保护与复原工作中，尊重当地居民的利益诉求，在文化遗产保护中实现社会效益与经济效益的平衡，形成保护共识与合力。

综上所述，遗址的复原与保护理念旨在最大程度的保留历史痕迹，体现文化价值，同时兼顾社会经济发展需要，通过科学方法和综合管理策略确保遗址资源的永续传承。

四、昭园保护规划的基本思路

规划是实施总体目标的行动计划。文物保护规划是对一定时期内文物古迹的保护利用、管理展示等工作的综合部署、具体安排和实施管理。

（一）昭园的文物与文化资源

包括遗迹、遗物及相关历史文化印迹。

1. 遗迹与遗物

遗迹主要为茔园地面建筑基址，其中，已较完整展露且做了复原展示的基址有碑亭、外门、外城垣、内神道、金水池、中门（原址展示）、内城垣、东西配殿、神帛炉、享殿、拜台、昭王墓冢、昭王地宫。部分需要在后续工作中进一步完整结构布局并作展示设计的基址，包括明塘、排水系统、外神道、王妃墓冢、东西夫人墓。另有樊哙衣冠冢基址于园内。

遗物主要为昭王地宫内出土器物，共318件。其中大部分器物现藏于武汉博物馆，少部分在昭园内展示。其次为长期以来在昭园及其他区域进行考古调查、勘探、发掘中获取的文物标本。这部分文物标本以建筑构件为主，有铭文砖、筒瓦、板瓦、兽头构件、石构件等，另有大量陶瓷生活用品如瓷碗、瓷杯、陶瓮、陶缸等。

2. 龙泉山历史文化名人事迹

相关历史文化记载与传说包括《江夏县志》《武昌府志》《灵泉志》，以及当地村民族谱记录、民间传说等，这些都是明清时期历史变迁的重要见证，是不可多得的历史参考资料，也是宝贵的文化传统。

武汉本地学者涂明星对龙泉地区历史文化名人做了系统梳理[①]，摘引如下：

（1）樊哙、樊建

西汉开国元勋樊哙随刘邦打天下，封舞阳侯，谥"武侯"。后裔樊建迁其冢到龙泉山天马峰南麓"五龙奉圣"之地。明弘治贡监沈世昌《地理闲评》载：稍后汉代楚夷王刘郢客为父楚元王卜葬，见有樊哙墓在此，"吁嗟不忍葬"而放弃；元代藩镇武昌的威顺王宽彻普化相中此地，欲逝后葬于此，见宋理宗诏建张家"忠孝"牌楼在此而罢葬。到了明代，楚昭王朱桢看中此地风水，楚庄王将樊墓迁至靠近昭园东门。《江夏县志》载：楚庄王夺其地葬昭王，"凿之才洞其窨，云濛然出，至半空现（樊）哙身。王拜，祝以王礼"。明初可见"汉将军樊侯之墓"石碑，高八尺的"舞阳侯"石台不知去向，现有樊侯墓碑和塑像为景区管理所制作。

汉末，堪舆大师朱桃仙勘地至此，见两组峰丛环抱一座小山，恰似"二龙戏珠"，感叹此乃吉地。在玉屏峰东麓有太师椅状象形地，看到獬豸状巨石下有汩汩流动的涌泉，丢下一句神秘兮兮的话："此灵泉也，不可凿，凿之则雷雨至。"此次堪地为龙泉山传奇的演绎埋下伏笔，也引得很多知情人追慕而至。

（2）江夏李氏

唐初，高祖李渊之侄李道宗能征惯战，唐朝立国之战、攻灭突厥之战及攻灭吐谷浑之战中立下汗马功劳，受封江夏王。李磎为唐中晚期宰相，喜藏书。后裔李沈，有巨资10万，广求天下秘籍，并建有"万卷书楼"。又刊刻图书甚多，史称"天下秘书

---

① 涂明星：《江夏龙泉山名人印记》，《武汉文史资料》2021年第3期。

俱出李氏之门"。李氏书楼历经唐、宋、元三代,直到明代方被毁坏,明初学者曾泰作有《万卷书楼记》。

唐中期,江夏李氏入住山内,相继出现以书法、政绩闻名的人物。天宝末,中书舍人李暄与堂弟李洞避难逃到玉屏峰东麓山坳。李暄平地建房,凿出"灵泉",方知朱桃仙所言极是。人们发现灵泉有求雨灵验、沏茶愈疾的效应,越传越神奇,"江夏山"由此更名"灵泉山"。

李洞以宅为寺,首创灵泉寺,成为当地建寺最早、时间最长、影响最大的寺院。李家住址迁至玉屏峰北坪。暄之子李廓,年少因服侍生病的母亲而闻名,唐肃宗敕建"蓼莪堂",表彰其孝顺。"蓼莪堂"作为李氏宗祠,保存到明朝中期。皇上任命他当宰相,他婉言谢辞。逝后获赠太子太保,谥"肃"。

李暄、李廓逝后葬九峰山。廓之孙李磶,文才超群,著作等身。他与儿子李沆在玉屏峰北坪建造的"万卷书楼",名震朝野,成为武汉地区最早的一批私人图书馆,遗址至今尚存。他两度被授任宰相,遭嫉殁于权争。逝后谥"文",归葬江夏"灵泉山东数里胡宅后"(今龙泉新胡村)。李沆葬祖屋后山,明楚靖王寝西。其屋前的河道称作"沆子澥"。李暄有诗《灵泉山夜》:"山静云生石,水清月满川。"李洞《闲闲亭》记录他常见白云"时时出没万峰头"。李磶有《灵泉记》,描述李暄凿泉经过,以及"灵泉"的神奇现象;李沆《灵泉寺》云:"静夜清泉月,深山古寺钟。"无华丽辞藻,却意境深奥。

宋初,李磶后人李无怀执掌灵泉寺。熙宁三年(1070年),宋神宗召其入京,拜为国僧,赐其寺名为"龙泉广德禅寺",标志灵泉寺名声达到顶峰。因而灵泉寺又通称"龙泉寺"。

(3)北宋冯京

北宋大臣冯京有三元及第、获赠司徒的荣耀。冯家住在天马峰东麓的"山阳居",屋前有"冯家澥"。冯家因故于景祐年迁居咸宁。湖北咸宁《冯氏宗谱》收有冯京《永丰驿读书台记》和龙泉乡绅、明初吏部官张添祐《坏墙记》。冯京自述:"京少从外傅于灵泉寺。余年十五,与先人去江夏而寓(咸宁)永丰,非择而取之也。"《坏墙记》描述冯京三修旧屋情形。有误传冯京墓在龙泉山,1979年考古发现冯京夫妇合葬墓在河南密县五虎庙,在此予以匡正。冯家外迁,杜家买下"冯家澥"。杜淦从"冯家澥"耕读起家,不耻务农,日耕夜读,由农夫一跃成为名人,被历代德育读物奉为勤劳致富典范。杜淦葬"仙人捧桃"之地,在玉屏峰东坪。

宋张栋与金兵激战,夫妻双双捐躯。儿子张芸叟逃难至此,挖地得金数坛,买荒田300亩,在天马峰南坪营建含山楼,搭建茅屋60间,排列如市,出租作为商铺。灵泉商市,从此由山外湖边移到山内,一直延续到明代中期。

（4）元代沈如筠

元末大学士沈如筠，与蒙元贵族貌合心离，选择挂冠归隐，定居龙泉山，广结人缘，出资建造秋风亭，洪武初置义田400亩赒济贫民。写有大量诗文，代表作有灵泉六景：《含山楼》《瑞芝堂》《春露亭》《秋风亭》《听松阁》《寻乐斋》。卒葬楚昭园棱恩殿东侧，已失其处。沈氏后裔有沈世昌、沈贲。沈世昌，针对楚王夺地，上书楚王，斥责其"干出不仁、不义、无礼、不智、不信之事"，若一意孤行，必遭掘冢、暴尸下场。其《地理闲评》，记录九峰山、龙泉山、梁子湖一带的名人遗迹，多为《江夏县志》引用。沈贲出任雷州府同知，常与诸友赏景作诗，有《灵泉桃园》《酬春露亭饮》等诗作，著《退田集》，劝诫世人静以修身、俭以养德，成为俭朴持家、廉洁为官的代表。

（5）明代张诚家族

张诚20岁举为孝廉，在万卷书楼讲《易经》。应试及第后留任京师，洪武末病逝，葬骆驼山"骆驼卸宝"处，"今庄寝附之"。

其子添祐7岁能文，号称"神童"。26岁中进士，历官詹事府、吏部。因父逝回家守孝，适逢朱棣发动兵变夺得帝位，补阙无着落，闲居26年。洪熙和宣德年两度奉诏入京，在"废旧立新皇后之争"中，得罪皇帝被劝归田，在龙泉山终老，其墓在昭寝之西。添祐之子张恒，"以父荫太学生，授南昌府尹"。《灵泉石桥坊》诗载入《（乾隆）江夏县志》。张弘，曾任职山东青州安东卫，有"灵泉四宝"：一是，镌有"状元张栋"的家传砚盘，有注水变绿的特性；二是，高三尺、好似宇宙穹庐的奇石；三是，刻有"江夏王（李）道宗制"字样的铜鼎，明初归王妃拥有，后被张弘购得；四是，二十担古书。张璞历任归安知县、监察御史，他正直严明，遭到镇守太监同党的报复陷害，被拷打身亡狱中。嘉靖初，世宗赐祭归葬天马峰南麓，今楚昭茔园东。《明史》《湖广通志》《江夏县志》均有其传。熊廷弼称赞其"扳逆鳞而不忌，忤权贵而不畏"。

（6）明代熊廷弼

兵部尚书、辽东经略熊廷弼，与龙泉张家有姻亲关系，以"龙""泉"为首字的楹联"龙峰层层九重潜龙圣地，泉水淙淙三曲灵泉仙乡"，对仗工整，意境高妙。他同情"灵泉八家"，痛恨楚藩。从爷爷辈开始，熊家便惨遭楚藩折磨。熊翁拒绝与楚王朱显榕合谋诬陷他人，便因"莫须有"罪名遭受牢狱之灾，熊家由此衰落。熊廷弼在亲戚资助下得以继续读书，科考入仕后，与楚藩势不两立，曾率领江夏士绅祭奠御史张璞。张家力抗楚藩夺地，楚藩因此撤销张诚乡贤祀牌位，从县志中除名。熊廷弼公开挑战楚藩专程致信江夏县令徐日久，要求恢复张诚应有名分，欣然为楚藩正在查禁的《灵泉志》作序，大加赞赏《灵泉志》的文学成就。

（二）昭园保护规划基本原则

从2008年至2022年，明楚王墓文物管理所先后委托有关单位完成了以昭园为重点的《大遗址保护利用"十四五"专项规划》《明楚王墓群文物保护规划》《明楚王墓群保护展示详细规划》《明楚王墓遗址公园实施规划》的编制工作。这些规划定位准确、内容具体、重点突出、特点鲜明、分期合理，不同规划都具有不同的针对性、可操作性与前瞻性。基本原则主要包括6个方面。

（1）坚持地方特色

昭王及明楚藩王是我国武汉地区历史的重要组成部分，具有鲜明的地方特色、时代特征。昭园的保护与规划，既要依托大遗址构建中华文明标识体系，铸牢中华民族共同体意识。又要强化地域特色，打造地方品牌。

（2）坚持考古支撑

发挥考古研究在昭园保护利用中的基础作用，将考古研究贯穿于昭园保护利用全过程，不断廓清昭园价值内涵，明确保护重点，丰富展示内容，拓展传播渠道，全面阐释昭园及明楚藩的发展历史脉络、灿烂成就以及在武汉乃至全国的重大影响。

（3）坚持保护第一

推动"先考古、后出让"政策落地，严守文物安全底线。引导预防性保护与抢救性保护并重，促进考古、保护与展示措施有效衔接，系统保护昭园建园、维持、毁没、恢复全过程的遗迹及其周边环境、相关非物质文化遗产，实现文物本体科学保护和可持续展示利用。

（4）坚持合理利用

以"价值利用"为导向，兼顾"相容使用"，发挥昭园的社会教育功能和使用价值，充分运用创意、科技手段多维度、多方式展现昭园价值内涵，让昭园活起来、传下去。

（5）坚持创新驱动

推动大遗址保护利用理论创新、技术创新、方法创新，充分发挥科技创新的支撑作用，提高科技成果转化成效，丰富保护利用传播技术手段，促进昭园丰富文物资源的创造性转化、创新性发展。

（6）坚持融合发展

正确处理昭园保护利用与城乡发展、生态保护、文化建设的关系，坚持以人民为中心，促进分类管理、多方参与、社会共享，探索文物领域深层次改革，兼顾当前利益与长远利益、局部利益与全局利益，推动昭园融入现代生活。

第二节　昭园既往文物保护与展示利用工作

一、机构建设

为了创建明楚王墓国家考古遗址公园，加强历史文化传承，创新文旅深度融合发展新模式，擦亮"龙泉"名片，2018年，明楚王墓考古遗址公园成立了申创领导小组，聘请湖北省文物局原副局长吴宏堂为申创工作专家组高级顾问，指导考古遗址申创工作。在省、市相关单位的支持下，武汉市文物考古研究所与明楚王墓文物管理所也于2018年成立了考古工作站（图8-1、图8-2）。工作站配置有办公室、会议室、文物库房、工具库房、员工宿舍等，为长期性考古工作提供有力保障。考古工作站的工作

图8-1　明楚王墓文物管理所

图8-2　明楚王墓考古工作站

职责,一是基于考古先行的原则,做好配合基本建设考古工作。二是立足于遗址公园建设的需要及重大学术问题研究,开展主动性考古工作。

二、规划原则

1. 考古方面——考古先行,长期推进

习近平总书记指出:"考古工作是展示和构建中华民族历史、中华文明瑰宝的重要工作。认识历史离不开考古学。"[①]因此,在规划编制中必须坚持考古先行,这样才能保证遗址安全、获取科学信息,为遗址公园的相关工作提供依据。由于考古工作的长期性和不确定性,遗址公园的建设不可一蹴而就,考古工作必须长期推进,不断丰富展示内容和展示方式。

2. 保护方面——整体保护,最小干预

根据国际古迹遗址理事会中国国家委员会制定的《中国文物古迹保护准则》要求,文物古迹的保护应"最低限度干预",昭王茔园必须坚持真实性、完整性原则,加强遗产价值的整体保护,采用的保护措施应以保护遗存本体、陵寝格局及完整的自然山水地貌为目标,使其历史、文化和科学信息尽可能完整、真实的保存下来,传递给后人。

3. 研究方面——揭示价值,量身定制

科学研究是推动人类社会进步的关键因素之一。明楚昭王的研究工作必须以考古为基础,不断加强研究工作的深度和广度,充分揭示遗址本身所承载的文化内涵与价值,为明楚王墓"量身定制"符合其价值特征的展示内容和手段。

4. 利用方面——文旅融合,活化利用

深入挖掘、广泛传播文物蕴含的文化精髓和时代价值,创新文物合理利用方式,才能让文化遗产重新焕发光彩。因此,在利用上,必须围绕明楚王墓的遗产价值,构建完整的价值阐释体系,充分、准确地向公众阐释遗产价值。避免出现"错位"展示,避免有违遗产价值的阐释项目或活动。唯有这样,才能帮助人们更好地认识源远流长、博大精深的中华文明。

---

① 2020年9月28日,习近平在十九届中央政治局第二十三次集体学习时的讲话。参见:https://www.gov.cn/xinwen/2020-09/29/content_5548155.htm。

5. 管理方面——科学管理，统筹发展

管理是通过实施计划、组织、协调、控制等职能实现既定目标的活动过程。因此，必须完善、提升专职管理机构，在各利益相关方对考古遗址公园的远景达成一致的前提下，建立有效的协调管理机制，形成合力，以科学有效的方式管理考古遗址公园。统筹周边文化及旅游资源，探讨遗产保护与地方社会经济文化可持续发展的和谐关系。

三、既往文物保护利用工作

20世纪80年代，对昭王建筑基础进行了考古清理，勘测并修复了享殿、配殿、外门、金水桥、内神道等建筑。

1982年，清理并修缮了楚昭王墓外西侧的妃子墓地宫。

1984年，修复了楚昭王陵寝外门、侧门、外城垣等基址。

1986年，修复了昭王茔园内的东西神道、西侧夫人墓门楼。

1988年，完成昭王墓享殿复原重建工程，依据留存的台基和柱础，确定建筑体量，结构使用钢筋混凝土仿木，外观及建筑构造均保持了明代古建筑风格，同时考虑了明代藩王陵建筑特点。

1988年，修复了昭王陵寝内的卫陵殿、东西配殿等。

1989年，对昭王墓区内的金水桥进行全面的修复。

1990年，修复了昭王碑亭。

在昭园的活化利用方面，对昭园享殿陈列展览进行了提档升级，改造后的展示面积由原来的351.36平方米扩大到561.6平方米，将展览主题调整为《南有九王寝 北有十三陵》，展览结构修改为"太祖赐封""昭昭楚王""寝陵长乐""福地仙壤""三龟九寝""楚藩遗产""远景规划"，集中展示了昭王生前事迹、八代九王生平、出土文物等内容。在展览形式上，充分运用电视投影、互动游戏、沙盘、动画等吸引观众眼球。同时，不断加大文旅融合力度，采取"一寝一园一风格"的建设保护展示新方式，将明楚王墓群保护好、利用好、融合好，努力打造以明代楚王陵寝为核心，以龙泉山山水胜景为背景的明楚王墓国家考古遗址公园新特色。

四、展示开放配套设施建设与相关规划编制

《明楚王墓群保护规划（2006～2025年）》于2009年审批通过，实施以来，取得了较好的效果。特别是本体保护方面，管理机构依据规划已编制4处保护或维修方案，

并完成其中3项，分别为庄王、靖王、愍王墓的保护展示工程。

安防系统已编制方案；环境整治、标识等项目已立项；已完成了大盛湾村的整体居民搬迁。但居民搬迁、用地性质调整和管理提升等措施还有待继续实施。

2014年，编制了《明楚王墓安防工程设计方案》，提出了适用于墓葬遗存的三维声敏报警系统，并要求择址设置安防指挥中心。

2015～2016年，完成了庄王、靖王、愍王茔园墓地的保护展示工程，编制完成了定王墓保护展示方案和安防工程方案。

2018年，编制了《龙泉街明楚王墓智慧管理信息系统设计方案》，正在实施。

2018年至2021年，相继完成了安全防范工程、昭园环境整治工程、昭王茔园展示工程、道路维修整理工程、靖庄愍三王茔园标识展示工程、定园本体保护工程、智慧管理信息系统工程、电力改造工程等8项文保工程，投入资金逾亿元，有力维护了文物的历史真实性和风貌完整性，充分展示了文物的文化延续性和传播广泛性。

2019年，完成了《龙泉街明楚王墓庄王、靖王、愍王墓保护展示及标识设计》，并根据逐步完善标识解说系统。

2020年，编制了《龙泉街明楚王墓昭王墓园展示工程设计》，并对昭王墓的展陈做了提升。

2022年，编制了《明楚王墓考古遗址公园规划（2021～2035年）》及《明楚王墓考古工作计划（2022—2035年）》，为昭园及明楚王墓未来的考古与遗址公园建设制定了合理的长期计划。

第三节 昭园保护与展示利用规划远景

一、考古与研究工作计划

根据《明楚王墓考古工作计划（2022—2035年）》，武汉市文物考古研究所将根据学术研究需要与遗址公园建设要求，合理有序地展开全面的考古工作。在2022年度的龙泉山数字化工作中，对全区进行了精细的测绘、定位工作。主要成果有在遗址公园规划范围内设立永久测绘控制点；建立基于国家CGCS2000的龙泉山明楚王墓三维测绘坐标系统；形成测区范围内地面1∶1000比例尺数字线划图（DLG）、数字地形模型（DEM）、正射影像（DOM）；明楚庄王、靖王、愍王三座茔园高清纹理模型；重要石刻造像正射影像。以上工作为后续包括昭园在内的明楚王墓群的考古奠定了良好的基础。

（一）昭园区域考古工作

1. 排水系统考古工作

1991年，昭王茔园的考古发掘工作，已明确的排水暗渠，北起于拜台与内红门之间，中轴线以东；后向南穿越内城再自东向西进入金水池；再由金水池向西南方向穿外城垣而出。

2022年，武汉市文物考古研究所对昭园的排水系统做了一次初步调查。工作发现，昭园北外城垣下，有排水道沟通园内外，园内排水道的走向、分布、规制尚不清晰，多有残缺。昭园南部至明塘区域的排水系统多有各种破坏，未能确证其性质。

根据上述工作成果，拟定未来昭园的排水系统工作任务有下列几项：

第一，对茔园内排水系统作全面的调查、勘探，辅以必要的发掘。以完整揭露园内排水系统的分布及其营建方式。

第二，对茔园南部区域进行全面的调查、勘探辅以必要的发掘。主要目的为理清明塘与园内排水沟之间的关系以及园外排水系统的排布、构造。

第三，对明塘进行全面调查、勘探及必要的发掘，以完整揭露明塘的基本形制、构造及周边的相关遗迹。

2. 王妃墓

楚王元妃王氏之墓已于1990年的考古工作中确认。该墓位于昭王墓冢西侧约40米，墓冢依地势而建，为南北向小山丘。2023年4月10日，徐州市公安局干警前来龙泉山明楚王墓，反映他们抓获了一个盗墓团伙，该团伙于2002年左右曾盗掘楚昭王西侧王妃墓，盗走金器、墓志铭等珍贵器物。通过调查，在墓冢顶部发现有坑洞，现场可见为一2米×1米、东西向的长椭圆状坑洞，应为盗洞。

王妃墓现为茂密草木覆盖，未来的考古工作，主要目的为厘清墓冢的基本形制。包括封土堆的精确位置、平面形状、保存状况及周边相关遗迹等。主要工作手段为严密、完整的调查、勘探。

3. 夫人墓

按1991年昭园考古工作发现，园外东西两侧有夫人墓分布，西侧2座，东侧3座。近几年来的调查工作发现，昭园西侧应为3座夫人墓，墓园由砖墙围合而成整体。东侧目前仅见残破妃子墓1座，保存较差。

夫人墓既往考古工作基础非常薄弱，各墓的基本形制、分布范围、保存状况、墓园的基本状况等，均有重大缺漏。未来的考古工作将以全面调查勘探的形式展开，以展露其基本面貌。其中，东夫人墓为工作重点，墓葬数量、分布、范围等均缺乏可靠数据，未来将予以优先进行工作。

4. 外神道

既往工作中发现，外神道由外门台阶向南延伸38米后，分别向东、西两侧分支成东、西神道。西神道破坏严重，东神道延伸较长。目前，外神道的完整形制、布局、构造，均缺乏精确的数据。其周边的相关区域亦未做详尽的工作。

据此，外神道基址的考古工作，主要是沿其走势在一定范围内，进行全面的调查、勘探，辅以必要的局部发掘，以全面了解其分布及构造。

5. 明塘

既往工作发现，昭园明塘与2019～2020年度发掘的愍王茔园的明塘池壁建构方式一致：塘的壁面均为石块垒砌，石壁整体竖直。其与愍园明塘的区别在于：愍王茔园明塘位于整个茔园的中轴线（外神道）终端，昭王茔园明塘位于整个茔园东南部。目前，明塘与昭园排水沟的关系仅有大致判断，未有明确证据。明塘周边区域为草木覆盖，相关遗迹现象一无所知。

针对明塘的状况，未来的考古工作主要以全面的调查、勘探为主，以暴露其完整形制，特别是与昭园排水沟的关系。其次，应作必要的发掘，以探明明塘的形制、构造，了解其营建方式。

（二）昭园相关其他区域考古工作

1. 古河道

明楚王墓的营建需要大量沉重的木材、石材、砖瓦等建筑材料，水运是最佳方式。龙泉山中部现有一河道自东北向西南延伸至小盆地中部，长约1800、宽约4米，连通山外湖泊水系。据当地村民反映，历史上曾有石板通道（似为昭园外神道）向南一直延伸至河道处。

古河道区域的考古工作，主要以大面积的调查、勘探为主。主要工作任务首先是确定该河道的分布与走势；其次是寻找明藩王相关历史遗存如码头、桥梁、道路等；

再者是探寻该河道与外部水系连通所形成的水运体系。

2. 主神道

楚藩地处形胜之地，昭王在太祖、成祖两朝均位高权重，深受帝王信任，曾担任宗正之职；下有能征善战、勤政爱民之名，可谓功高德显。但昭王及楚藩各王，均未发现有石牌坊、石像生等重要礼制建筑，与其隐隐高出其他藩王的地位并不相称。且龙泉山地势之封闭较十三陵更甚，更有利于营建一个统一规划的陵园。由此可推，明楚王墓布局应与十三陵相类。

依十三陵之制，明楚王墓或有石牌坊、主神道、大红门、风水墙、石像生、龙凤门等，布置于陵区作为主轴。且该系列建筑群，应位于陵区入口处。龙泉山地区地理特征明显，北部为天马峰等一系列东西向山地，南为玉屏峰等一系列东西向山地，两列山地围合出一条带状小盆地。陵区出入口应位于东、西两面。而龙泉山西面山口宽度约1.4千米，东面山口宽约200米。东面山口处有古河道，该河道通往牛山湖、梁子湖等大型湖泊，朝向远离武昌城。而西面山口朝向武昌城，沿途有二妃山明墓群等楚藩高等级家族墓葬区。据此推断，明楚王墓的主神道礼制建筑群或位于龙泉山西侧的山口。

主神道应与昭园相接，目前所见昭园西外神道或与此相关。其他各园亦应有道路与主神道相连。近现代所形成环绕山谷连接九园的"八王路"或与此有关，但未见相关迹象。

主神道的存在与否目前只是理论推测，需以大面积的调查、勘探工作来确认。

3. 明时期自然环境专项调查

自然环境是社会活动的基础，人类为自然环境所限制又利用自然发展繁荣。例如，龙泉山以及武汉地区的水文变化，与水运直接相关。目前龙泉山北部均为大面积陆地，据相关资料，明朝时期该区域应为可供船只航行的河湖。龙泉山周边的地质条件则与茔园修建的石材相关，土质与陶瓷、砖瓦的烧制相关。因此了解龙泉山地区的自然环境是研究明楚王墓发展演变过程的一把钥匙，具有非常重要的学术意义。

工作目标：了解龙泉山地区明朝时期的水文状况，了解龙泉山地区的石质、土质性状特征，对各茔园所用石材进行石质检测对比，了解龙泉山地区明朝时期的植被覆盖。

4. 明代以往文物古迹专项调查

自汉以来，龙泉山已有两千年繁盛的发展史，留下众多亭台楼阁轩榭廊舫，至今已踪迹难寻。史书中尚有中游听松阁、远眺亭、大观桥、万寿台、晴雨井、灵泉寺、思亲台、秋风亭、万卷书楼等记载。此类文化遗存，能大大丰富龙泉山的文化内涵，增加园区的景观类型，是龙泉山两千年历时文化的见证，具有重要意义。故计划对此展开专项调查工作。

工作目标：了解明以往时期的文化遗存相关信息，调查可能存在的相关遗迹的分布与保存状态。

（三）研究工作

1. 存在问题

昭园的研究工作中存在的较大问题有：

（1）茔园的修建始末

按清末地方史志古籍《灵泉志》记载，昭王选中龙泉山后，当地大族并不愿意转让土地。而是极力反对，坚决捍卫。昭王一时间也没有办法，死后停棺待葬多年。后世楚王终于费尽心思拿下龙泉宝地，昭王方得入土为安。但根据昭王神圣功德碑碑文所述，以及现代学者对《灵泉志》的考证，昭王被迫停棺待葬一事并不为真，而是死后顺利入葬。

该问题的研究，涉及古文献、考古学等，应综合多种文献资料，结合多技术、多手段进行研究。

（2）昭王的葬俗、葬仪、葬制问题

该问题涉及明初的朝廷规制、楚地地方习俗、风水学、道教思想、佛教思想、儒家思想、昭王个人经历与性格等，牵涉甚广。又与当时的技术能力、生产生活方式息息相关，可谓庞杂而艰深。

（3）茔园完整地面建筑规制

《大明会典》对亲王营坟有详细规定，但从各地的发现来看，这些规定并未被严格执行，各园因地制宜因人而异，总有出入。昭王以勤勉克己闻达于上下，《大明会典》所载建筑多有未见。

2. 研究方法

研究工作宜采取多方合作、多样化联合开展的模式。武汉相关研究机构众多，特别是武汉大学、湖北大学既有资深学者，又有大量考古、文博、历史专业学生。充分利用这些资源是做好明楚王墓研究工作的一大保障。

(1)积极展开与其他地区明藩王墓葬文化相关研究

据《明史·诸王传》和《明史·诸王世表》等统计，有明一代历276年，共册封亲王65位，加上后世袭封，共286位。在全国各地共建立了50多个亲王府。众多亲王散落全国各地，又耗费巨资各营其坟。这些藩王墓葬既有《大明会典》的规制约束，集中反映了明代历史文化，同时各地、各王也各有差别之处。

全国各地文物保护机构对各王茔园的考古研究工作也各有侧重，发现各有不同。通过召开学术研讨会等方式，与其他地区相关研究者展开交流探讨，能很好地集思广益，查缺补漏，有效促进对昭园的认识与理解。

（2）利用遗址公园建设的契机，积极展开配合性考古工作

明楚王墓群积极展开国家考古遗址公园建设，大量的配套性设施如景观、道路、博物馆等陆续设计、施工。以此为契机，大力开展配合性的考古调查、勘探及发掘工作，一方面是遗址公园建设的必要，另一方面也为开展考古工作提供了政策、资金方面的支持。

（3）针对重大学术问题展开必要的主动性考古工作

重大学术问题涉及昭园最基础的营建时间、营建过程、葬俗葬制等基础性问题，必须予以解答。但因问题的复杂性、困难性，考古工作应建立在充分的研究考证与扎实的调查、勘探工作基础上。对重大问题的思考与研究贯穿考古工作始终。

二、文物保护与展示利用规划

明楚王墓的文物保护与展示利用规划，主要依据《明楚王墓考古遗址公园规划（2021~2035年）》来实施。

（一）明楚王墓整体保护规划

1. 明楚王墓文物保护规划要求

根据《明楚王墓群保护规划（2006~2025年）》划定的保护范围和建设控制地带及其管理规定，现将规划中对各级区划的管理规定详列如下：

1）本规划经批准后，保护区划与主要保护措施应作为《武汉城市总体规划》和详细规划的强制性内容。有关保护区划、管理规定和利用功能等强制性内容的变更必须按照《全国重点文物保护单位保护规划编制审批办法》的规定程序办理。

2）本规划划定的保护范围与建设控制地带按照《中华人民共和国文物保护法》及

相关法律法规文件执行管理；本规划划定的环境控制区参照《历史文化名城保护规划规范》第5.0.2条"环境协调区"执行管理。

3）明楚王墓群保护范围和建设控制地带内的考古发掘、保护工程、建设工程等项目必须遵守《中华人民共和国文物保护法》等有关法规的规定，并按法定程序办理报批审定手续。

2. 保护范围管理规定

本范围内不得进行可能影响明楚王墓群及其环境安全性、完整性的活动。

本范围内不得进行除保护与展示工程之外的其他建设工程或者爆破、钻探、挖掘等作业；因特殊情况需要进行其他建设工程或者爆破、钻探、挖掘等作业的，必须在充分保障明楚王墓群安全性的前提下，报经湖北省人民政府批准，在批准前应征得国家文物局同意。本范围内应拆除、整治危害遗址环境和历史风貌的建筑物、构筑物和道路等设施。保护、展示及辅助设施的位置、规模、形式、色彩等应与文物遗存的整体环境氛围相协调，建筑高度不得超过6米。

3. 建设控制地带管理规定

1）本地带内不得建设任何污染明楚王墓群及其环境的设施，不得进行可能影响明楚王墓群安全及其环境和谐的活动。对已有的污染设施应限期治理。

2）本地带内生态环境改善和建设应按照国家生态保护要求实施管理，包括河道疏浚、植被恢复、水资源保护等内容。

3）本地带内限建与遗址展示与服务相关的用房，不得修建与遗址及其历史环境无关的建设项目，与遗址保护、展示、利用相关的设施应按照遗址利用规划要求建设。建筑风格与样式应与遗址背景环境相协调，色彩宜采用古朴色调。拆除区域内现有建筑，搬迁人口。本区域内建筑限高9米；建设控制地带区内一旦发现文物遗存，应立即纳入保护区范围；严格控制本区内的土地使用性质；加强环境绿化，以当地树种绿化为宜；建设控制地带不纳入城市发展建设用地范围。

4. 生态环境控制区管理规定

生态环境控制区属限建区，本区内如进行各项建设，都应当与景观相协调，不得建设破坏空间景观、污染环境、妨碍游览的设施，建设中尽量保持自然格局，避免过分城市化。

1）新建建筑的形式、色调应朴素淡雅，提倡采用地方传统，本区内建筑限高18米。

2）本区控制目标为保护遗址环境景观的和谐性，环境景观应达到干净整洁，植被丰茂，河道疏通。

3）生态环境控制区内山体逐渐恢复植被，保持现有山形、山势，不得开山取土、取石。

4）生态环境控制区内建筑材料与色彩提倡采用地方传统。

5. 城市总体规划要求

《武汉市城市总体规划（2017—2035年）》将武汉市的战略目标定为：落实国家发展要求、彰显城市特色和满足人民美好生活需求为重点，提出武汉发展目标为"创新引领的全球城市，江风湖韵的美丽武汉"，将城市性质确定为"国家中心城市，全国重要的科技创新中心、现代服务中心、先进制造中心和综合交通中心，国际滨水文化名城"。城市层面，突出生态底线的约束和交通廊道引领的作用，构建"1331"的开放式、多中心、网络化城市空间结构，即提升1个主城，对三环线内区域，以长江主轴为核心打造中央活动区，突出现代服务和环境品质提升；按照"大城市"标准打造光谷、车都及临空3个副城，分别承载科技创新、先进制造、枢纽物流等国家中心城市核心职能；建设东部、南部、西部3个新城组群，突出产城融合和宜居宜业发展；同时面向未来，以超前理念、世界眼光，建设长江新城。

非集中建设区，规划构建"功能小镇+生态村庄+郊野公园"的功能体系，依托山水资源和区位优势，推进功能小镇建设，形成田园化生态村庄体系，构建复合型郊野公园集群。规划形成了"一环两翼"的郊野公园群空间格局。明楚王墓位于"中部郊野游憩环"上，规划为"龙泉山郊野公园"，属于近郊郊野公园。

规划提出"文化+"多元融合的保护与利用新模式，通过创新城市文化功能，促进城市文化的多元化转型发展。在强调文化保护、文化产业、文化服务、文化空间的多元体系构建的基础上，提出了多元化文化战略功能区战略，划定了14片文化战略功能区。规划中，明楚王墓则正处于其中的"龙泉山文化组团"。

6. 明楚王墓与市、区旅游文化规划衔接

《武汉市全域旅游发展规划（2019—2035年）》规划龙泉山风景区以"明王墓群"建筑群为载体，打造"明王和他的时代"的文化吸引核心；整合乡村、寺庙和山地资源，主推"隐逸福地"的旅游品牌；设计"走福道、颂福经、走福字、盖福章、系福带、跳福舞、请福神、住福宫"的游憩线路，打造成为武汉市文旅融合示范项目。

《武汉龙泉山文化生态旅游区总体规划（2009—2025年）》将流芳街主题形象定

位为:"文化体验、生态养生"。其中文化体验主要以明楚王寝文化为核心,向旅游者充分展示明王室陵寝文化内涵,同时在设计其他旅游产品时也要体现出相关文化意蕴,如养生文化、山水文化、农耕文化等;生态养生主要指依托于流芳街青山秀水以及美妙绝伦的田园风光设计体验性强的旅游产品,从而满足旅游者纵情山水、修身养性的需要。其宣传口号为:"王寝福地、世外桃源;楚天名山,生态龙泉。"

《武汉东湖新技术开发区发展"十四五"规划》中"(七)扎实推进生态文明建设,打造宜居绿色美丽光谷"明确将"龙泉山明楚王墓国家考古遗址公园"纳入专栏12"东湖高新区绿色低碳生产生活体系建设"。要求:"大力拓展绿色生态空间,全面落实'林长制',加强山体及湿地保护与修复,推进环山环湖赏花绿道、林荫路及特色景观路建设。大力推动'湿地花城'建设,积极创建国家生态园林城市和国家可持续发展议程创新示范区。"

(二)昭园的保护与展示规划

1. 保护与展示内容

(1)茔园园内地面建筑

包括复原展示与原址展示两部分,以复原展示为主。主要建筑包括外门、内神道、金水池、金水桥、东西配殿、神帛炉、月台、享殿、拜台。原址展示部分主要为外城垣与中门。

其中,园内排水系统因未进行系统的考古发掘,其保存状况与分布范围尚不明确,有待于进一步的工作中另行规划。

(2)墓冢与地宫

昭王的墓冢与地宫均通过正式的考古发掘与长期的保护工作,保存状况较好。王妃墓墓冢基本轮廓清楚,地宫遭受盗掘而情况不明。未来的保护与展示利用工作重心,首先是做好昭王墓冢的景观建设和地宫的维护、保护,其次是在考古工作的基础上,对王妃墓墓冢进行针对性的保护、修缮。

(3)外神道

外神道当前仅暴露局部,未来将根据考古工作的成果,针对性的设计保护、展示方案。

(4)明塘

明塘目前未做细致的考古发掘工作,其结构、形制等尚不明晰,需通过进一步的考古工作全面展露后,制定相应的保护、展示方案。

（5）夫人墓园

昭园园外东、西夫人墓根据目前的发现，应有墓园结构。因考古工作薄弱，相应的保护与展示方案有待于完善。

（6）昭园周边地区明以往历史文化古迹与史迹、传说

昭园及周边区域为龙泉山地区热点地带，充满樊哙、樊建等众多历史名人故事，又有樊哙墓、蓼莪堂、紫萼园、含山楼等史书记载文化景观。这些史迹既是珍贵的历史文化遗存，又与昭园的兴衰有密切的关联，文化内涵极为丰富。

因既往考古工作较少，相关史迹仅限于文献梳理，未能通过实际发现印证历史。故相关保护与展示、利用，更多的有待于考古工作的持续展开、发现。

2. 保护与展示方式

（1）博物馆展示

博物馆展示指在遗址博物馆内集中、系统地对遗产价值进行阐释，包括：

传统室内展陈：实物展陈、文字说明、图像说明、模型说明等。

室内多媒体展示：影片放映（如普通视频、环幕影像、巨幕数字影像等）、三维激光成像展示、投影空间虚拟展示、VR虚拟场景展示、触摸互动等。

辅助教育：各类专题讲座及互动游戏等。

（2）遗址现场展示

遗址现场展示指在现场相应位置对遗址进行价值的阐释解说，包括：

遗址原状展示：指结合遗址本体保护工程，对遗址维持现状、进行展示。现在昭园的中门等部分地上建筑遗址即使用这种方式。规划用于各王妃墓、樊哙墓及其他历史名人墓葬。

遗址原位模拟展示：指经过考古发掘或清理的遗址，先进行回填保护，后在发掘区域原位置上面，进行考古信息的对位模拟和展示。现在庄王墓、靖王墓和憨王墓即使用这种方式。规划用于定王墓、恭王墓、端王墓及康王墓。

重点墓葬进入展示：指结合遗址本体保护工程，进入墓葬地宫内部，参观墓室、棺椁等遗存。现在昭王地宫即使用这种方式。规划暂不增加此展示方式。

原址复原重建展示：指在充足的图纸、照片资料及历史研究的基础上，对建筑遗址进行复原性的重建。现在昭园的外门、享殿、配殿、金水桥等部分地上建筑，以及三座龟碑亭即使用这种方式。规划不再增加此展示方式。

历史环境修复展示：指以考古工作成果为依据，经考古确认的古河道等水系按照历史边界进行疏浚，以突显墓葬的选址格局。

考古工作/保护工作现场展示：指对正在发掘的考古工作现场，或者正在实施的保

护工程现场进行开放展示。在不影响正常工作的情况下，讲解相关专业知识，鼓励公众保护遗产。

（3）现场辅助阐释

现场图文解说：指基于现场标识解说牌，通过文字、图片或模型的方式，为参观者直观地介绍遗产各方面内容。规划将此展示方式用于遗址公园全区。

现场数字化展示：指基于APP，通过移动设备实现游线导览、定位解说、建筑遗址及墓葬内部的数字化复原，结合动画视频、音频等多媒体手段，为游客提供沉浸式的旅游体验，为参观者生动形象地讲解陵园格局、建筑、墓室构造、陪葬器物等诸多已消失或不可见的内容。规划将此展示方式用于遗址公园全区，特别是九处墓葬展示区。

（4）其他辅助阐释

游客体验活动：指通过纹样拓印、工艺流程体验等一系列参与体验式活动，体会遗产的价值和古代文化活动方式。

文创产品开发：指通过开发、售卖体现遗产价值的文创产品，辅助人们更好地理解遗产。

3. 昭园各景观的展示规划方案

（1）博物馆展示内容

昭园享殿现为遗址博物馆，馆藏有部分昭王地宫出土文物及明楚王墓其他区域出土文物；并有昭王及明楚王墓相关的文字说明、图像说明、影片放映等形式。东、西配殿内有明楚王墓沙盘展示、考古与遗址公园建设规划相关图文展览等。未来该部分或转移至新建的博物馆中。

（2）遗址现场展示内容

包括地面建筑的原址原状展示、复原展示、重点墓葬进入展示及考古/文物保护工程现场展示。具体为明塘、碑亭、外神道、外门、内神道、金水桥、内城垣、东西配殿、神帛炉、月台、享殿、拜台等为复原展示；外城垣、中门、王妃墓冢为原址原状展示；昭王地宫为重点墓葬进入展示；考古/文物保护工程现场展示主要是利用昭园考古工作，选择恰当时机展开公众考古活动。

（3）现场辅助阐释内容

主要为各建筑的介绍标牌及展厅内的多媒体展示等。目前对于昭园内各建筑基址的介绍较为简略，未来应当从建筑的文化内涵、形制结构、材料工艺等各方面详细介绍，充分展现其丰富文化内涵。其次是积极利用多媒体形式，多层次多形式展示昭园的前前后后。

龙泉山明楚王墓以建设国家考古遗址考古公园为目标，积极引入科学的文化遗产保护、利用理念，充分利用丰厚的文物资源，多形式多样化展示，努力打造武汉市地标性的文化景观。

昭园为诸园之首，地位最崇，保护工作最扎实，开放参观最早。做好昭园的保护与展示利用工作是龙泉山明楚王墓大遗址建设的重中之重。依考古先行的基本原则，充分做好昭园及相关区域的考古工作，是一切的前提。

昭园的排水系统、王妃墓、夫人墓、外神道、明塘等区域，仍需要大量的工作；昭园外的古河道、主神道、明时期自然环境、昭园区域明以往文化遗存等内容，与昭园密切相关，是复原历史原貌必要的工作。

附录一　武昌龙泉山明代楚昭王墓发掘简报

湖北省文物考古研究所
武汉市文物考古研究所
武汉市江夏区博物馆

龙泉山位于湖北省武汉市东南约20千米处，隶属武汉市江夏区，是一个两山环抱、三面环水的山间小盆地，面积7.6平方千米（图1）。

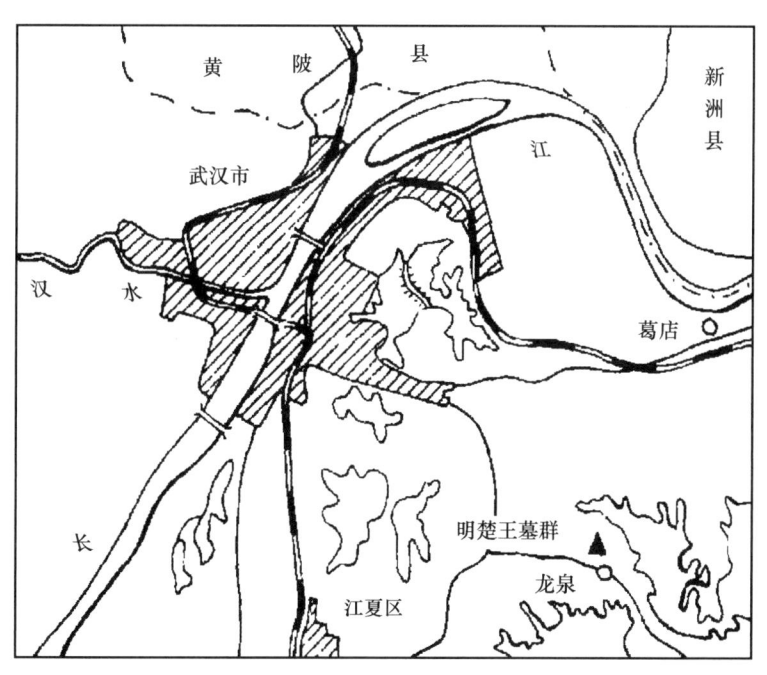

图1　明代楚王墓地位置示意图

据考古调查和文献记载，这里建有9座明代楚王茔园。明代楚系藩王共八代九传，除末代楚王华奎是否入葬该茔园需要考证外，其余的8位楚王及其王妃、夫人均葬在这里的各自茔园。龙泉山明代楚王墓群时间跨度长，世系完整，具有较高的历史研究价值。1956年它被列为省重点文物保护单位，2001年被列为全国重点文物保护单位。

昭园是楚昭王的茔园，是龙泉山明楚王茔园中规模最大的一座。它坐落在天马峰下，坐北朝南，方向147°，北高南低，依山就势修筑而成。

昭园有内外两重长方形茔垣，平面呈"回"字形（图2），外茔垣南北长355、东西宽335米，垣体是石基砖墙，现存最高3.3、厚0.9米，其中，南、北垣的垣基均设有券孔式泄水口，内垣位于园内中部，平面呈横长方形，平地起筑，只残存砖砌基址，园内地下设有排水暗沟，主要的寝庙建筑群便置于内垣中，均只残存基址。

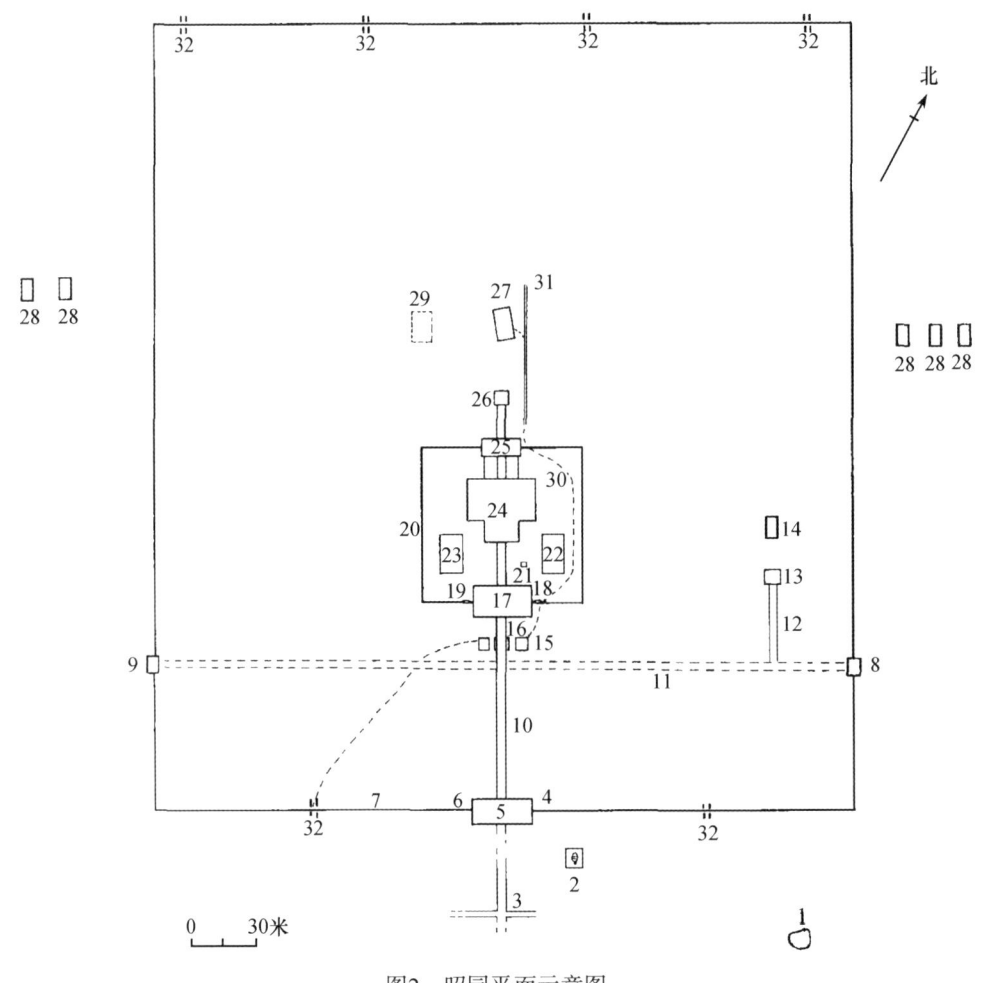

图2 昭园平面示意图

1.荷花池 2.碑亭 3.外神道 4.东角门 5.园门 6.西角门 7.外垣 8.东侧门 9.西侧门 10.内神道 11.横道 12.樊呙墓神道 13.樊呙墓石几筵 14.樊呙墓 15.水池 16.金水桥 17.殿门 18.东掖门 19.西掖门 20.内垣 21.神帛炉 22.东配殿 23.西配殿 24.享殿 25.棂星门 26.石几筵 27.昭王墓 28.夫人墓 29.王妃墓 30.排水暗道 31.自然山沟 32.泄水口

昭园布局规整，沿中轴线自南向北有三道门。其中第一道门是园门，是昭园的正门，为并列的三券洞式门，园门前后分设外、内神道。沿内神道北进，过三孔式金水桥，便进入第二道门——殿门，此为内垣正门。正对殿门的是享殿，享殿的东西两侧各设一配殿，其中东配殿前有一座神帛炉。享殿北面是第三道门——棂星门。出棂星门便进入地宫区，依次为石拜台、昭王地宫。此外，在园门左右两侧各设一个角门，殿门两侧各有一个披门。园门外东侧设一座龟碑亭，亭之东南有一处荷花池。

昭王墓位于园内中轴线北端的地宫区，在一座南北走向的小山丘上，也是依山而建。据考古钻探，其西侧40余米处还有一墓，依据明制，应为昭王元妃王氏墓。昭园外的东西两侧共有5座明墓（东3、西2）。西侧2座已发掘，其中一座可能是楚昭王第五位夫人程氏墓（简报另发）。

为配合龙泉山的旅游开发，1988年，武汉市博物馆的考古人员对楚昭王墓进行了考古钻探。1990年7月下旬至8月中旬，湖北省文物考古研究所派人对其进行复探。1990年12月5日至1991年1月10日，由湖北省文物考古研究所主持，武汉市博物馆和武昌县博物馆的考古人员参加，共同对楚昭王墓进行了发掘。发掘表明，昭园虽屡遭破坏，昭王墓却未曾被盗，保存完整。现将发掘情况简报如下。

一、墓葬形制

墓葬方向137°，为长方形土圹砖室墓，全长27.1米（图3）。墓上有封土堆，在表土层下，略呈圆锥体，底径约24、高4~8米。长方形斜坡墓道，坡度6°，平长11.1、口宽5.9、底宽4.9、深2~2.8米。填土呈红黄色，土质稍硬，杂有少量碎石。墓道内有大量积石。

墓圹为长方形，南北长16、东西宽9.6~9.8、深3.8米。坑口距现地表深1.8~4米，并用碎石垒成矮堰。坑壁较直，内填黄红色土，土质坚硬，含大量的碎砂岩石。

在墓室东南角，有一条西北—东南走向的排水沟，东南延至山坡下的自然冲沟。我们只发掘了西北部分。这段排水沟平面呈弧形，长4、口宽1.5~2.1、底宽0.9~1.1、深2.1~3米，沟壁较直。沟底有厚50厘米的铺石层，由自然石块组成。铺石层之上夯填黄红色土，直至沟口。

上述封土及墓圹、墓道、排水沟的填土，都是原坑土回填，其土色、土质不尽相同，应与回填的先后有关。此外，墓道的积石与排水沟的铺石可能系就地取材。而墓圹周边围堰的青石，若非从他处运来，也是有意精选的。

墓室长方形，砖砌，券顶，其顶部高于圹口。墓室外壁先裹一层三合土，系用糯米浆搅拌沙、土、石灰而成。其外再版筑一层木炭，封闭严密。墓室底部的木炭层较薄，厚12~13厘米，余皆厚20厘米。三合土层的基底层也较薄，厚25厘米，余皆厚50~60厘米。发掘时只揭露墓室南壁，其他部位未作揭露。

墓室为单室，券顶，南北长13.84、东西宽5.78、高4.78米。南壁并列有3个长方

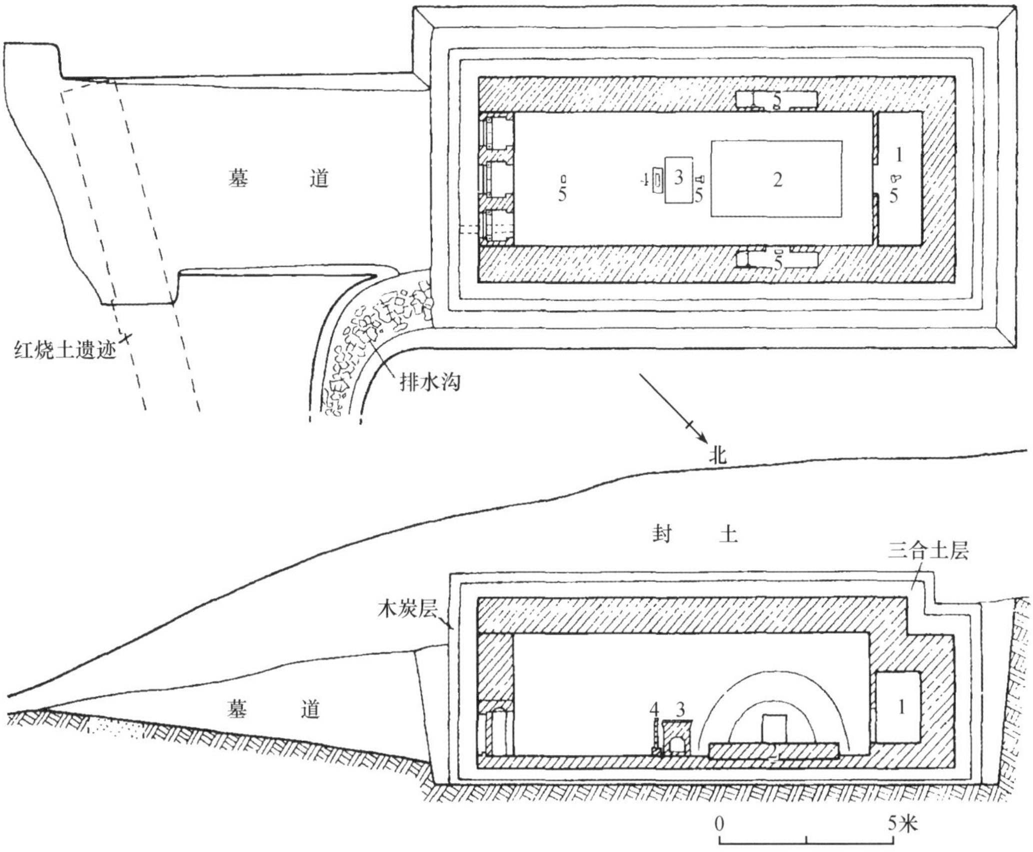

图3　墓葬平、剖面图
1.壁龛　2.棺床　3.供桌　4.墓志　5.灵牌

图4　楚昭王墓南壁墓门

形石质墓门，均由门楣、立颊、门槛组成（图4）。中门略大，高114.5、宽81、楣厚27厘米；左、右门略小，高108.5、宽75.5、楣厚27厘米。各门都安装内开式的双扇石扉，石扉内外均砌砖墙。封门墙砖大多有石灰书写的文字，一般是数字和方位，如"王一左""十五正""林三右"等。其中写有"左"字的砖都出自左门，带"正"字的砖均出自中门，带"右"字者则出自右门，不相混淆。

主室长方形，前设石供桌，桌前竖立石质的《大明楚王圹志》。桌后有一石棺床。棺椁漆木质，置于石棺床上，已朽。棺床上及其周围散布着大量的棺椁的朽木、漆皮、铁钉等。据其朽痕分析，葬具系一椁一棺，南北向置于棺床上。墓主位于棺床东侧，骨架已朽。仰身直肢，头朝北。

南壁五堵砖墙，厚1.04米，东、西壁及顶部厚1.01米。筑券方式为平砖顺砌、侧砖丁砌相结合，共三平三竖。室内设东、西、北三个壁龛，平面呈"凸"字形，各有一长方形石龛门。其中北龛门高0.94、宽1.01、楣厚0.23、槛高0.34米；东、西龛门高0.82、宽0.7、楣厚0.23、槛高0.27米。

墓室四壁用青灰砖砌成，以石灰为粘合料。砖长43、宽22、厚11.5厘米。墓室内壁均经打磨，磨痕尚存。铺地砖为大砖，有长方形和方形两种，其中长方形砖长48、宽21.5、厚10厘米，方砖长48、宽48、厚10厘米。

墓室地面北高南低，倾斜度2°。东南角最低，高差2厘米，泄水孔便设在此处，孔口长方形，长16、宽1厘米。我们对棺床北边的地砖层进行局部解剖，发现主室地砖有3层，上层是方砖，中、下层是长方砖，石棺床基便压在下层砖面上。

墓室内的地砖面上积有3～15厘米厚的淤泥，四壁面上也有70厘米高的积水痕迹，局部还见到爬虫，这说明墓室内曾积水，而水很有可能是从泄水孔倒流入的。该墓位于梁子湖畔，地势不高，墓内的积水可能与洪水有关。

随葬品分布在主室及东、西、北龛内，主室的供桌上放祭品，棺床上放佩饰，三

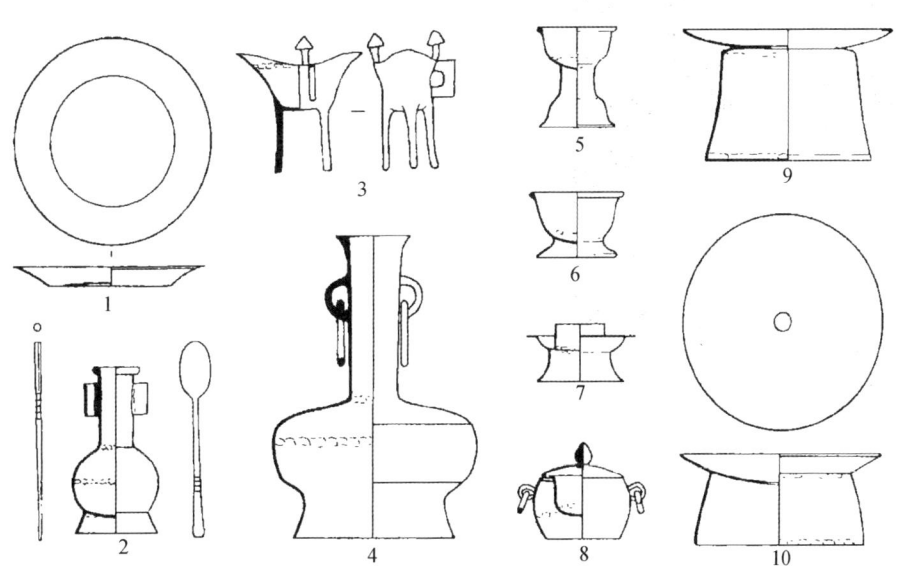

图5　铅锡、铜器
1. 铅锡碟（北：49-2）　2. 匕箸瓶（铅锡瓶、铜匕、铜箸）（北：23）　3. 铅锡爵（北：21）　4. 铅锡瓶（北：5-1）　5、6. 铅锡杯（北：25、北：26-1）　7. 铅锡托盏（北：28-1）　8. 铅锡温锅（北：27-1）　9、10. 铅锡灯台（北：32、北：62）

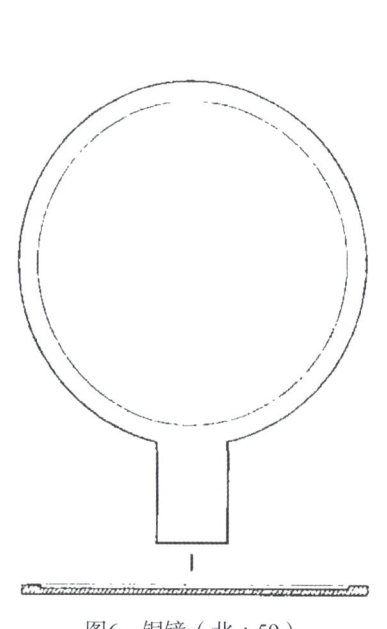

图6 铜镜（北：59）

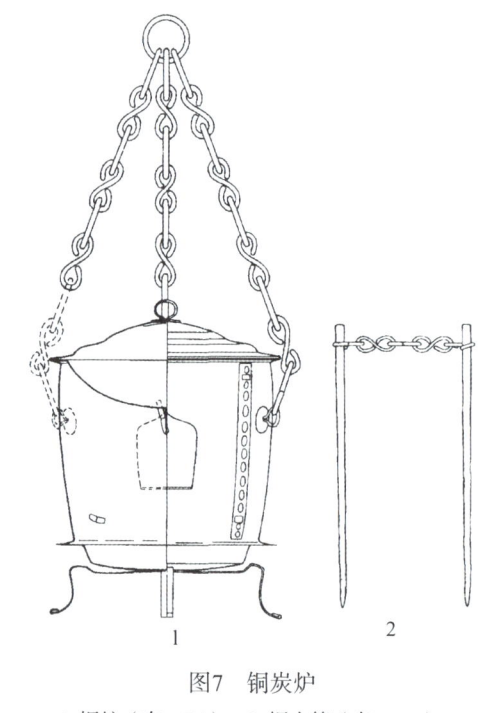

图7 铜炭炉
1.铜炉（东：7-1）　2.铜火箸（东：7-2）

图8 墓内随葬品的分布情况

龛内放明器。在中门与圹志之间、供桌与棺床之间各立一个灵牌，东、西、北龛的龛门槛正中也各立一灵牌，均为石座砖碑。供桌之上安放"五供"，即铜香炉1、烛台2、双耳瓶2。还有一宝（盒）、一册（匣）、一香盒（图8）。

棺内随葬金镶木腰带、铜半镜、串饰等。因棺椁已腐朽、垮塌，原置椁顶上的木旌顶滑落至东龛门槛上。东、西、北三龛内的随葬品均为明器。其中，东、西龛主要放木质小箱、小匣，已朽，只剩下锁、钉、活页等附件，以及铜炉、铁炉等少量明器；北龛主要放置铜、铁、铅锡质明器。

二、随葬器物

随葬品318件，有铅锡器、铜器、铁器、漆木器、瓷器以及冠带佩饰、册宝牌旌、丝绸果品等，这些器物应属生活用品的模型，或许包含有祭奠供品（参见《定陵》)。为便于叙述，下文将主室（主）、棺床（棺）、北龛（北）、东龛（东）、西龛（西）简称，放在器物号前面。

1. 铅锡器

72件。全部出自北龛，多已残破，器类有执壶、瓶、匕箸瓶、罐、坛、爵、杯、匜、盘、碟、温锅、托盏、匕、箸、勺、鼎、香炉、圆盒、烛台、灯台、器盖、残器口沿等，计二十四类。均为明器，器形较小，大多素面，仅个别的装饰花纹，有的器表涂金粉。按其制作工艺可分为两类。一类是打制成器，如器形简单的锅、盘、碟、匕、箸等；另一类是打制与焊接相结合。

执壶 5件。形制近似。北：15-1，小口，短束颈，垂腹，平底，喇叭状矮圈足，管状流，曲柄。器表涂金。口径2.7、腹径6.1、高9.3厘米。北：15-2，长束颈，肩部微折，平底。口径2.8、肩径5.4、高8.4厘米（图9）。

瓶 4件。小口，颈细长而直，扁方腹，无底，喇叭状矮圈足。器表涂金。北：5-1、北：5-2，形制相同。外折沿，颈上对称有2个衔环耳。口径2、腹径5.6、高7.8厘米（图5，4）。

匕箸瓶 1件。北：23，圆唇，长直颈，鼓腹，平底，喇叭形圈足，颈上两侧对称有一贯耳。瓶内插铜匕1件、铜箸1支（另1支佚）。口径1.3、腹径2.4、高4.3厘米（图5，2）。

罐 10件。北：18、北：19，形制近似，大小有别。敛口，短颈，鼓腹，平底，有管状流，提梁衔接环耳。器表涂金。北：18，口径3.2、腹径5.6、通高6.2厘米（图10）。

图9 铅锡执壶（北：15-1、北：15-2）

图10 铅锡罐（北：18、北：19）

坛 2件。北：9、北：33，形制近似，惟大小有别。直口，短颈，鼓腹，平底，假圈足。带荷叶形盖，盖内有凸唇。器表涂金。北：9，口径4.4、腹径6.6、通高7.4厘米。北：33，口径3.6、腹径5.7、通高6厘米（图11）。

图11 铅锡坛（北：33、北：9）

爵 1件。北：21，大敞口，浅弧腹，微圜底，下附3个三角形高足，有2个菌状柱。口长3.4、口宽1.3、通高3.5厘米（图5，3）。

杯 5件。均为卷沿，敞口，深弧腹，平底，圈足。北：26-1，矮圈足。口径2.6、圈足径2.2、高1.7厘米（图5，6）。北：25，高圈足。口径2.2、圈足径2.1、高2.6厘米（图5，5）。

碟 15件。器形相似，大小不一。敞口，斜壁，平底或微凹底。北：49，共7件，内壁涂金。口径4.4～5.4、底径2.9～3.4、高0.5～0.6厘米（图5，1）。

温锅 2件。北：27-1、北：27-2，均为内外套锅，带盖，形制近同。外锅为敛口罐形，鼓腹平底，口下两侧有对称的衔环耳。内锅卷沿直腹，圜底。北：27-1，口径2.3、腹径2.7、通高2.7厘米（图5，8）。

托盏 2件。北：28-1、北：28-2，形制相近。盏盘方唇，宽平折沿，浅腹，平底。盘中心竖立一敛口筒形的盏托，盘底为喇叭形高圈足。盘径3、圈足径2.4、高1.5厘米（图5，7）。

灯台 3件。有单层和双层两种。北：32与北：62均为单层式，浅盘，平底，盘中心有一圆形穿孔，与筒形储油底座相通。北：62，盘径5.6、底座径4.7、孔径0.4、高2.4厘米（图5，10）。北：32，盘径5.8、底座径4.7、孔径0.6、高3.4厘米（图5，9）。

2. 铜器

64件。种类有炭炉、瓢、熨斗、镜、盘、剪、匕、匙、箸、香炉、双耳瓶、烛台、锁、杂件等，形体较小，属于明器。这批铜器按制作工艺可分三类。第一类是铸造器，如镜、熨斗；第二类为打制（含冲压）器，如匕、匙、箸、锅等；第三类是打制与铆（焊）接相结合，如炉、双耳瓶等。

炭炉 4件。有带足和不带足两种。北：10，浅盆形，宽平折沿，弧腹，圜底近平。盖为平折沿，拱顶，顶中心铆一圆纽，盖面镂空，作六瓣形，盖口沿装饰云纹。炉内置铜匙一把、铜箸一双。盖口径7.6、炉口径8.3、底径6、通高5.1厘米（图12）。

图12 铜炭炉（北：10）

炉 1件。东：7-1，炉盖呈斗笠状，顶

图13　铜半镜（棺：2）

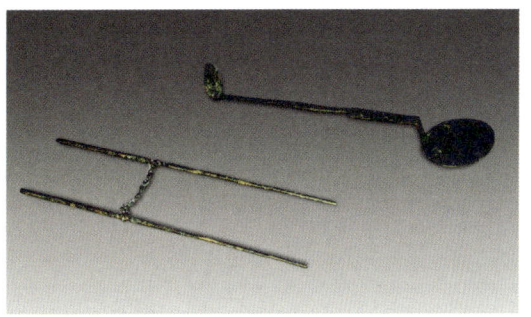

图14　铜匙（主：13）、铜箸（主：14）

中心铆一环纽。炉身圆筒形，腹部设一小炉门，门外有承板。炉底呈浅盘状，下附弯曲的四足，与炉身铆接。炉身外壁有4条对称的垂直护板和3根对称的链条，链条汇总处共衔一环，该炉附一双火箸。通（链）高23.4、炉口径9.4厘米（图7、图26）。

香炉　1件。主：12，"五供"之一，由炉和支架组成。炉体呈鼎形，立耳，鼓腹，圜底，3个兽蹄足。炉内置一支架，支架由3根铜条加2道圆箍组成。口径11.3、腹径11.6、通高13.2厘米（图15）。

镜　3件。分为带柄镜和半镜两种。北：59，为带柄镜，扁圆体，短方柄，正面平滑，背面有凸起的宽缘。直径11.3、柄长3、柄宽0.7、缘厚0.4厘米（图6）。棺：2，半镜，出自墓主腰间。只存整镜的三分之一，推测系有意为之。镜正面平滑，背面外区有一周凸弦纹。长（直径）28.8、宽13.6、中0.5厘米（图13）。

图15　铜香炉（主：12）

剪　1件。北：36-1，厚背，长直刃，"S"形把。长8.4、把宽4.1厘米（图27）。

匙　3件。形制相同，但大小悬殊。匙身呈椭圆扁平体，柄长且前宽后窄，末端呈扁桃形。主：13，原置石供桌上。长19.2厘米（图14）。

箸　5双。其中一双缺1支。均为带链箸，有食箸和火箸两种。主：14为食箸，原置石供桌上，器形较大，中段以细链相连。长18.8、头径0.25、尾径0.4厘米（图14）。

双耳瓶　2件。主：7、主：9，形制相同。"五供"之一，由瓶、瓶塞、插花组成。瓶卷沿侈口，长颈垂腹，平底，喇叭形圈足，颈上有2个对称的衔环方耳。瓶口有一个九孔瓶塞，每孔内均插一支荷花或荷叶，计5花4叶。花、叶均为铜质鎏金。口径

5.3、腹径8.7、高15.6厘米（图16）。

烛台　2件。主：8、主：10，形制相同。"五供"之一，由烛台和蜡烛组成。台盘平折沿，浅腹平底，下附喇叭形高圈足。盘心竖一空心柱，柱顶立一烛钎。蜡烛为圆柱体，木质，表面涂上红漆，烛底竖插在烛钎上。盘径13、圈足径9.7、通高28.4厘米（图17）。

图16　铜双耳瓶　　　　图17　铜烛台　　　　图18　瓷坛（主：2-1）
（主：7、主：9）　　　（主：8、主：10）

3. 铁器

129件。分为炉、锁、剪、钉、杂件五类。红褐色，均有不同程度的锈蚀，素面。打制，铆接或加焊接而成，其中钉类可能系铸造。

剪　1件。北：36-2，厚背，短直刃，环形把，锈甚。长5.6、把宽3.2厘米（图27）。

4. 漆木器

6件。包括木盒、漆盒、木匕、木箸等。

木盒　2件。分别为龙纹木盒、木册盒，原置于石供桌上。木胎，内髹红漆，外涂金。盝顶，方体，子母口承盖，盒盖与盒身的后壁用2件铜活页加铆钉相连，前壁设搭扣贯锁。盒身和盖框为燕尾榫卯结构，盖顶面与盖边框系斜口胶接。

塑龙纹木盒　1件。主：1-2，正方体，内外两重。内盒残朽，外盒四壁及盖顶面用漆调和灰膏，堆塑出龙纹和云纹。器表涂金。长宽高各27.5、壁厚1.3厘米。出土时，内盒装有一件用丝绸包裹着的涂金木印。详见"木谥宝"条。

雕龙纹木册盒　1件。主：15-3，长方体，器表浮雕花纹。盒体前后壁及盖顶面浮雕双龙，两侧壁各雕一龙，间饰以云纹。长29.8、宽18.4、高18、壁厚0.7厘米（图28）。

出土时，此盒被置于石匣内，盒顶盖一块龙纹绸布，盒内装一个绸布包袱，此包袱内又装有3个小绸布包裹，自下而上依次为封册、谥册、绢匹（2件）包裹，大包袱上面还放一件木胎漆圆盒。

漆盒　2件。夹纻胎和木胎各一件。扁圆体，子母口承盖，内外髹红漆，素面。

夹纻胎漆盒　1件。主：11，原置于石供桌上，直壁浅腹，平底平顶。直径10.5、通高4.3厘米（图19）。出土时，盒内装有香料。

图19　夹纻胎漆盒（主：11）

木胎漆盒　1件。主：15-13，旋制，原置于雕龙纹木册盒内。敞口，浅弧腹，平底，盖为拱顶。口径9.2、腹径10.4、通高4.3厘米（图20）。出土时，盒内装有玉璧和小石饼各一件。

图20　木胎漆盒（主：15-13）及玉璧（主：15-14）

图21　木旌顶（主：3）

5. 瓷器

2件。器型为坛和碗，均为素面。出土时，碗置于坛内。

坛　1件。主：2-1，出自石供桌下东侧。白瓷，腰鼓形，方唇，敛口，深腹微鼓，平底。盖面微拱，顶心有一圆纽，盖内有凸唇。口径14.8、腹径22.7、底径15.8、通高33.2厘米（图18）。出土时，坛内积满液体，并有瓷碗1、木匕1、木箸1、果品17件。

图22　石匣（主：15-1）

碗　1件。主：2-3，出自瓷坛内。青瓷，豆青色，器表光洁。圆唇，敞口，弧壁，平底，圈足小而矮直。口径11.7、圈足径4、高5.4厘米。

6. 冠、带和佩饰

7件（套）。包括乌纱帽、金镶木腰带、玉璧、小石饰、串（缀）饰等。

金镶木腰带　1条。棺：1，出自墓主腰间。由20件镶木金带銙、2件金带扣、铊尾和一件金舌簧组成，带鞓已朽。带銙的形状有长方形、一端圆弧的长方形、长条形和桃形四种，内镶木，木已朽。铊尾正面透雕云龙纹，余皆素面。

带銙为截取薄金片，采用锤合、铆接、焊接等工艺制成。銙背面回折成凹槽，槽内镶木，回折处有小孔，用来穿缀鞓带。舌簧是合口处中心带銙的配件，舌簧尖是将一长条金片回折而成，有一定的弹性。长方带銙长6.9、宽5.7、厚0.8厘米，铊尾长8.9、宽5.4、厚1.1厘米。

玉璧　1件。主：15-14，出土时被置于木胎漆盒（主：15-13）内。青白玉，圆形，体扁平，单向钻孔，孔壁斜。直径2.5、孔径2.5、厚0.5~0.7厘米（图20）。

图23　石圹志（主：19）

7. 册、宝、志、牌、旌、匣

11件。种类有鎏金铜封册、鎏金铜谥册、木谥宝、石圹志、灵牌、木旌顶、石匣等。

鎏金铜封册　1件。主：15-12，出土时用绸布包裹着，置于木册盒内的底层。长方形，由大小相等的两版对合，再灌锡液封固而成，两版的正面（即对合面）呈浅赭红色，铸有阴文楷书，反面鎏金。每版的长边各斜穿4个小孔，合版后，形成8对相对应的孔，却不见穿缀物。合版长24.7、宽10.3、厚1（每版各厚0.5）、孔径0.2厘米（图24）。

封册两版正面均有2周阴刻方框，框线内阴刻楷书封文，直行右起，两版连读，计190字，抄录如下：

维洪武三年岁次庚戌四月己未朔越七」日乙丑」皇帝若曰君天下者禄及有德贵子必王此」人事耳然居位受福国于一方尤简在」帝心小子桢今命尔

为楚王分茅胙土岂易事」哉朕起自农民与群雄并驱十有八年艰」苦百端志在奉」天地享神祇张皇师旅伐罪救民时刻弗怠以」成帝业今尔固其国者当敬」天地在心不可谕礼以祀其」宗社山川依时享之谨兵卫恤下民必尽其道」於戏奉」天勤民藩辅帝室能修厥德则永膺多福体朕」训言尚其慎之」

鎏金铜谥册　1件。主:15-10，出土时用绸布包裹，置于木册盒内，叠压在封册包裹之上。其形制、大小与鎏金封册相同。与封册不同的是，该谥册的两版正面颜色偏黄，谥文字体较大，计130字，抄录如下:

维永乐二十二年岁次甲辰三月」丁丑朔越十五辛卯」皇帝制曰朕惟告王之典生既有爵」殁必有谥名所以彰其德谥所以」表其行故行有大小谥有重轻此」古今公议不可废也朕弟楚王资」禀温厚笃于孝安荣贵富定期」永久属兹遘疾遽然薨逝特遵古」典赐尔谥曰昭於戏德以名彰行」因谥显王其有知服斯宠命」

木谥宝　1件。主:1-5，出土时用绸布包裹，置于木盒的内盒里。谥宝为木胎，器表涂金。扁正方体，龟纽。印面阳刻篆文"楚昭王宝"四字。印边长10.2、厚2.5、通高4厘米（图29）。

石圹志　1方。主:19，置于石供桌前。石质，由座与碑榫接而成。碑宽51.5、厚10.3、通高100厘米。座为盝顶长方体，素面，碑为圆角长方形，扁体。正面的周边阴刻龙纹和云纹，涂朱。上首中间阳刻涂朱篆书"大明楚王圹志"，以下为阴刻涂朱楷书，直行右起，计307字（图23）。

灵牌　5件。石座砖碑，分别置于中门与圹志之间（主:16），供桌与棺床之间（主:18），以及东、西、北龛门槛正中（东:1、西:1、北:1）。出土时除北:1仰倒外，余皆竖立，正面朝外。石座盝顶，长方体，素面。砖碑扁体，弧顶，其下端竖插于石座榫口内。砖碑反面阴刻云龙纹，正面阴刻一涂朱符号，下面有一个合体篆字。灵牌的形制近似，唯其龙纹的头向和正面的符、字有别。东:1，碑宽11.2、厚4.8、通高33.9厘米（图25）。

木旌顶　1件。主:3，出自棺床东侧下，斜靠在东龛门槛上。系用整木圆雕成一张覆置的荷叶，叶上浮雕出叶脉。平底，底凿出一个长方形凹槽，槽内尚嵌一段薄木残片。通体涂描颜料，叶脉金黄色，叶面绿色。叶蒂处有一件铆接的长方形铜构件，构件衔环纽。涂金。长86.4、厚3.2、通高24厘米（图21）。铭旌是明代流行的丧葬仪仗用品，入葬时放在棺椁之上。此器可能是因棺椁腐朽才落于棺床之下。

图24 鎏金铜封册（正面）（主：15-12）

图25 灵牌（正面）（东：1）

图26 铜炉（东：7-1）

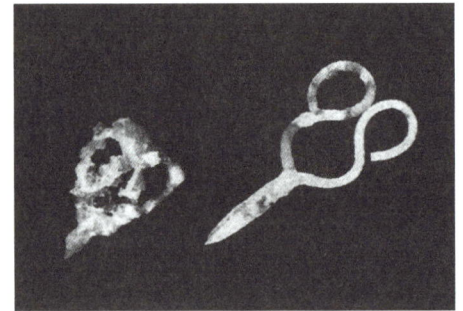

图27 铁剪（北：36-2）、铜剪（北：36-1）

石匣　1件。主：15-1，出土时位于供桌中央。盝顶，长方体，子母口承盖，直壁，平底，底座大于匣身。匣身系整石凿成，外壁遍饰云龙纹。口长45、宽33.9厘米，座长48.2、宽37、壁厚5.4厘米，通高33厘米（图22）。出土时，匣内放一件涂金册盒。

8. 丝绸、金丝线

10件。均已残损，甚至炭化。

9. 果品

17个。主：2-4，均出自瓷坛（主：2-1）内，品种有核桃7、板栗4、枣3（完整枣1、枣核2）、白果1、荔枝核1个，还有1个不明其品属。

图28 雕龙纹木册盒（主：15-3）

图29 木谥宝（主：1-5）

三、结　语

据《明史》记载，楚藩封国始于1370年，灭于1643年，历时274年。

据墓内出土的圹志记载，墓主朱桢是太祖朱元璋第六子。洪武三年（1370年），年方七岁的朱桢被册封为楚王，洪武十四年（1381年）就藩，永乐二十二年（1424年）"以疾薨"，享年61岁。太（成）祖"赐谥曰昭……葬于国之东南灵泉山之原"。自楚昭王之后，历传庄、宪、康、靖、端、愍、恭、贞八王，楚系藩王盘踞武昌达263年。

楚昭王墓的下葬年代明确，是明代前期的亲王墓。目前已经发表的同期亲王（或同级别）墓主要有鲁荒王朱檀墓（洪武二十二年葬）[1]、蜀世子朱悦燫墓（永乐八年葬）[2]、辽简王朱植墓（洪熙元年葬）[3]，梁庄王朱瞻垍（正统六年葬）[4]、宁献王朱权（正统十四年葬）等[5]。与上述墓葬相比，楚昭王墓有其特点：

茔园规模最大，而墓室规模最小。上述亲王墓仍保存茔园的只有鲁荒王和梁庄王墓。鲁荒王茔园南北长206、东西宽80米。梁庄王茔园只存北半部，东西宽250米。相比之下，楚昭王茔园要大得多，长355、宽335米。但其墓室全长只有13.84米，比上述

---

[1] 山东省博物馆：《发掘明朱檀墓纪实》，《文物》1972年第5期。

[2] 中国社会科学院考古研究所、四川省博物馆成都明墓发掘队：《成都凤凰山明墓》，《考古》1978年第5期。

[3] 荆州地区博物馆：《江陵八岭山明代辽简王墓发掘简报》，《考古》1995年第8期。

[4] 梁柱：《钟祥明代梁庄王墓的发掘》，《江汉考古》2002年第1期；梁柱：《湖北钟祥梁庄王墓出土大批精美文物》，《中国文物报》2001年11月21日；梁柱：《定陵之后又一明代重要考古发现》，《中国文物报》2002年1月2日。

[5] 陈文华：《江西新建明朱权墓发掘》，《考古》1962年第4期。

诸墓都小，甚至不到朱悦㷲墓（通长33米）、朱权墓墓室（通长31.7米）的一半。仅以墓室规模而论，楚昭王墓只相当于同期的郡王一级，如葬于宣德三年（1428年）的晋悼平王朱济熿墓（墓室全长13.1米）①。楚昭王墓还是明前期唯一的单室亲王墓。

墓葬偏离茔园中轴线。昭园中轴方向为147°，而昭王墓的中轴方向是137°，二者相差10°。此外，昭园"回"字形的茔园布局虽与梁庄王的相同，但后者的地宫设在内茔园里，昭王地宫则在内茔园外。

随葬器物明器化。这一点与明湘献王朱柏墓类似②。但朱柏（朱元璋第十二子）因怕建文帝报复而自杀身亡（《明史·诸王二》），其丧事从简或降格实属情理之中，随葬品明器化也不足为奇。而朱桢本人为宗人府宗正，却随葬明器，其原因尚待研究。此外，楚昭王墓随葬的鎏金铜封册、灵牌、铜半镜、金镶木腰带、木旌顶等，均不见于上述诸亲王墓。

综上所述，楚昭王墓的发掘为研究明代的藩王墓葬制度提供了新资料。

摄影：郝勤建　余　乐

绘图：胡志华

执笔：梁　柱

（原载《文物》2003年第2期）

---

① 山西省文物管理委员会：《山西太原七府坟明墓清理简报》，《考古》1961年第2期。

② 荆州博物馆馆藏资料。

附录二　楚藩宗室墓考古发现

《（乾隆）江夏县志》载："明楚藩昭、庄、宪、康、靖、端、愍、恭八王墓，在县城六十五里。永安懿简、庄惠、悼怀、靖懿、昭定五郡王墓，巴陵悼简王墓，俱在县城东。寿昌安僖、靖和、庄穆三郡王墓，俱在县城西兴源。通山靖恭、庄简、安惠、温定、庄穆五郡王墓，俱在县城东。景陵顺静王墓，在县城东。江夏康靖、悼顺、安惠、端僖四郡王墓，俱在县城东。东安恭定、昭简二郡王墓，俱在县城东。大冶王墓，在县城东。缙云怀僖郡王墓，在县城永丰山。保康王墓，在县城东。"①

经过多年的考古工作，基本确定了楚藩宗室墓葬分布规律：亲王墓葬均位于龙泉山，整个墓群以王、妃以及夫人墓为主，没有附葬郡王和将军及其以下宗室墓葬；而亲王以下宗室墓葬则埋葬在流芳及其周边区域（二妃山、四股山等山系），上述区域从明初开始一直是楚藩各郡国的家族墓地所在地，与亲王一系的王陵所在地——龙泉山间隔不过数里。特别是二妃山区域，是楚藩郡王及其家族宗室埋葬之地，墓葬分布密集。

一、楚　王　墓

楚藩八世九王均葬在武汉东湖新技术开发区龙泉山，九王茔园沿龙泉山间盆地边缘依次而建，其中昭、宪二王茔园在天马峰南麓，庄、愍、恭、靖、端、定、康七王茔园建于玉屏峰北麓，与昭、宪二王茔园隔古河道相望。龙泉山明楚王墓是明代"同藩诸王同兆域"埋葬方式的范本。目前，考古工作仅发掘了楚昭王墓和楚愍王墓，其余七王茔园已做初步调查、勘探。楚昭王墓详见本书正文。

（一）愍王墓

楚愍王朱显榕是第七任楚王，生于正德元年（1506年），正德十一年（1516年）受封长乐王，嘉靖十四年（1535年）袭封楚王，嘉靖二十四年（1545年）被世子

---

① （清）陈元京修，范述之纂：《（乾隆）江夏县志》卷十五《古蹟》，清乾隆五十九年刻本，第17、18页。

所弑。

愍王茔园是明楚王墓中规模第二大的茔园，仅次于昭园。为配合明楚王墓国家考古遗址公园建设，武汉市文物考古研究所于2019～2020年、2022～2023年分两个阶段对愍王茔园进行了考古调查、勘探及发掘工作，这也是继昭王墓之后，经正式考古发掘的第二座楚王墓。

第一阶段共发掘了五段外城垣基址Q1～Q5、茔园外祭祀建筑基址F1、陵寝门（外门）南北两侧的角门结构F2和F3、明塘CH1、外神道L1、外门广场L2、排水道注水口G1共12个遗迹。同时对明塘、外神道、角门、外城垣、排水暗渠等结构做了若干必要的探沟和解剖沟进行细部结构研究。出土铭文砖、瓦当、沟瓦、滴水、筒瓦、青花瓷片、神兽像、方形铁钉等文物。

第二阶段主要对明塘基址进行发掘，以探明其基本形制结构。通过大面积的调查、勘探，已基本明晰排水系统总体布局和功能，并利用探沟发掘对其关键节点进行了结构解剖，了解其营建方式。新发现了金水池基址，并对其进行了局部发掘，总体结构、建筑方式已较为明确。新发现了环绕愍王及王妃墓冢的宝城城墙基址，并对其进行了局部解剖，明确其形态结构。新发现了愍王墓冢坡脚的封土护坡基址，并对其进行了局部清理，了解了基本结构。对茔园外祭祀建筑周边进行全面的调查勘探，证明其为次妃墓拜台。出土大量器物，主要为建筑构件，包括筒瓦、板瓦、脊瓦、滴水、瓦当、石构件等。同时有少量瓷碗等发现。这些器物主要为典型的明代制品。

（二）庄、宪、康、靖、端、恭、定王墓

在1998至2000年期间，武汉市文物考古研究所、江夏区博物馆为配合明楚王墓园区的整治改造，对庄、靖、愍、定王茔园基址进行了逐一清理和勘测工作。

在2009、2015年两个年度，武汉市文物考古研究所在明楚王墓群大遗址内开展了大量工作。经过前期的反复调查和摸底，对其中的庄王、靖王、愍王三座茔园进行清理，清理面积共计35900平方米。庄、靖、愍三座茔园基本结构一致，建筑基础保存尚可。各茔园包括内外城垣及其建筑主体，建筑主体由外门、中门、月台、享殿、东西配殿、神帛炉、内红门、祭台（坛）、墓冢（地宫）等组成。三座茔园结构略有差异，在庄王茔园外城垣左前方建有碑亭，愍王茔园则在陵恩门前建金水桥。

2018年，为配合明楚王墓园区道路维修整理工程文物影响评估工作，武汉市文物考古研究所对道路涉及的庄、愍、靖、端、恭、康、定王茔园进行了实地踏查工作。通过以往的考古清理资料以及相关技术手段，推测、确定了上述各茔园的外城垣基本轮廓，确保了道路改造不影响各茔园的整体布局和后期展示利用工作。

二、郡 王 墓

(一) 通山王朱孟爚家族墓地①

2009年，在富士康工业园区铁路建设中，于武汉市江夏区流芳四股山发现两座明代大型砖室墓。武汉市文物考古研究所、江夏区文物管理联合对两座墓葬进行了抢救性考古发掘。

两座墓葬均位于四股山东南部的山坡脚下，坐北朝南，为竖穴土坑砖室墓。土坑平面呈"凸"字形，墓道向南，均已毁。两墓并穴，南、北稍错位，间距约2.6米。

两墓共出土文物120余件，有金器、银器、铜器、铁器、铅锡器、木器、玉器、墓志等。其中东侧墓出土木俑49个，雕刻精湛，形象逼真，在武汉乃至湖北省的明代墓葬中为首次发现。东侧墓还出土一方墓志。从志文看，墓主为楚王朱桢第六子通山王朱孟爚妃程氏。程氏生于洪武十九年（1386年），庐江人，十九岁被册封为通山王妃，因病逝于永乐五年（1407年）。

(二) 景陵王朱孟炤夫妻合葬墓②

2002年，为配合武汉市二妃山垃圾处理厂工程建设，武汉市文物考古研究所、江夏区博物馆、江夏区流芳街文化站联合对工程涉及范围进行考古调查、勘探及发掘，发现明代墓葬11座，其中M1、M2确认墓主为明景陵王朱孟炤及王妃贾氏。

M1、M2为同园并穴墓。原有长方形茔园和地面建筑，早年被毁，现仅残留部分茔垣墙基，地面可见少量绿色琉璃瓦残片。茔园南北长约102、东西宽约48.5米，两墓位于茔园的北部，坐北向南，间距2.5米，M1向前错位仅2米。

M1为长方形土坑砖室墓。封土早年被毁，土坑呈"凸"字形，有长方形斜坡墓道，墓口距表地深0.4、长13.9、宽7.7～8.6米。墓室为单室，券顶，东西各有一小耳室，后有小后室。墓室通长11.36、宽5.2、残高2.76米，东耳室高0.85、宽0.5、进深0.56米。墓室四壁用澄泥大青灰砖砌成。墓室东北角有一条由北向南的排水沟，延至山坡下的低洼地带，宽0.4、深0.2米，内存积石。此墓因早年生产队取砖修仓库，将大部分结构毁掉，棺木、棺床及人骨架无存。

---

① 武汉市文物考古研究所内部资料。
② 武汉市文物考古研究所、武汉市江夏区博物馆：《武汉江夏二妃山明景陵王朱孟炤夫妻墓发掘简报》，《江汉考古》2010年第2期。

M2为长方形土坑砖室墓。封土早年被毁。土坑呈"凸"字形。坑口长12.5、宽7.2、底长11.3、宽6.3米。有长方形斜坡墓道，墓道口长9.3、宽3.3~3.75、深0.65~3.7、斜长10米。墓道中部有横长方形祭祀坑。墓室为单室，平面呈长方形。墓室通长9.32、宽3.64米，南壁并列有3个长方形石质墓门。中门略大，高0.54、宽0.49米；左右门略小，高0.48、宽0.44米；主室内长6.4、宽2.24、高2.44米；后室进深1.14、宽2.24、高1.2米，门宽0.77、高0.42米；东西耳室进深0.7、宽1.64、高0.6米，门宽0.32、高0.34米。墓室四壁用青灰砖错缝平砌而成，部分砖侧面模印有"官""官造"等字样。主室内有石质棺床，长2.5、宽1.25、厚0.25米。棺床上置一棺木，外表涂红漆，内涂黑漆，全长2.42、宽0.9~1.1、高0.95~1.29米。祭祀坑为长方形土坑，东西长3.8、南北宽2.5、深1.32~1.55米。

两墓共清理修复各类器物49件，其中M1出土5件，包括青花云龙纹盘、铜钥匙、小铜镜等；M2主室出土14件、祭祀坑出土30件，包括青白瓷坛、铜锁、鎏金铜凤簪、铜炉、铜熨斗、铜剪刀、铜镜、供台、冥钱、木旌顶、木漆盘、木册、滑石圭、珍珠以及执壶、鼎、烛台、罐、盘、砧、盆、锅、盂、瓶、甑等铅锡明器。

木封册出土于M2。长方形，由大小相等的两版对拼，阴刻楷书，字填涂有朱砂。每块版长24、宽9.3、厚0.3厘米。木册两版正面阴刻楷书封文，每版四纵列，直行右起，两版连续，计105字。抄录如下：

维永乐九年岁次辛卯八月庚寅朔越二十二日辛亥皇帝制曰朕惟太祖高皇帝之制诸王支子皆封郡王必选贤女以为之配弟楚王第八子孟炾已封为景陵王尔贲氏襄阳卫指挥佥事贲玉之女结为婚姻特授以银册立尔为景陵王妃尔尚恪遵妇道内助家邦敬哉。

据册文可知，M2墓主为楚昭王朱桢第八子景陵王朱孟炾的王妃贲氏，王妃为襄阳卫指挥佥事贲玉之女，永乐九年（1411年）封为景陵王妃。M1墓主推测为景陵王朱孟炾。《明史·诸王世表二》记载："景陵顺靖王孟炾，昭庶八子，永乐二年封。正统十二年薨。无子，除。"

（三）通城王朱英焆家族墓地[①]

2010年，为配合武汉市关山路立交工程，武汉市文物考古研究所在东湖高新区朱

[①] 武汉市文物考古研究所：《武汉市明通城王朱英家族墓地发掘简报》，《江汉考古》2014年第6期。

鲁湾村抢救性发掘了5座砖室墓（M1~M5）。

5座墓均为长方形砖室墓，带有斜坡墓道，基本呈正南北向，自东向西一字形分布。

M1平面呈"甲"字形，由墓道、墓室两部分构成，墓室为长方形，南北长3.74、东西宽2.86米；东西两侧各有一小龛，长0.42、进深0.3、高0.52米。北壁中部有头龛，长0.4、进深0.16、高0.72米，内置有墓志。棺床为长方形，其上有少许棺木残留，未见有人骨。头部随葬一铜镜，腰部随葬一铁制剪刀。

M2由封土、墓道、墓室三部分构成，封土堆残存高约2米，周长约10米。墓道长3.5、宽1.2~1.6米。靠近封门处放置墓志。墓室为长方形。南北长3.54、东西宽3.18米。棺床长2、宽0.68~0.76米。棺床与封门墙之间有4件瓷碟。棺床东壁中部有2个壁龛，均长0.12、进深0.4、高0.22米。北壁中部头龛，长0.32、进深0.26、高0.3米，内有1件青花瓷罐盖，罐身掉落至棺床前端地面。

M3由封土、墓道、墓室三部分构成，封土残存高约2米，周长约10米。墓道长2.6、宽1.28~2.3米。墓室为长方形，南北长3.62、东西宽2.82米。棺床长2.1、宽0.68~0.88米。在封门墙和棺床之间出土1件釉陶罐。东西两壁的小龛，呈对称状，长0.34、进深0.34、高0.4米。北壁中部头龛，长0.74、进深0.28、高0.6米。墓室两边各有宽0.08米的排水沟。

M4由封土、墓道、墓室三部分构成，封土残存高约2米，周长约8米。墓道长2.98、宽1.16~2.26米。墓室为长方形，南北长3.1、东西宽1.82米。棺床长2、宽0.74~0.78米。在棺床脚部位置出土铜镜1枚，在棺床腰部位置出土金戒指1对、玛瑙珠1颗、纽扣2粒，在棺床头部位置出土金耳环1对、金簪1枚。

M5由墓道、墓室两部分构成。墓道长2.86、宽1.4~2.3米。墓室为长方形，南北长3.02、东西宽2.04米。棺床长2.06、宽0.76~0.84米。在棺床腰部位置出土16件玉饰品。东西两壁有小龛，长0.34、进深0.26、高0.4米。北壁头龛长0.4、进深0.3米。东西龛出土有带盖陶罐。

M1、M2出土有墓志。根据墓志铭文可知，M1墓主为夫人邵氏，系明通城王朱英焌继室，生于正德丁巳年（1497年），逝于隆庆辛未年（1571年）。M2墓主为通城王朱英焌妃徐氏，生于弘治六年（1493年），逝于嘉靖元年（1522年），嘉靖七年（1528年）追封为通城王妃。M3墓葬规格较高，推测为通城王朱英焌。朱英焌为第六任通城王，系楚昭王朱桢六世孙、通城王朱孟璨五世孙。M4为女性墓，身份不详。M5随葬玉带，推测为宝乐妃。

三、郡王以下墓葬

（一）镇国将军朱季垛[①]、辅国将军朱均钵[②]家族墓

2007年9月，为配合湖北省奥林匹克体育运动中心工程建设，武汉市文物考古研究所对工程建设用地区域进行了勘探、发掘，共发现8处明代楚藩郡王以下级别茔园，发掘了其中5处茔园，合计13座墓葬。一号茔园为镇国将军朱季垛家族墓，二号茔园为辅国将军朱均钵家族墓。

一号茔园平面呈长方形，南北长约57、东西宽约50米，面积约2850平方米。茔园由茔垣、拜台、封土堆等组成。茔园封土堆平面呈椭圆形，南北最大径16.3、东西最大径15.1、残高1.7米，其下为一座砖室墓葬（M1），砖室墓为同冢异穴夫妻合葬。M1-a为长方形竖穴土坑砖室墓，平面呈"凸"字形，由墓道、砖室和排水设施等部分构成。墓道残长5.4、口宽2.55、底宽1.7、深0.35～2.8米。距封门1米处有一方石灰岩墓志，外有石质护碑。砖室平面呈长方形，由挡土墙、封门墙、墓室构成，全长5.85、宽3.8、高2.95米。墓室平面呈长方形，内长4.55、宽2.45、高2.25米。墓室前部有一长方形砖砌祭台，祭台北约0.25米处有一砖砌棺床，棺床宽1.1～1.25、长2.6、高0.25米。排水沟位于墓室东南角，封门砖底部东端有一排水孔与排水沟相通。M1-b为长方形竖穴土坑砖室墓，平面呈"凸"字形，由墓道、砖室两部分构成。墓道残长2.7、开口宽2.2、底宽1.75、深0.7～1.7米。紧挨封门处有一方带须弥座的石质墓志，墓志有石质护碑，护碑面向北，墓志面向南。砖室平面呈长方形，由封门墙和墓室构成，全长5.35、宽3.3、残高1.1～1.9米。墓室平面呈长方形，内长4.6、宽2.34、残高1.1米。主要随葬盖罐、执壶、高足碗、三足炉、碗、长颈瓶、盒、盅、盘等瓷器。出土墓志2方，据此可知，M1-a墓主镇国将军朱季垛，系楚昭王朱桢孙、崇阳靖简王朱孟炜第六子，生于正统四年（1439年），景泰元年（1450年）受封为镇国将军，卒于成化七年（1471年）。M1-b墓主为其夫人潘氏，生于宣德九年（1434年），景泰六年（1455年）受封为夫人，卒于天顺七年（1463年）。

二号茔园保存状况较差，从残存情况看，整座茔园由茔垣及封土堆组成，南北长约46、东西宽约35米，面积约1610平方米。二号茔园内共有4座墓葬（M2～M5）。

[①] 武汉市文物考古研究所：《湖北武汉二妃山明代楚藩家族墓群一号茔园发掘简报》，《文物》2021年第12期。

[②] 武汉市文物考古研究所：《湖北武汉二妃山明代楚藩家族墓群二号茔园发掘简报》，《文物》2021年第12期。

M2为同茔双穴并列夫妻合葬砖室墓。封土堆平面呈椭圆形，南北最大径8.1、东西最大径7.9、残高1.4～1.7米。两室均为长方形竖穴土坑砖室墓，平面呈"凸"字形，由墓道、砖室和排水设施等部分构成。M2-a砖室平面呈长方形，由挡土墙、封门墙和墓室构成，全长4.6、宽3.4、高2.45米。墓室平面为长方形，内长3.7、宽2.3、高1.9米。墓室前部有一长方形砖砌祭台，长0.9、宽0.44、高0.15米。棺床宽1.13～1.2、长2.5、高0.22～0.25米。墓室东、西壁各有一壁龛，形制相同，宽0.18～0.32、深0.44、高0.4米。M2-a西壁龛与M2-b的东壁龛相连通。排水沟位于墓室的东南角，与封门砖底部东端的小涵洞相连通。随葬青花兽耳瓶、青花筒形香炉、青花龙纹高足碗、冥钱等。M2-b砖室平面为长方形，由挡土墙、封门墙和墓室构成，全长4.6、宽3.4、高2.45米。墓室平面为长方形，内长3.7、宽2.25、高1.9米。棺床长2.2、宽0.86、高0.15米。墓室东、西壁各有一壁龛，形制相同，宽0.18～0.32、进深0.44、高0.4米，M2-b东壁龛与M2-a的西壁龛相连通。排水沟位于墓室的西南角，在封门砖的底部西端小涵洞与排水沟相连通。在西壁夹墙中接壁龛处，亦有一道小涵洞与排水沟连通。随葬白釉盅、玉环、陶匜、釉陶罐等。

M3～M5均为带有圆形封土堆的长方形竖穴土坑墓。M3封土堆南北最大径4.51、东西最大径4、残高1.1米。墓圹平面呈梯形，北宽0.98、南宽0.9、长2.44、深0.9米，方向20°。墓壁较直，墓坑底部残留棺木及棺灰痕迹，棺底北宽0.56、南宽0.42、长1.9米。人骨保存较好，仰身直肢，头向北。人骨头端有一长方形熟土台，宽0.98、高0.35、厚0.16米。台上置陶质买地券1方，墓圹西壁有一龛，龛口略呈三角形，龛宽0.18、高0.18、深0.1米，龛内放置1件釉陶罐。南壁有一方形龛，龛宽0.36、高0.5、进深0.23米，龛内放置有1方石质墓志。

M4封土堆南北最大径为6.8、东西最大径7、残高1.05～1.45米。封土堆下有一座同茔异穴土坑墓，两者间距3.1米。M4-b打破M2-b的排水沟。M4-a墓圹平面呈长方形，长2.34、北宽1、南宽0.9、深1.1米。墓壁较直，墓坑底部残留棺木及棺灰痕迹，棺木残长1.6、厚0.03～0.08米。人骨保存较差，仅残存部分下肢骨，可见胫骨、腓骨及脚趾骨等。墓圹北壁中部嵌有1方买地券。西壁中部有一方形龛，龛宽0.2、高0.26、进深0.1～0.14米，龛内放置1件釉陶罐。南壁中部嵌有1方带座石质墓志。M4-b墓圹平面呈长方形，长2.46、宽1、深0.8米。墓壁较直，墓室底部铺有一层石灰粉末。人骨保存状况较差，其中头骨腐朽，胸骨、肋骨及上肢骨已基本不见，仅有少量脊椎骨和胫骨、腓骨、脚趾骨等部分下肢骨保存下来。根据棺钉出土位置以及人骨保存状况，可推测木棺约长1.84、宽0.48米。头骨两侧各有玉环1件，墓圹北壁中部嵌有1方买地券。

M5封土堆南北最大径6.4、东西最大径5.3、残高1.55～1.85米。封土堆下有一座长方形竖穴土坑墓，方向30°。墓圹平面呈梯形，长2.2、北宽0.9、南宽0.78、深1.36～1.4

米，南端略浅于北端。墓壁较直，墓坑底部残留有棺钉及少许棺灰痕迹，人骨保存较差，仅残存头骨及部分下肢骨。

5座墓葬共出土买地券4方、墓志3方。据券文、志文可知，M2-a墓主为辅国将军朱均钵，系一号茔园M1-a朱季塎次子，生于天顺二年（1458年），成化七年受封为辅国将军，卒于正德三年（1508年）七月二十五日。M2-a墓主为辅国将军朱均钵夫人张氏。M3墓主为朱均钵长子朱荣𣶬，生于弘治癸丑年（1493年），正德元年受封为奉国将军，卒于嘉靖十九年（1540年）。M4-a墓主为朱均钵次子朱荣溯，生于弘治乙卯年（1495年），正德二年受封为奉国将军，卒于嘉靖二十年。M4-b墓主推测为奉国将军荣溯淑人。M5墓主推测为M3墓主的妻子，其身份为奉国将军朱荣𣶬的淑人骆氏。

（二）镇国中尉朱显栻家族墓[①]

1985、1993年，洪山黄家湾居民和洪山区检查院在建房掘基时，发现了两处四座明代楚王朱氏家族墓。接报后，武汉市考古队对两处墓葬进行了考古发掘。根据墓志铭，确认四座墓分别为镇国中尉朱显栻（M2）及恭人赵氏墓（M1）、朱显栻之次子辅国中尉朱英㼈（M3）及宜人袁氏墓（M4）墓。

M1、M2为夫妻合葬墓。均为竖穴土坑碗棺葬。M1墓坑残长3.4、宽2.05、深1.6米。棺室为碗砖结构。棺高六层碗，每层内外两圈，熟糯米拌石灰为黏合剂。其外廓长2.7、宽1.3、室长2.1、宽0.7米。墓室南端墙外，有一方青石墓志，额部中央阴文篆书"恭人赵氏圹志"六字。墓坑水壁距坑底0.9米处有一小土龛，内置一青砖阴文楷书买地券。西坑壁北部距坑底0.74米处，有一0.2米见方的土龛，内置一白瓷带盖罐。还出土有金钗、金鬓饰、金簪、金戒指、银钗、鎏金银钗、银簪和半方铜镜。M2土坑残长3.25、宽1.4、深1.5米。紧靠M1碗室东侧，与M1墓坑形成打破关系。M2外廓宽1.1、残长2.5米；碗室内宽0.54、墙高0.9米，计碗六层，砌法与M1碗室相同。墙北端两侧各嵌无盖白瓷罐1件。北室0.2米处，有砖券一方嵌于底部坑壁。出土有半方铜镜。

M3、M4为夫妻合葬墓。均为竖穴土坑木棺墓。M3土坑残深0.6、长2.95、宽1.3米。木棺长2.04、宽0.65米。棺内遗骨残骸长1.70米。土坑内南、北两端各有石质墓质和砖质买地券一方，土坑内东北部及西边靠南部位，各出梅瓶1件。

M4土坑打破M3东坑边。M4土坑残深0.19、长2.18、宽1.05米。木棺长2.1、宽0.7

[①] 武汉市博物馆：《黄家湾明代楚王朱氏墓》，《江汉考古》1998年第4期。

米,棺内遗骨残骸长1.56米。墓内出土铁券一方,铁券上放置十余枚铜钱。

M1、M2、M3各出墓志一方。根据墓志可知,M2墓主为镇国中尉朱显栻,系楚昭王五世孙,崇阳靖简王五世孙,生于成化十二年(1476年),薨于嘉靖三十四年(1555年)。M1为M2墓主恭人赵氏,系武昌护卫义官赵春嫡长女,生于成化十三年(1477年),薨于嘉靖七年。M3墓主为辅国中尉朱英㸅,M2墓主朱显栻次子,生于弘治丁巳年(1497年),薨于嘉靖二十七年(1548年)。M3、M4为夫妻合葬墓,推测M3墓主为宜人袁氏墓。

恭人和宜人是明代授予贵妇的封号。洪武四年(1371年),定命妇封号,一品、二品曰夫人,三品曰淑人,四品曰恭人,五品曰宜人,六品曰安人,七品曰孺人。

(三)奉国将军墓①

2007年,富士康工业园区考古发掘工作清理了12座墓葬,其中2座为宋墓、10座为明墓。根据出土墓志,M4为奉国将军墓,其他明墓可能属于家族墓葬。

1. 大型墓葬

富士康工业园区发现的大型墓葬,共计3座,分别为M1、M2、M10,推测为郡王级别墓葬。M1破坏最为严重,墓坑长13.5、宽7.5~8.35米,呈"中"字形。墓道残长1.45、宽3.4米,室内长9.3、宽3.35米,耳室宽1.2、深0.8米,该墓总面积达123平方米。自墓道进入室内,在木炭层与三合土层所包裹有三个石墓门,每一道门的宽度为1米,有两石门、门厚10厘米左右。室内中部有排水沟,长度有10米左右,宽0.45米左右。

M2破坏严重,但总面积约120平方米。墓道长5.8、宽2.5米,面积15平方米;土坑长17.8、宽5.75米,面积约105平方米,残深2米。墓室内长8、宽2.25、砖壁厚0.66米,石灰三合土层厚15厘米,三合土的外层还有12厘米左右厚的木炭层。

M10的墓圹长13、宽7、最宽处8.6米(下有龛室)。室内长9.3、宽3.25、残深0.5米。墓道残长2.6、宽2.1米,占地面积约120平方米。室内中部有棺床,用石块铺成,棺床长3.2、宽1.85米,内空长2.15、宽0.8、深0.3、外层木炭厚15厘米,中间层为石灰沙浆三合土层,厚25~27厘米,内层为砖体,砖体层厚1.05米。

---

① 《武汉江夏富士康工业园区墓葬发掘》,《武汉江夏考古发现与研究》,武汉出版社,2019年,第98~102页。

2. 中型墓葬

富士康工业园区发现的中型墓葬，共计6座，其中M3、M4、M9、M11为双室墓，M7、M8为单室墓。

M3为双室墓，长3.84、宽4.92米。M3-a墓道长1.54、宽1.5米；M3-b墓道长0.6、宽1.5米。两室的长度相同，长2.8、宽1.54米。M3-a出土半方铜镜，M3-b出土青花碗、青铜双鱼镜、半方铜镜、墓志等。墓志文字朱书，多已脱落，可见"弘治元年""嘉靖三十八年"等铭文，推测这座墓葬年代为嘉靖后期。墓室面积20.5平方米，墓道面积5.5平方米左右，总面积约26平方米。

M4为双室墓，带墓道长8、宽7.1米。M4-a墓道长3.5米，宽1.85～2.1米；M4-b室墓道长2.1、宽1.95～2.1米。M4-a内长3.45、宽1.75米，M4-b内长3.55米，两室间有通道，宽45厘米。从墓室结构来看，M4等级高于M3。出土完整的瓷瓶、半边镜、石香炉、墓志等。由M4-a墓志上书"岳阳奉国将军勤健堂墓志铭"可知M4-a墓主为奉国将军朱荣□，系楚昭王朱桢四世孙，生于天顺五年（1461年），成化年间受封为奉国将军，卒于嘉靖三年（1525年）。墓室面积37平方米，墓道面积15平方米，总面积约52平方米。

M7残长5.2、宽4.8米，仅存墓底部分砖块，墙体宽度94厘米，推测墓室内空宽度2.9米左右。发现"洪武通宝"3枚。残存面积25平方米。

M8与M7同在平整场地时遭到破坏，仅保存了墓底的一部分，残长5.5、宽5.55米，砖墙体厚度0.9米，推测墓室宽度3.75米左右。砖体的外侧有少量木炭层残留，出土鎏金饰件1件、残铜器1件、瓷器盖1件、"洪武通宝"钱币3枚。残存面积约31平方米。

M9位于M8的南侧，经清理，保存状况较好。发现有茔园琉璃瓦等。M9为双室墓，墓室长6.2、宽5.25、深2.3米；墓道残长2、宽1.8米。M9-a内长3.45、宽2.33米，左壁、后壁有小龛；M9-b内长3.4、宽2.3米，右壁、后壁有小龛，均残留棺床痕迹。两室间的隔墙宽0.7米，整体墓室砖墙厚约40厘米左右。墓葬总面积约38平方米。

M11为双室墓，但下葬时间不同。整个土圹长3.34、宽3.76、深1.3米。两室之间为自然土分隔，在其中发现了1件陶罐。M11-a长2.4、宽1.05～1.15、深1.19米，出土有铁质棺钉、陶罐等；M11-b长2.12、宽0.68～0.78、深1.14米。包裹棺材的石灰沙浆三合土的厚度不同，其中M11-a为25～38厘米，M11-b为27～39厘米。墓葬面积在35.5平方米左右。

3. 小型墓葬

明代小型墓葬1座，为M1。

M12墓坑长4.3、宽2.6、残深0.6米。室内长3.4、宽0.9米，可见棺底。为石灰三合土沙浆层包裹的墓葬。

四、其他墓葬①

江夏流芳寺王村明墓②

1998年，为配合京珠公路基本建设，省市考古部门在江夏流芳岭镇寺王村发现明墓2座。寺王村明墓残存有地面建筑遗迹，包括茔园，拜台基、砖石混筑的茔园院墙基址。茔园为直径30米的圆形土台，残高1.2米。拜台台基东西长16、南北宽8米。茔园东西宽58、南北长65米，东西两侧残存砖石混筑的院墙基址。在茔园内发现两座东西并列的南北向砖室墓。对靠西侧的古墓进行了清理。为长方形砖室墓，墓室为砖筑纵列式筒拱券结构，全长9.5米，土坑全长11.6米。墓室南端封门前，设有呈倒"八"字形土坑墓道，墓道底部有砖筑排水沟直通墓室内。在墓室两侧及后部，各设有一个小龛。墓砖为模制官砖。随葬器物仅见少量碎瓷片，经修复拼对，可辨器形的仅见一件白瓷碗。此墓长近10米，有明代普通平民禁用的巨大石材棺床和琉璃建筑构件等，推测此墓为明楚藩郡王或妃子的墓葬，年代约为明中晚期。

---

① 疑是楚藩宗室墓，但是身份不详。
② 武汉市文物考古研究所、武汉市江夏区博物馆、武汉市江夏区流芳岭文化馆：《武汉市江夏区流芳岭明墓发掘简报》，《江汉考古》2000年第3期。

附录三　武汉市江夏区龙泉山明楚昭王茔园建筑材料的成分分析*

一、砖　瓦

（一）样品情况

共采集砖、瓦等建筑材料样品12件，包括砖6件、瓦5件，以及器型不明的建筑构件1件。样品的详细情况见表1。

表1　砖瓦样品情况

编号	名称	采样地点	胎质胎色
1	砖	陵园外墙南侧	表层黑灰色，内部土黄色。含少量直径小于1mm的砂粒
2	砖	陵园外墙南侧	灰色。含砂量很少
3	砖	陵园外墙东侧	灰色。含少量直径1mm左右的砂粒
4	砖	陵园外墙东侧	灰色。含少量粗细不一砂粒，砂粒最大直径约3mm
5	砖	陵园外墙东侧	灰色。含少量直径1mm左右砂粒
6	砖	陵园外东妃墓	表层黑灰色，内部土黄色。含少量砂粒，砂粒最大直径约2mm
7	建筑构件（器型不明）	陵园外墙东侧	表层土黄色，内部浅红色。含较多粗细不一砂粒，砂粒最大直径约3mm。烧结程度高，胎质坚硬
8	筒瓦	陵园外墙南侧	浅黄色。含较多砂粒，砂粒最大直径约2mm
9	筒瓦	陵园外墙南侧	浅红色。含少量直径1mm左右砂粒
10	筒瓦	陵园外墙南侧	浅黄色。含少量直径1mm左右砂粒
11	瓦	陵园外墙南侧	浅黄色。含少量直径1mm左右砂粒
12	筒瓦	陵园外墙南侧	表面有绿釉。浅黄色，胎质较细，含极少量砂粒

---

* 砖瓦、石材的检测分析报告分别由武汉大学李清临副教授、中国地质大学（武汉）卢宗盛教授提供。

（二）分析检测

将样品清洗干净后，用切割机切割成合适大小，并将一个断面打磨光滑，之后置于鼓风干燥箱中，在120℃下烘干3小时。

分析方法为X射线荧光法（X-ray Fluorescence，XRF）。X射线荧光法是一种无损检测技术，主要用于化学元素分析。该方法基于X射线与物质相互作用的物理原理，当样品被高能X射线照射时，样品内部原子的内层电子受到激发而跃迁到较高能级，随后这些受激发的电子在返回低能级的过程中会释放出特征X射线——荧光X射线。

荧光X射线的能量与其原子序数相关，并且每种元素都有特定的特征谱线，通过检测和分析这些荧光X射线的波长或能量，可以确定样品中存在哪些元素以及它们的相对含量。XRF分析仪通常包括X射线源、样品室、探测器以及相应的信号处理和数据解析系统。

XRF技术广泛应用于地质学、矿物学、材料科学、环境科学、考古学、工业质量控制等领域，例如用于金属合金成分分析、矿石品位测定、土壤和沉积物污染元素检测、陶瓷和玻璃制品成分分析等。由于其无须破坏样品即可进行快速、准确得多元素定量和定性分析，因此是实验室及现场检测的重要工具之一。

所用设备为美国伊达克斯（EDAX）公司生产的ORBIS能量色散X射线荧光光谱仪。分析时所用X射线光斑的直径为300μm，X光管工作电压50kV，管电流800mA，使时间约占整个分析时间的20%。

每个样品均选择3个不同部位进行检测，然后对数据取平均值。由于样品中均含有一定量的砂粒，在选择检测部位时避开砂粒。总共分析了SiO_2、Al_2O_3、CaO、MgO、K_2O、Na_2O、Fe_2O_3、TiO_2、P_2O_5等9种主量元素氧化物，以及MnO、CoO、CuO、ZnO、Rb_2O、SrO、ZrO_2等7种微量元素氧化物。分析结果见表2。

（三）讨论与结论

1. 砖瓦的化学组成特点与原料类别

数据得到后，为便于讨论，特将所有样品分为砖、瓦两大类（器型不明的7号样品归入瓦类），然后利用SPSS多元统计分析软件及Origin绘图软件绘制相关图表。

图1为部分氧化物含量及比值箱式图。如图1所示，除个别样品外，砖、瓦两类样品在各种氧化物含量及比值上均有着显著差异。砖化学成分的总体特征是SiO_2、Fe_2O_3、助熔剂氧化物、微量元素氧化物含量及SiO_2/Al_2O_3值均较高，而瓦的Al_2O_3含量较高。

表2 砖瓦样品的化学成分

序号	SiO_2	Al_2O_3	CaO	MgO	K_2O	Na_2O	Fe_2O_3	TiO_2	P_2O_5	MnO	CoO	CuO	ZnO	Rb_2O	SrO	ZrO_2	Si/Al	助熔剂氧化物总量	微量元素氧化物总量
1	69.37	17.97	1.09	3.20	1.90	1.68	3.73	0.69	0.18	628	356	109	77	143	169	349	3.86	7.87	1831
2	68.98	19.82	0.22	2.65	1.88	1.55	3.83	0.72	0.17	477	353	109	81	139	91	410	3.48	6.30	1660
3	69.77	18.75	0.21	2.57	1.73	1.77	4.04	0.79	0.19	596	388	111	72	143	97	395	3.72	6.28	1803
4	69.50	19.21	0.24	2.62	1.92	1.62	3.70	0.83	0.18	582	362	104	70	130	84	454	3.62	6.40	1786
5	68.98	18.88	0.76	2.82	1.82	1.88	3.72	0.79	0.14	1047	357	115	78	144	119	317	3.65	7.28	2177
6	71.85	16.79	1.82	1.55	1.54	1.83	3.53	0.74	0.23	194	306	111	74	117	113	371	4.28	6.74	1286
平均值	69.74	18.57	0.72	2.57	1.80	1.72	3.76	0.76	0.18	587	354	110	75	136	112	383	3.77	6.81	1757
7	65.87	25.07	0.29	2.24	2.23	0.92	2.33	0.68	0.25	59	226	103	55	165	315	256	2.63	5.68	1179
8	65.91	25.28	0.33	2.05	2.14	1.36	1.89	0.66	0.28	61	184	98	49	154	270	233	2.61	5.88	1049
9	69.96	19.16	0.26	2.94	2.64	1.18	1.99	1.04	0.68	60	153	110	56	135	516	339	3.65	7.02	1369
10	65.39	26.25	0.32	2.03	2.08	1.55	1.36	0.65	0.27	48	123	101	66	157	263	245	2.49	5.98	1003
11	66.05	25.57	0.35	2.24	2.10	1.34	1.40	0.65	0.21	40	113	97	53	164	268	239	2.58	6.03	974
12	67.48	24.67	0.30	2.13	2.13	1.02	1.26	0.68	0.23	58	103	101	46	160	263	253	2.74	5.58	985
平均值	66.78	24.33	0.31	2.27	2.22	1.23	1.71	0.73	0.32	54	150	102	54	156	316	261	2.78	6.03	1093

注：表中MnO、CoO、CuO、ZnO、Rb_2O、SrO、ZrO_2的单位为ppm，其余氧化物单位为wt%。助熔剂氧化物包括CaO、MgO、K_2O、Na_2O。

图2，a、b、c分别为主量元素氧化物、微量元素氧化物和全部氧化物含量的因子分析散点图。如图所示，所有样品在三幅图中的分布态势几乎完全相同，砖、瓦两类样品分别分布于不同区域，两类样品间完全没有交叉。

从分析结果来看，明楚昭王陵园建筑所用砖与瓦的原料明显不同。而如表2所示，在几种（类）主要氧化物SiO_2、Al_2O_3、Fe_2O_3及助熔剂氧化物含量上，砖的平均值分别为69.74%、18.57%、3.76%和6.81%，瓦的平均值则为66.78%、24.33%、1.71%和6.03%。就主要化学组成判断，砖所用原料应为普通铁质易熔黏土，瓦所用原料则可能为含有一定高岭石类矿物的黏土。至于为何选用不同的原料分别制作砖与瓦，Fe_2O_3的含量高低应是主要考虑因素之一。陵园所用砖均为青砖，选用普通铁质易熔黏土即可，如选用Fe_2O_3

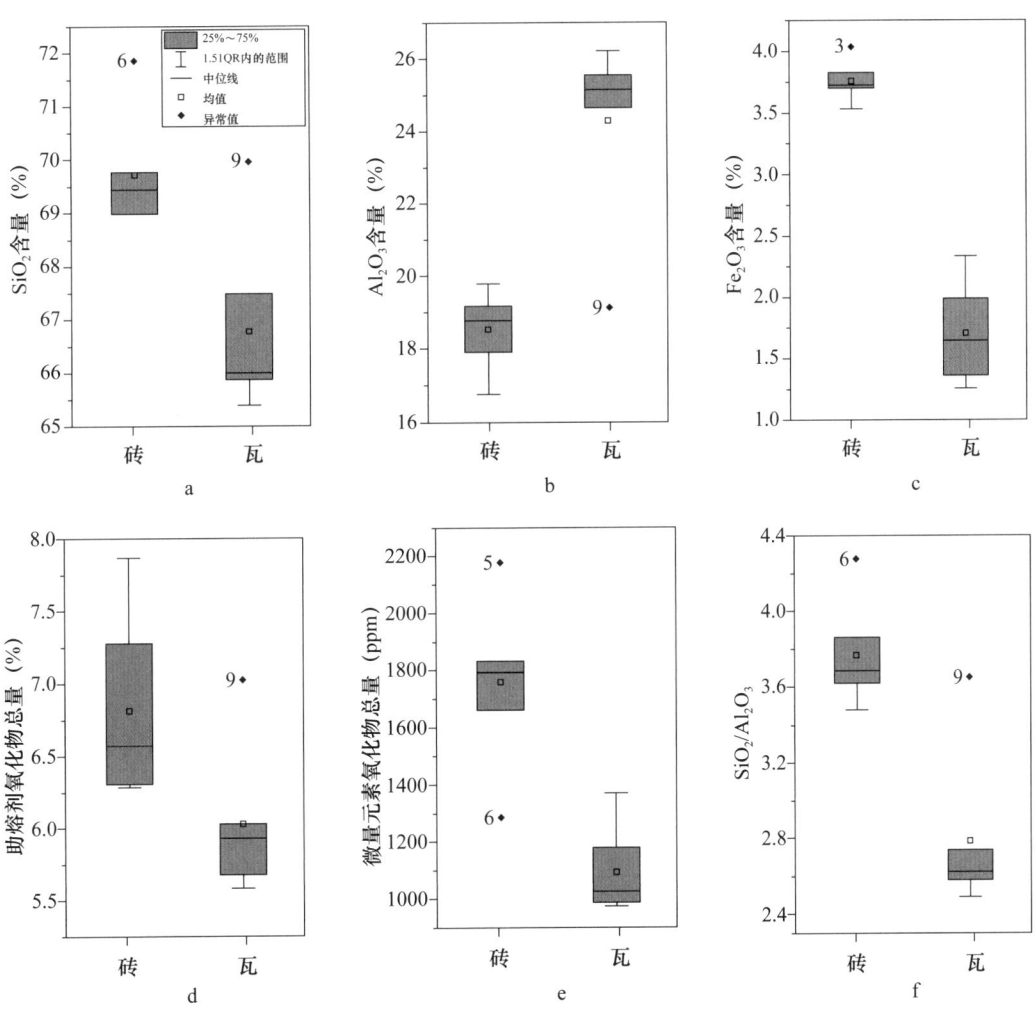

图1 部分氧化物含量及比值箱式图

a. SiO_2含量箱式图　b. Al_2O_3含量箱式图　c. Fe_2O_3含量箱式图　d. 助熔剂氧化物总量箱式图
e. 微量元素氧化物总量箱式图　f. SiO_2/Al_2O_3箱式图

含量较低的黏土反而无法获得青灰色。瓦则为琉璃瓦（本次采集的瓦除一件较大的样品（12号）保留有绿色釉外，其余样品均较小，表面釉已无存），需要选取Fe_2O_3含量较低的黏土来制作瓦胎，如Fe_2O_3含量高则会使胎色过深而对釉色产生影响。

2. 砖瓦的产地

如表2和图1、图2所示，砖、瓦样品中均有个别样品呈现出与同类样品不同的特征，主要是6号砖和9号瓦样品。6号样品的表层呈黑灰色，内部则呈土黄色，与其他多数砖内部呈灰色的情况不同。9号样品的胎体呈浅红色，不同于其他瓦样品。在化学组成上，6号样品的特点是SiO_2含量和SiO_2/Al_2O_3值较高，微量元素氧化物含量较低；9号样品的化学组成特点是SiO_2和助熔剂氧化物含量以及SiO_2/Al_2O_3值较高，Al_2O_3含量较

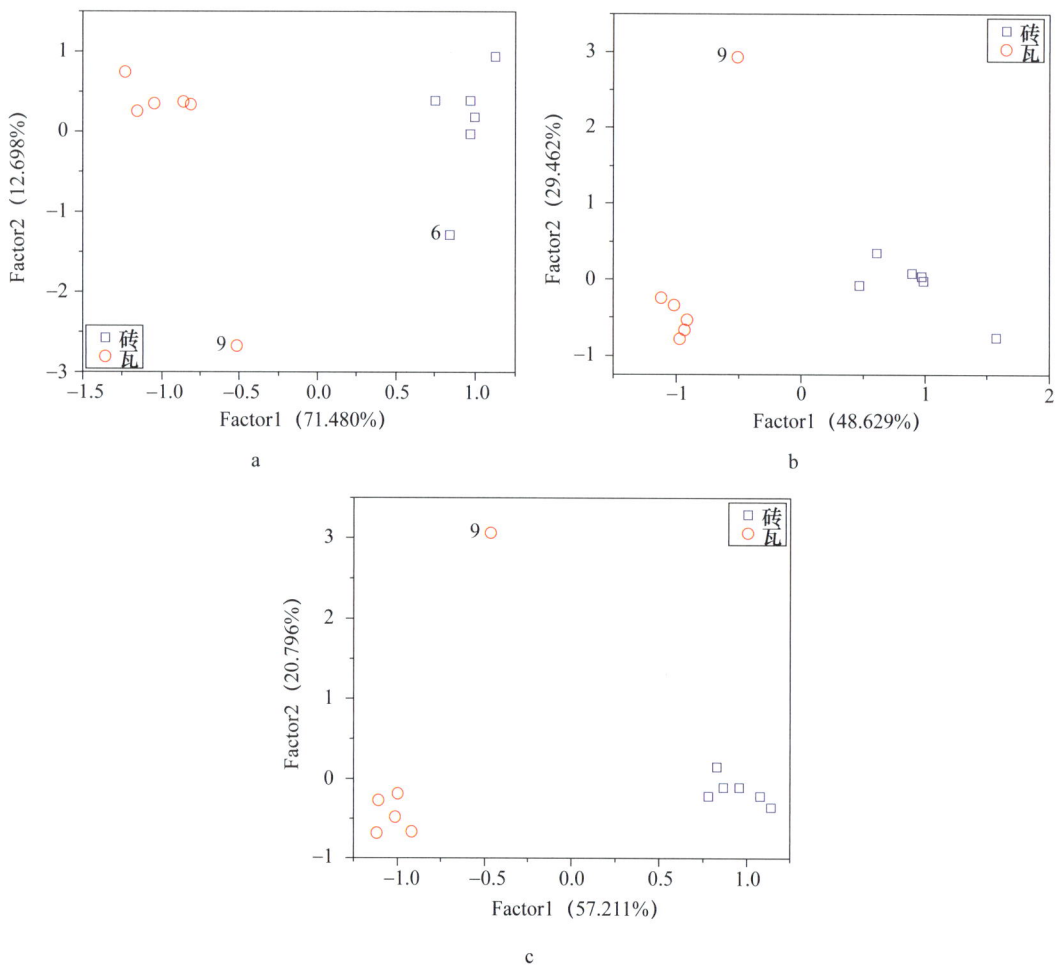

图2　因子分析散点图

a. 主量元素氧化物因子分析散点图　b. 微量元素氧化物因子分析散点图　c. 全部氧化物因子分析散点图

低。此外，6号样品采集自陵园外东妃墓，与其他砖不同。

由于缺少可进行比较研究的相关科技分析数据，对明楚昭王陵园建筑材料的产地问题只能利用相关明代砖瓦窑场的调查发掘资料来进行讨论。目前已知，武汉市文物考古研究所、江夏区博物馆等单位已在武汉市江夏区流芳街泉岗村寺王湾、纸坊街庙山村西潭湾、金口街青埠湾、乌龙泉街土地堂金海村等地发现了明代砖瓦窑场。根据窑场出土砖瓦的形制与铭文，并结合地方史志查考，发掘者认为上述明代窑场均为官营窑场，产品用于南京城墙、武昌会城、江夏明楚王陵园的营建[①]。

从调查、发掘情况与研究来看，明楚王陵园的建筑材料由几个不同窑场提供，而由于制作砖瓦的黏土原料一般均来自窑场附近，故不同窑场的产品所用原料有所不同，原料的矿物组成与化学成分也就存在一定差异。本次分析的明楚昭王陵园砖、瓦材料中，皆有个别样品的化学组成不同于其他样品，很可能反映了这些样品来自不同窑场。

二、石　　材

（一）鉴定综述

1. 技术路线

主要采取宏观观察、岩石薄片显微观察、单偏光照片观察、正交偏光照片观察等方式。

岩石薄片显微观察是地质学、矿物学等领域中的一项重要技术手段。通过将岩石制成厚度精确（通常在30μm左右）的薄片，然后在偏光显微镜下进行详细研究，可以获得以下信息：

矿物组成：识别并定量分析薄片中的各种矿物成分，包括石英、长石、云母、辉石、角闪石等。

矿物形态与大小：观察矿物颗粒的形状、大小及其相互之间的排列关系，如粒度大小分布、晶粒边界、解理面和双晶特征等。

结构构造：分析岩石的显微结构，例如颗粒间接触关系（点状、线状或面状接

---

① 祁金刚：《江夏明代官置砖窑及其产品琐议》，《武汉文博》2007年第2期；武汉市文物考古研究所、江夏区博物馆：《江夏流芳街寺王湾明代窑址清理简报》，《武汉文博》2009年第2期；武汉市文物考古研究所、武汉市江夏区博物馆：《武汉江夏庙山明代官置砖窑调查发掘简报》，《江汉考古》2016年第6期。

触）、胶结方式、层理结构、变质作用导致的重结晶现象等。

纹理特征：描述岩石内部的定向性和排列样式，如板状、条带状、波状、眼球状等纹理。

蚀变现象：观察到的矿物质交代作用、溶解边缘、次生矿物的填充等都是判断岩石经历过何种物理化学变化的重要依据。

应力迹象：在正交偏光条件下，可以揭示岩石中存在的剪切应力、张应力等所造成的裂隙、破裂及矿物的双折射效应扭曲现象。

化石与生物痕迹：对于含化石的沉积岩，还可以通过薄片显微观察来发现和研究化石遗迹以及生物扰动结构。

综上所述，通过对岩石薄片的显微观察，科学家们能够深入理解岩石形成的环境、成岩过程、变质历史以及矿产资源潜力等众多地质信息。

单偏光照片是指在使用单偏光镜拍摄或观察物体时得到的图像。在地质学、矿物学、材料科学等领域，单偏光显微镜是常用的研究工具之一，通过它拍摄的照片可以揭示被观测样品的内部结构、纹理和双折射特性等信息。

在单偏光显微镜下拍摄的照片中，由于只有振动方向与偏振片相匹配的光线可以通过，因此能够消除不必要的反射和散射光，使样本中的矿物质颗粒和结构更加清晰可见。这些照片通常用于识别和分析矿物的形态、颜色、解理、干涉色、条纹构造（如贝克线）以及其他与矿物光学性质相关的特征。

正交偏光照片是在正交偏光显微镜下拍摄的样品图像，这种显微镜配备了相互垂直的上、下偏振片。在正交偏振条件下，只有那些能同时满足两个偏振片振动方向的光线才能通过，对于双折射物质（如许多矿物晶体和宝石），这将导致特殊的光学效果。

正交偏光照片能够显示出这些双折射物质的内部结构特征，例如消光十字、干涉色带、双晶界、应力引起的双折射效应等。当观察透明的双折射样品时，在正交偏光下，除了黑白色调的消光图像外，还可以通过旋转物台或石英旋转载物台调整到特定角度，观察到彩色的干涉图样。

这样的照片对于地质学家识别和分析岩石中的矿物组成、结晶形态以及材料科学家研究材料的微观结构具有重要价值。

2. 主要成果

昭王墓建筑石材主要有石英砂砾岩、石灰岩、大理岩三大类。石英砂岩、砾岩用于王墓围墙的基础和明塘建设，这部分石料就地取材，产于龙泉山或龙泉山附近古采石场；石灰岩用于王墓围墙外的颙赑、外神道建设；王墓围墙内的主体建筑使用相对级别高的石材——大理岩。

另外，No.7样品（河道边赑屃）薄片中发现比较多微体化石，这些微体化石对文物石料探源有很好的标定作用。从No.7样品薄片中含蜓类化石看，该样品石材可能产自二叠纪栖霞组，该地层在黄石、大冶、纸坊一带都有出露（具体需要进一步细致工作）。

3. 主要石质类型的基本情况

石英砂砾岩是一种沉积岩，主要由石英颗粒（石英占比较高）组成，并且这些颗粒的直径大于2mm，因此符合砾岩的定义。这种岩石通常形成于地形陡峭、气候干燥的山区、活动断层崖或后退岩岸等地方，这些区域有利于大颗粒物质的搬运和沉积。

石英砂砾岩的特性包括：

矿物成分：主要由石英（SiO_2）构成，可能还含有其他陆源碎屑如长石等。结构特征：砾状结构，即石英颗粒彼此间疏松或紧密堆积，有时可见胶结物填充在颗粒间空隙中。构造特征：层状构造，表明其沉积成因，不同层之间可能会有粒度变化或颜色差异。

物理性质：石英硬度高、吸水性低，使得石英砂砾岩在建筑行业中广泛应用，比如用作铺路材料、墙体石材以及户外装饰石材等。

地质意义：通过分析石英砂砾岩的颗粒大小、形状、磨圆度及其内部包含的化石和化学成分，可以推断其形成环境和古地理变迁信息。

石灰岩是一种主要由碳酸钙（$CaCO_3$）组成的沉积岩，通常来源于海洋生物如珊瑚、贝壳以及其他海生生物的骨骼和外壳碎片在沉积环境中堆积并经过长时间压实、胶结形成的。根据其内部结构、成分及形成过程，石灰岩可以进一步细分为多种类型，包括但不限于：

生物灰岩：主要由海洋生物遗骸（如珊瑚、贝壳等）构成，化石丰富。

粒屑灰岩：含有大量陆源碎屑如石英砂粒，同时混有大量碳酸盐矿物颗粒。

化学灰岩或蒸发岩灰岩：通过化学沉淀作用直接从水体中析出的碳酸钙结晶而成，多见于干燥或半干燥气候下的湖泊和潟湖环境。

生物化学灰岩：是生物与化学作用共同产物，既有生物残骸又有化学沉淀的碳酸钙。

石灰岩具有良好的可溶性，在潮湿的环境下易被地下水中的酸性物质溶解，从而形成各种独特的地貌景观，例如喀斯特地貌（溶洞、石林等）。此外，石灰岩也是一种重要的工业原料，广泛应用于建筑石材、制碱、水泥制造以及农业肥料等领域。

大理岩是一种变质岩，源自沉积岩中的碳酸盐岩石（如石灰岩或白云岩）在高温高压的变质作用下发生重结晶而形成。它的主要矿物成分是方解石（$CaCO_3$），有时也包含白云石（CaMg（CO$_3$）$_2$）。大理岩以其细腻且通常具有纹理和色彩丰富的特性而著名，常见颜色有白色、灰色以及其他带有黑色、褐色等色彩条纹的类型。

由于其硬度适中、质地均匀以及美观的自然纹理，大理岩被广泛应用在建筑装饰领域。

（二）昭王墓部分建筑石材宏观鉴定（表3）

表3　昭王墓部分建筑石材现场宏观鉴定情况

文物	部位	岩石名称	备注
明塘		石英砂岩、石英砾岩	石材来源于龙泉山或附近古采石场
赑屃	整体	石灰岩	赑屃整体是厚层石灰岩石料，石料的岩石成分和结构不均一，包括有白云质灰岩、角砾状灰岩等
	赑屃头部	白云质灰岩	
	赑屃肩部	角砾状灰岩	
	底座（上）	角砾状灰岩	
	底座（下）	角砾状泥灰岩	
	碑	白云质灰岩	
金水桥	栏杆柱子	条带状大理岩、白云质大理岩	文物本体是条带状大理岩、白云质大理岩。后修复用的岩石为条带状灰岩、白云质灰岩

（三）昭王墓建筑石材薄片鉴定

（1）样品号：No.1

样品位置：外神道

现场鉴定名称：白云质灰岩（岩石灰黑色，表面风化有刀砍）

样品薄片鉴定名称：微晶灰岩

显微镜下特征：岩石微晶结构，块状构造，主要组成矿物为方解石（图3）

岩石定名：白云质微晶灰岩

（2）样品号：No.2

样品位置：内神道

现场鉴定名称：大理岩

样品薄片鉴定名称：中粗粒大理岩

显微镜下特征：岩石具有中粗粒粒状变晶结构，块状构造，主要组成矿物为方解石95%、石英5%（图4）

岩石定名：中粗粒大理岩

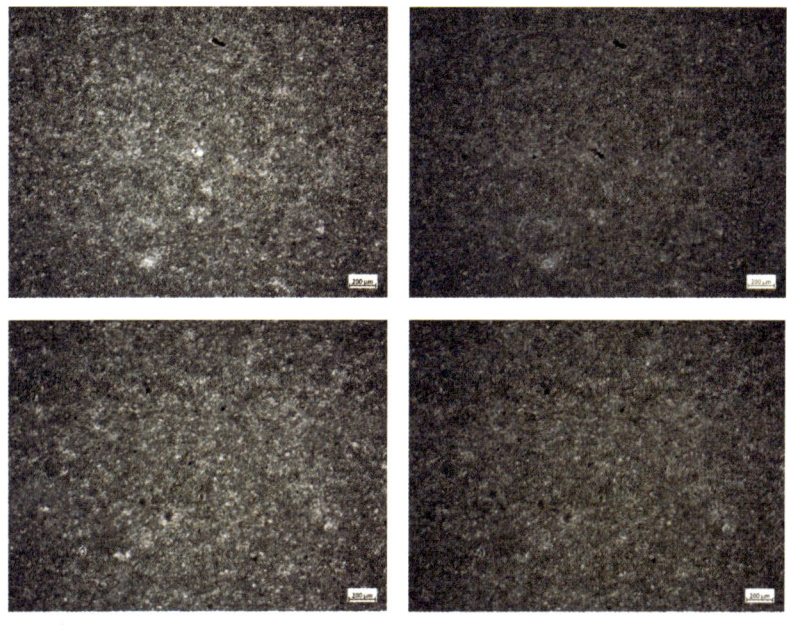

No.1 单偏光照片　　　　　　　　No.1 正交偏光照片

图3　样品偏光照片

No.2 单偏光照片　　　　　　　　No.2 正交偏光照片

图4　样品偏光照片

（3）样品号：No.3

样品位置：金水桥栏杆

现场鉴定名称：条带状大理岩（栏杆石材方解石脉比较发育）

样品薄片鉴定名称：方解石脉

显微镜下特征：镜下矿物方解石为主（方解石破碎）（图5）

岩石定名：大理岩

（4）样品号：No.4

样品位置：中门西侧柱础石

现场鉴定名称：大理岩

样品薄片鉴定名称：中细粒大理岩

No.3 单偏光照片　　　　　　　No.3 正交偏光照片

图5　样品偏光照片

显微镜下特征：岩石具有中细粒粒状变晶结构，块状构造，主要组成矿物为方解石96%、石英4%（图6）

岩石定名：中细粒大理岩

 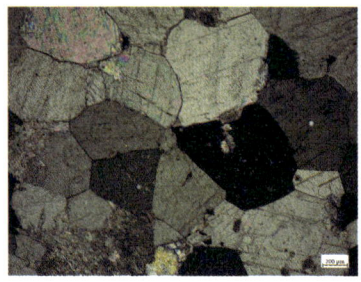

No.4单偏光照片　　　　　　　No.4正交偏光照片

图6　样品偏光照片

（5）样品号：No.5

样品位置：中门东侧台基

现场鉴定名称：大理岩

样品薄片鉴定名称：中细粒大理岩

显微镜下特征：岩石具有中细粒粒状变晶结构，块状构造，主要组成矿物为方解石97%、石英3%（图7）

岩石定名：中细粒大理岩

No.5 单偏光照片　　　　　　　No.5 正交偏光照片

图7　样品偏光照片

（6）样品号：No.6

样品位置：中门北侧方形建筑构件

现场鉴定名称：大理岩

样品薄片鉴定名称：中粗粒大理岩

显微镜下特征：岩石具有中粗粒粒状变晶结构，块状构造，主要组成矿物为方解石95%、石英5%（图8）

岩石定名：中粗粒大理岩

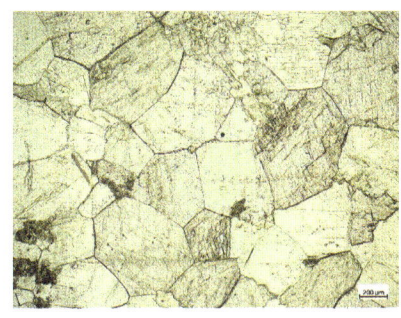 

No.6 单偏光照片　　　　　　　　　　　　No.6 正交偏光照片

图8　样品偏光照片

（7）样品号：No.7

样品位置：河道边飨殿

现场鉴定名称：厚层状灰岩

样品薄片鉴定名称：藻有孔虫灰岩

显微镜下特征：含大量藻类，蜓有孔虫和棘皮类碎片，生物含量达90%以上，生物碎屑颗粒之间为钙质胶结（图9）

岩石定名：厚层状藻有孔虫灰岩

 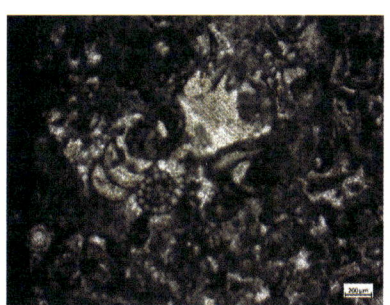

No.7 单偏光照片　　　　　　　　　　　　No.7 单偏光照片

图9　样品偏光照片

后　　记

本书编写工作小组由武汉市文物考古研究所许志斌、曹继文、张剑、李绿雨、李贝、宋贝等组成，许志斌主持报告的编写，前言、第一章、第八章由曹继文执笔；第二章、第六章由宋贝执笔；第三章、第四章由张剑执笔；第五章由李绿雨执笔；第七章及附录由李贝执笔与整理。

在本书的编辑出版中，得到了有关专家与领导的大力支持。武汉东湖新技术开发区、龙泉街道办事处、明楚王墓文物管理所的有关领导与同仁郭斌、熊浩宇、陈宏、严峻、王开祥、吴忧、吴怡蓉、李晓薇等在资金筹措、行政协调等方面尽心竭力，南开大学刘毅教授为本书作序，明楚王墓群创建国家考古遗址公园顾问吴宏堂对书稿提出了许多宝贵意见，并进行一些具体修改，湖北大学孟华平教授、湖北省社会科学院张硕研究员、武汉大学贺世伟副教授对书稿进行了审定，中国地质大学（武汉）卢宗盛教授、武汉大学李清临副教授、武汉熠腾科技有限公司、武汉博物馆及江夏区博物馆分别在昭园的建筑材料技术检测、地面建筑线图测绘及龙泉全区数字化、出土器物摄影等方面给予了大力支持与帮助，科学出版社为本书的出版进行了精心策划、仔细编校，在此，一并表示衷心的感谢！

由于时间仓促和编著者水平有限，书中缺点、错误、遗漏与不足一定不少，恳请学界专家不吝指正。

明楚王墓文物管理所
武汉市文物考古研究所
（武汉市文化遗产保护研究中心）
2024年8月